9306

V.
A.
V.

LA SCIENCE
DES
INGENIEURS
DANS LA CONDUITE DES TRAVAUX
DE FORTIFICATION
ET D'ARCHITECTURE CIVILE.
DEDIE' AU ROY.

Par Mʀ Belidor, *Commiſſaire Ordinaire de l'Artillerie, Profeſſeur Royal des Mathématiques aux Ecoles du même Corps, membre des Academies Royales des Sciences d'Angleterre & de Pruſſe, Correſ-pondant de celle de Paris.*

A PARIS, RUE S. JACQUES.

Chez Claude Jombert, au coin de la ruë des Mathurins, à l'Image Nôtre-Dame.

───────────────

M. D. CC. XXIX.

Avec Approbations & Privilege du Roy.

AU ROY.

IRE,

L'ART de Fortifier les Places étant devenu une des parties la plus essentielle à la sureté des Etats ; j'ose esperer que VOSTRE MAJESTE', ne désaprouvera point la liberté

a.ij

EPITRE.

que je prens de lui presenter ce Traité. Il deviendra peut-être utile dans un tems où Elle veut rendre ses Frontieres plus respectables que jamais, moins par la crainte des entreprises de ceux qui seroient jaloux de sa Gloire, que pour occuper utilement ses Troupes & faire regner l'abondance dans son Royaume par les fonds considérables qui passent dans les mains de ses Sujets. Vos bontés pour eux, SIRE, s'étendent plus loin, VOSTRE MAJESTE', leur permet de percer des Canaux dans plusieurs Provinces pour faciliter le Commerce. L'on construit de toute part des Ponts & des Chaussées, qui vont rendre les grands Chemins de la France aussi beaux que ceux qui ont tant fait d'honneur aux Romains, les Sciences & les beaux Arts font de nouveaux progrès par les bienfaits que VOSTRE MAJESTE', répand sur ceux qui s'y attachent. Elle a même voulu qu'à son exemple les Corps Militaires se fortifiassent dans les connoissances les plus propres à la Guerre & à former les Grands Hommes ; car sans parler des Camps magnifiques qu'Elle a ordonné, ni des avantages qu'Elle fait à la jeune Noblesse, est-il rien de plus digne de sa Grandeur que les Ecoles qu'Elle a établies pour entretenir son Artillerie dans un exercice continuel. Tout marque, SIRE, la douceur de vôtre Regne, & le bonheur de la Paix dont nous joüissons, ce qui devient l'ou-

EPITRE.

...vrage de vôtre Sagesse, depuis que les plus grands Princes de l'Europe vous ont choisi pour l'Arbitre de leurs interests, comme le seul dont la prudence pouvoit calmer les troubles que les apparences de la Guerre avoient fait naître ; Que cette époque, SIRE, vous comble de Gloire, & va inspirer d'amour & de confiance à toutes les Nations qui seront sûres de trouver en VOSTRE MAJESTE', un Protecteur dont le pouvoir ne se fait connoître que par la Justice & la Clemence ! Que je m'estime heureux d'être né sujet d'un si Grand Roy, & de travailler pour son Service ! Je sens bien que ce que je puis faire est au-dessous d'une si belle destinée ; mais je sçai, SIRE, que vous daignez jetter un regard favorable sur ceux qui tâchent de marquer leur zele pour ce qui peut avoir quelque raport au bien de l'Etat. VOSTRE MAJESTE', commençoit son Regne Glorieux quand j'ai ébauché l'Ouvrage dont voici le premier Volume ; les Mathématiques qu'Elle cultivoit alors me faisoient découvrir plusieurs voyes pour perfectionner les Fortifications, je n'ai cessé depuis de les appliquer à ce qui sembloit n'avoir pas été traité avec assez de précision, dans l'esperance que j'arriverois un jour jusqu'au pied du Throne de VOSTRE MAJESTE', pour lui offrir le fruit de mes veilles, la satisfaction d'y être parvenu va faire toute ma felicité, & les recherches les plus

EPITRE.

pénibles, n'auront rien qui n'excite de nouveau mon émulation, lorsque je me rappelleray que le second Volume me procurera encore un moment si précieux. Je suis,

SIRE,

DE VOSTRE MAJESTE',

Le très-Humble, très-Obéïssant
& très-Fidele Sujet & Serviteur,
BELIDOR.

PREFACE.

I l'on considére tous les differens Travaux dont les Ingenieurs ont la conduite, l'on conviendra qu'il n'y a point de Profession qui exige plus de connoissance que la leur. Car sans parler de la maniere de disposer les piéces de Fortification pour les rendre capables de toute la deffense possible malgré les irrégularités des lieux & la figure bizarre d'une enceinte qu'on veut ménager, ni de tout ce qui peut les distinguer dans la Guerre des Siéges, quelle foule d'objets divers ne presente pas la construction des Fortifications, qui est la seule chose que je me suis proposé dans ce Volume; on ne peut parcourir les Places Frontieres sans rencontrer à chaque pas des Ouvrages d'une construction particuliere, quelquefois même sans passer d'un lieu à un autre, on trouve dans le même endroit tout ce qui peut exercer pendant plusieurs années les esprits les plus laborieux & les plus capables des grandes choses. Quand on veut entrer dans le détail tout devient interessant, on apperçoit mille choses essentielles qui échapent aux yeux de ceux qui regardent les Fortifications avec indifference : ici il faudra travailler dans des lieux aquatiques qui présentent cent sortes de difficultés à surmonter, là ce sont des Rochers escarpés qu'il faut soûmettre aux regles de l'Art, plus loin construire des Digues, des Ecluses, des Ponts, des Formes, des Bassins, des Jettées, des Fanaux, des Risbans, des Moles & tant d'autres Ouvrages qui se sont aux Places

PRE'FACE.

Maritimes, ailleurs joindre une Riviere à une autre par des Canaux qu'il faudra peut-être faire passer sur des Montagnes, pour delà aller traverser quelquefois un Marais & même une Riviere, sans quelle devienne un obstacle au chemin que le Canal doit parcourir pour faciliter la Navigation & le Commerce, d'autre part c'est un torrent rapide qu'il faut maintenir dans son lit, en construisant des Epys pour en conserver les bords, ou empêcher qu'il ne détruise une Isle fortifiée, ou ne s'aille répandre dans la Campagne & y causer de grands dommages.

Presentement si l'on examine l'interieur des Places, l'on y appercevra des Ouvrages de toute autre espece : ce seront des Portes de Villes, des Ponts, des Batardeaux, des Soûterrains, des Arsenaux, des Citernes, &c. qu'il faut savoir executer. Enfin l'on peut dire qu'un bon Ingenieur est un homme universel, & que rien ne fait plus d'honneur à la France que d'en avoir un très-grand nombre capable de toutes les choses dont je viens de donner un crayon.

Quand on envisage tout ce que comprennent les Fortifications, n'a-t'-on pas lieu d'être surpris qu'il n'y ait eû jusqu'ici aucun traité pour l'instruction des jeunes gens qui veulent prendre ce parti ; car je compte pour rien ceux qu'on a mis au jour sous le nom de Mr le Marêchal de Vauban, pour leur donner du crédit, & qu'il a toûjours desavoüé. D'ailleurs ces Traités n'aprennent tout au plus que le nom des Ouvrages, & à tracer sur le Papier un front de Poligone avec quelques dehors, dont la plûpart sont assez mal entendus : on n'y fait point mention de la construction ni de tous les détails qui y ont raport. Ce n'est pas que nous n'ayons un nombre d'habiles gens qui pourroient nous en donner d'excellens, plusieurs ont travaillé avec Mr de Vauban, & il n'y a rien qu'on ne dût attendre

PRE'FACE.

dre de leur capacité ; mais leur silence est glorieux, le Roy leur a confié les Barrieres du Royaume, sans cesse occupés à faire des Ouvrages nouveaux ou à maintenir les anciens en bon état, ils sont privés du loisir qu'il faudroit pour répandre leurs lumieres, & se contentent de les communiquer à ceux qui travaillent sous leurs ordres.

Mais si l'on fait réflexion qu'on s'instruit fort lentement quand on n'aprend les choses qu'à mesure qu'elles se presentent, & qu'il arrive rarement qu'un jeune Ingenieur puisse voir dans une même Province toutes les differentes especes de Travaux qui dépendent des Fortifications, l'on conviendra que rien ne seroit plus utile qu'un bon Livre dans lequel il pût acquerir une connoissance generale de toutes les parties de son métier, afin que venant à passer d'une Place à une autre, il ne se présente rien dont il ne puisse avoir la conduite, dès qu'il joindra la Théorie à ce que la Pratique pourra lui apprendre. Il feroit alors beaucoup plus de progrès & pourroit en peu de tems se mettre en état de marcher sur les traces des plus grands maîtres.

On ne peut disconvenir qu'un tel Livre ne fut d'une grande utilité ; sans doute que l'on m'accusera de temerité d'avoir osé l'entreprendre. Quand je l'ai commencé si j'en avois conçû toute la conséquence, je me serois bien gardé d'y penser ; peut-être aurois-je pris le parti le plus sage & me serois épargné par là beaucoup de peines & d'inquiétudes. Mais ce n'est ordinairement qu'après avoir travaillé long-tems qu'on s'apperçoit du danger qu'il y a de se faire Imprimer, parceque devenant plus délicat, on cesse de voir ses Ouvrages avec la même complaisance, on méprise au bout de quatre jours ce qu'on avoit trouvé passable d'abord, & on n'est jamais content de soy par l'envie qu'on a de mieux faire.

b

PRÉFACE.

Il y a 13 ou 14 ans que j'ai ébauché celui-ci, fans avoir pû me perfuader qu'il méritât d'être mis au jour, & peut être ne feroit-il pas forti de mon Cabinet, fi j'en avois été entierement le maître. Je n'affecte point une fauffe modeftie, les perfonnes aux lumieres defquelles j'ai foûmis mes écrits rendront juftice à la fincerité de mes fentimens: la gloire d'avoir fait un Livre ne s'eft jamais prefentée à mon efprit d'une maniere affez riante pour me fentir flatté de la qualité d'Auteur. Je n'ai jamais perdu de vûë la cenfure à laquelle j'allois m'expofer, & cette penfée m'a même fouvent intimidé ; cependant j'ai fait enforte d'en tirer avantage en confidérant la rigueur du Public comme un motif excellent pour me rendre circonfpect. Tout le monde eft d'accord que ce n'eft que depuis qu'on l'a regardé comme un Juge inexorable, que l'émulation des Gens de Lettres s'eft accrûë & que les Bibliotheques fe font groffies d'un grand nombre de Livres en toute forte de genre, qui ne feroient peut-être pas fi achevés, fi ceux qui les ont produits n'avoient apprehendés le ridicule que les gens de bon goût ont coûtume de donner à tout ce qui porte un caractere de médiocrité ; il eft vrai qu'il y a des matieres fi abondantes par elles-mêmes, que pour peu qu'on les traite avec méthode, on peut fe tirer plus heureufement d'affaire, celles dont je parle font de cette nature, & pour juger du Plan general que je me fuis propofé: en voici la difpofition.

Il s'agit de quatre Volumes in-quarto, accompagnés d'un très-grand nombre de Planches gravées en Taille-douce, qui comprennent les Plans, Profils & élevations des differens fujets qu'on s'eft propofé de développer. De ces quatre Volumes il y en a deux qui regardent l'Art de Fortifier les Places dans toute forte de fituation, la maniere de les attaquer & de les deffendre relativement

PRE'FACE.

à ce qui s'eſt pratiqué de mieux depuis l'invention de la Poudre, les deux autres ont pour objet la conſtruction des Fortifications & de tous les Ouvrages qui en font partie, & c'eſt le premier de ces deux là que je donne preſentement, puiſque l'ordre naturel demande que l'on parle de la maniere de conſtruire les Places qu'on veut fortifier avant de donner des maximes pour les attaquer & les deffendre; ce n'eſt pas que ces deux objets n'ayent un raport intime, auſſi l'a-t'-on inſinué aux endroits où il convenoit d'en faire mention, d'ailleurs on n'a pas voulu donner les quatre Volumes à la fois, afin d'avoir plus de facilité pour l'Impreſſion, & ne point engager le Public tout d'un coup dans une dépenſe qui auroit pû gêner pluſieurs perſonnes, ajoûtons que les Volumes qui conviendroient aux uns, ne conviendroient peut-être pas aux autres ſelon le goût que l'on peut avoir pour les matieres qui interreſſent plus ou moins, chacun faiſant un Traité à part qui peut être détaché du reſte; c'eſt pourquoi je ne m'arrêterai point à les détailler, pour ne m'attacher uniquement qu'à celui-ci, afin d'éviter la confuſion que pourroient faire naître tant de ſujets differens.

Ce Volume eſt diviſé en ſix Livres. Dans le premier on enſeigne la maniere d'appliquer les Principes de la Mécanique à la conſtruction des revêtemens de Maçonnerie, pour ſçavoir l'épaiſſeur qu'il faut leur donner par raport à la pouſſée des terres qu'ils ont à ſoûtenir, on y fait voir ſuivant quelle loy cette pouſſée agit, de quelle réſiſtance les contreforts peuvent être capables, ſelon leur longueur, leur épaiſſeur & la diſtance où ils ſeroient les uns des autres; en un mot ce Livre comprend beaucoup de choſes très-utiles, dont la plûpart n'avoient pas encore été traitées.

Dans le ſecond l'on conſidere de quelle maniere ſe fait

PRÉFACE.

la pouffée des Voûtes afin d'en tirer des régles générales & certaines pour déterminer l'épaiffeur de leurs Piés-droits felon la figure que l'on voudroit donner aux Voûtes dans les differens ufages qu'on en fait pour les Fortifications, foit aux Soûterrains, Portes de Ville, Magafins à Poudre, &c. On y parle auffi des Culées des Ponts par raport à la pouffée des Arches, & de plufieurs obfervations touchant l'execution de ces fortes d'Ouvrages.

Dans le troifiéme on trouvera plufieurs differtations fur les qualités & le choix des matériaux, avec la maniere de les mettre en œuvre dans toute forte de travaux, les détails dans lefquels il faut entrer pour en faire les eftimations & les Devis, ce qu'il faut obferver dans les grands Atteliers pour le tranfport & le remuëment des terres, la façon de les employer & comme on doit conftruire les Voûtes des foûterrains. On s'eft étendu particulierement fur les differentes efpeces de fondemens qu'on pouvoit faire dans toute forte d'endroits, principalement dans ceux qui prefentent de grands obftacles à vaincre, & pour tout dire enfin, on a fupofé dans ce Livre qu'on avoit une Place neuve à bâtir pour avoir lieu de parler de tous les gros Ouvrages de Fortification & d'en montrer la conduite depuis le tracé du projet jufqu'à fon entiere execution.

Dans le quatriéme, on a eû pour objet la conftruction de tous les Edifices qui fe font aux Places de Guerre, comme font les Portes de Ville, Corps de Gardes, Redoutes, Magafins, Arfenaux, Cazernes, Boulangeries, Cantines, Citernes, &c. On y donne auffi des régles generales pour l'Architecture Civile, & des principes fur la force des Bois de Charpente ; enfin on eft entré dans le détail de toutes les differentes parties qui fe rencontrent dans la conftruction des Edifices.

Dans le cinquiéme on enfeigne ce qui peut apartenir

PRÉFACE.

à la décoration, c'est-à-dire, que l'on y donne les cinq Ordres d'Architecture avec les régles & les maximes des plus fameux Architectes tant anciens que modernes, pour orner les Bâtimens & leur donner cette élegance qui les distingue du commun.

Enfin dans le sixiéme Livre, on montre la maniere de faire les Devis de tous les Ouvrages contenus dans les précedens, on en raporte des Exemples détaillés & circonstanciés avec le plus de neteté qu'il a été possible, on y trouvera aussi plusieurs observations sur la forme des adjudications, & les conditions sous lesquelles on doit passer les marchés aux Entrepreneurs. Et pour rendre ce Livre plus instructif & suivre l'esprit du troisiéme & du quatriéme, on a commencé par donner un modéle de Devis general pour une Place neuve qu'on auroit à construire accompagné de quelqu'autres Devis particuliers qui serviront pour dresser ceux des Ouvrages qui se font le plus ordinairement dans les Places.

Comme ces six Livres sont autant de petits Traités complets dans leur genre, on a affecté en les imprimant de les détacher les uns des autres, afin de contribuer à la satisfaction de plusieurs personnes qui désiroient les avoir separés ou les faire relier en deux Tomes plus commodes selon eux, que s'ils n'étoient qu'en un seul; c'est pourquoi les pages de chaque Livre sont cottées à part. J'ajoûterai aussi que dans le premier & le second & dans la suite des autres, lorsque l'on verra à la marge V. le C. art. &c. Cela veut dire voyez tel article du Cours de Mathematique. J'entends celui que j'ai fait à l'usage de l'Artillerie & du Génie, qui se trouve chez le même Libraire qui vend mes Ouvrages; car comme ce Cours a été composé exprès pour faciliter l'intelligence des choses de Théorie qui demandoient des connoissances préliminaires & que

PRÉFACE.

j'aurois eû peine à indiquer ailleurs, il étoit naturel que j'y euſſe recours plûtôt qu'à tout autre.

A l'égard du ſecond Volume, on y trouvera generalement tous les Ouvrages qui apartiennent à l'Architecture Hydraulique, avec un Dictionnaire fort ample des termes propres à la Fortification & à l'Architecture, & j'oſe bien aſſurer que ce Volume ſera au moins auſſi interreſſant que le premier. Ayant encore des augmentations à y faire, il ne paroîtra pas cette année comme je l'avois fait eſperer; mais le Public n'y perdra rien, je tacherai de payer avec uſure l'attente de ceux qui voudront bien y prendre quelque part; dailleurs il eſt à propos que je ſache le jugement qu'on portera de celui-ci, afin que ſi j'aprenois qu'il y eût des augmentations ou des corrections à y faire, on pût les donner par ſuplément. Pour les fautes d'Impreſſion, je ne doute pas qu'on n'en rencontre quelques-unes; mais je ne les crois point aſſez de conſéquence pour arrêter le Lecteur; c'eſt pourquoi je n'ai pas fait d'errata.

Malgré toutes les meſures que j'ai pû prendre pour rendre cet Ouvrage le plus achevé qu'il m'a été poſſible, j'ai crû ne devoir le mettre au jour qu'après l'avoir expoſé tout de nouveau à la cenſure des Ingenieurs du premier ordre; & Mr le Marquis Dasfeld ayant bien voulu s'interreſſer à tout ce qui pouvoit perfectionner mon deſſein, je l'ai prié de me nommer pour Commiſſaire quatre Directeurs des Fortifications : auſſi-tôt qu'il ſe fût rendu à mes inſtances, je leur préſentai mon manuſcrit qu'ils prirent la peine d'examiner conjointement avec les Ingenieurs en Chef & les autres qui ſe ſont trouvés ſur les lieux. Et comme il eſt permis de ſe faire honneur des Approbations que les Perſonnes équitables & éclairées veulent bien nous accorder. Voici celles de Meſſieurs de Vauban, Demus, de Vallory & Gittard.

APPROBATIONS.

NOUS Lieutenant General des Armées du Roy, Grand-Croix de l'Ordre Militaire de Saint Louis, Gouverneur des Ville & Château de Bethune, Directeur des Fortifications des Places de la Province d'Artois; certifions avoir lû & examiné, à la recommandation de M. le Marquis Dasfeld, avec autant d'exactitude qu'il nous a été possible, un Manuscrit intitulé la Science des Ingenieurs dans la conduite des travaux de Fortification, par M. de Belidor, dans lequel nous n'avons rien trouvé qui ne soit conforme à ce qui se pratique de mieux pour la construction des Ouvrages de Fortification, Ecluses & Edifices Militaires, la plûpart des matieres qui étoient susceptibles des regles de Géometrie, y sont traitées avec précision & netteté, ce qui pourra contribuer à la perfection des Ouvrages, je juge même que les Ingenieurs pourront se servir très-utilement des régles qui y sont enseignées, & qu'en general ce Livre ne peut être que trés-avantageux au Service du Roy & à ceux ceux qui sont chargez de la construction des Ouvrages de Sa Majesté. Fait à Bethune ce 17 May 1728. Signé, DE VAUBAN.

Nous soussigné Chevalier de l'Ordre Royal & Militaire de Saint Louis, Brigadier des Armées du Roy, Ingenieur, Directeur des Fortifications des Places du Soissonnois & de partie de celles de Picardie; certifions avoir vû, lû & examiné par ordre de M. le Marquis Dasfeld avec toute l'attention dont nous sommes capables, un Manuscrit contenant 22 Cahiers, accompagné d'un grand nombre de Planches qui doivent composer un Ouvrage intitulé la Science des Ingenieurs dans la conduite des travaux de Fortification, par M. de Belidor, dans lequel nous n'avons rien reconnu qui ne soit trés-bon, trés-utile au Service du Roy, & avantageux à tous ceux qui s'appliquent à la Profession d'Ingenieur; les matieres y étant traitées selon l'usage que j'ai vû pratiquer dans plusieurs Places depuis 56 ans que je fais travailler. Fait à S. Quentin le 28 d'Avril 1728. Signé, DEMUS.

Nous soussigné Chevalier de l'Ordre Militaire de S. Louis, Directeur des Fortifications de la Flandre; certifions avoir vû, lû & examiné avec soin par ordre de M. le Marquis Dasfeld, un Manuscrit accompagné de Planches, qui a pour titre la Science des Ingenieurs dans la conduite des travaux de Fortification, par M. de Belidor, dans lequel nous n'avons rien trouvé que de très-bon, très-utile & démontré avec toute l'exactitude & la capacité requise, tant Geometriquement que par la pratique ordinaire, & jugeons que ce travail ne peut être que très-utile & avantageux pour le Service du

Roy, & à ceux qui s'appliquent à la connoissance des Fortifications, puisqu'ils ne pourront point se servir d'une Methode plus facile & plus exacte que celle qui y est démontrée. Fait au Quesnoy ce 2 May 1728. Signé, VALLORY.

Nous soussigné Chevalier de l'Ordre Militaire de S. Louis, Commandant pour le Roy au Fort de S. Sauveur de Lille, Ingenieur ordinaire du Roy, ayant la Direction des Fortifications des Ville & Citadelle de Lille ; certifions avoir vû, lû & examiné avec soin, un Manuscrit qui a pour titre la Science des Ingenieurs dans la conduite des travaux de Fortification, par M. de Belidor, dans lequel nous n'avons rien trouvé que de très bon & très-utile, bien démontré Geometriquement dans plusieurs parties essentielles qui n'avoient été jusqu'apresent mises en usage que par pratique, ce qui pourra beaucoup contribuer à la perfection des Ouvrages de Fortifications, & devenir très-utile pour le Service du Roy, & à perfectionner les jeunes Ingenieurs, qui trouveront dans ce Traité avec beaucoup d'exactitude & de netteté ce qui ne se rencontre point dans aucuns des Auteurs qui ont Traité des Fortifications. Fait à Lille ce 9 May 1728. Signé, GITTARD.

Ayant traité dans le cinquiéme Livre comme je l'ai insinué cy-devant tout ce qu'on pouvoit dire de plus essentiel sur les Ordres d'Architecture. J'ai consulté aussi Messieurs les Architectes du Roy, entr'autre Mr de Cotte qui a bien voulu prendre la peine d'examiner non-seulement ce qui appartenoit à la Décoration ; mais encore les autres parties de cet Ouvrage. Et voici le jugement qu'il en a porté.

Nous soussigné Chevalier de l'Ordre de S. Michel, premier Architecte, Intendant des Bâtimens, Arts & Manufactures du Roy, Directeur de l'Academie Royale d'Architecture ; certifions avoir lû & examiné avec beaucoup de soin, un Manuscrit accompagné d'un grand nombre de Planches, qui composent un Livre intitulé la Science des Ingenieurs dans la conduite des travaux de Fortification, par M. de Belidor, dans lequel nous n'avons rien trouvé qui ne soit traité avec beaucoup de méthode & de capacité, les choses les plus ordinaires y étant mises dans un jour qui les rend interessantes & celles qui sont d'une plus grande consideration, étant perfectionnées par de nouvelles régles qui rendent cet Ouvrage digne des éloges des plus habiles Gens, rien n'étant mieux traité que la Mécanique & Construction des revêtemens de Terrasses & des Voûtes ; c'est le jugement que j'ai crû en devoir porter dans les sentimens de rendre justice à l'Auteur qui travaille avec tant de zele pour la perfection des Arts & des Sciences. Fait à Paris ce 24 May 1728. Signé, DE COTTE.

LA SCIENCE DES INGENIEURS
DANS LA CONDUITE DES TRAVAUX
DE FORTIFICATION.

LIVRE PREMIER.

Où l'on enseigne la maniere de se servir des principes de la Mécanique, pour donner les dimensions qui conviennent aux revêtemens des Ouvrages de Fortification, pour être en équilibre, avec la poussée des Terres qu'ils ont à soûtenir.

Epuis qu'on a cherché dans les Mathematiques les moyens de perfectionner les Arts, on y a fait des progrès qu'on n'eût osé esperer auparavant ; mais comme il n'y a qu'un petit nombre de personnes qui sont en état de juger jusqu'où peut mener cette science, on a peine à se persuader qu'elle soit capable de toutes les merveilles qu'on lui attribuë, ce que l'on a découvert de plus avantageux, étant justement ce qui est ignoré du Public,

A

& même de ceux qui pourroient s'en servir utilement, par l'éloignement où ils sont de comprendre les principes qui ont conduit à la recherche d'une infinité de choses utiles, à moins qu'ils ne s'en instruisent & ne se mettent, pour ainsi dire, eux-mêmes en état de faire des découvertes : d'ailleurs l'opinion qu'il n'y a que la seule pratique qui peut les mener au but, est encore un obstacle qui n'est pas le moins difficile à vaincre, il est bien vrai que l'experience contribuë beaucoup à donner des connoissances nouvelles, & qu'elle fournit tous les jours aux plus habiles gens des sujets de reflexion dont ils ne se seroient peut-être point avisés si elle ne les avoit fait naître. Mais il faut que cette experience soit éclairée, sans quoi, l'on ne peut avoir que des idées très-confuses sur tout ce qui se presente, ont voit toûjours les objets par la même face, on veut qu'ils soient tels qu'on nous a dit qu'ils étoient, ou tels qu'il a plû à notre imagination de nous les réprefenter : & qu'on soit dans le vrai ou non, on passe toute sa vie sans rien sçavoir de juste & de précis sur ce que l'on croit pourtant posseder le mieux. Delà vient que bien des choses imparfaites *demeurent toûjours dans le même état*, elles se transmettent d'une posterité à l'autre avec les mêmes défauts, & si par hazard quelqu'un s'avise de les remarquer, aussi-tôt tous les gens du métier se révoltent contre la nouveauté, l'on a peine à se figurer que ceux qui n'ont point travaillé toute leur vie à certains ouvrages, puissent en raisonner juste & la verité toute estimable qu'elle est se trouve souvent obligée de garder le silence, ou de prendre des mesures & des ménagemens pour s'insinuer. Cela vient sans doute, de ce que la plûpart des hommes ne consultent point assés la raison ; esclaves du préjugé, c'est presque toûjours l'usage qui les détermine, & pour ne parler que de *l'Architecture*, qui est le seul objet que j'ai en vûë, n'est-il pas surprenant que depuis le tems qu'on la cultive, on l'ait si peu perfectionnée en certains points essentiels qui en sont comme la base ; car si l'on en excepte quelques régles de convenance & de goût, qui appartiennent à la décoration, on n'a rien d'assés précis ni d'exact sur la plûpart du reste, aucun Architecte n'a donné des principes pour trouver le point d'équilibre entre les forces agissantes & celles qui doivent résister, on ne sçait pas, par exemple, quelle épaisseur il faut donner aux revêtemens des Terrasse, ou à ceux des Rempars, des Quays & des Chauffées, aux piés-droits des Voûtes, aux Culées des Ponts, pour être en équilibre par leur résistance avec la poussée que ces differens murs doivent soûtenir, sans y employer des matériaux superflus.

Livre I. de la Theorie de la Maçonnerie.

S'il manque quelque chose à l'Architecture, c'est que ceux qui en ont traité, ont voulu tirer tout du même fond, & se passer des secours qu'ils ont crû étrangers à leur sujet, n'ayant pas consideré que les sciences doivent se donner des lumieres mutuelles, & que celle-ci roulant sur des rapports, il n'y avoit que les Mathématiques qui pussent les déterminer, ils ont pourtant bien senti qu'il leur manquoit quelque chose, mais comme la plûpart n'avoient que très-peu ou point du tout de connoissance de la Mécanique ni de l'Algebre, qui seules pouvoient donner ce qu'ils cherchoient, il n'est pas étonnant qu'ils n'y ayent point eu recours, & qu'ils s'en soient tenu à une certaine pratique, qui à la verité leur a réüssi dans bien des cas, parce qu'ils n'ont point épargné les matériaux, quand ils ont eu quelque sujet d'aprehender que leur ouvrage ne fut point assés solide.

Après cela quand on parviendroit à trouver des régles qui donneroient à l'Architecture toute la perfection possible, il est à craindre *qu'on n'en tire pas* toute l'utilité qu'on pouroit se promettre; parce que les régles que *les Géometres donneront* ne pourront pas être entenduës aussi aisément qu'on a coûtume d'entendre *les Livres* ordinaires de l'Architecture, & qu'il faudra absolument employer l'Algebre & la Mécanique, ces sortes de choses ne pouvant s'expliquer dans un autre langage. On aura beau dire qu'on n'y comprend rien, ce ne sera point la faute de ceux qui auront fait de leur mieux pour donner des principes nouveaux & plus certains que ceux que l'on avoit. Mais pourquoi dira-t'-on, vouloir assujettir l'Architecture à tant de connoissances abstraites ? les Architectes jusqu'ici n'ont pas sçû l'Algebre, & leurs ouvrages n'en sont pas moins solides, ni moins beaux. Je conviens qu'on ne sauroit trop les admirer, & qu'il est surprenant qu'ils ayent pu se passer des régles *dont je parle*; cela vient apparemment du long usage où ils ont été de faire executer souvent la même chose, qui leur a fourni certaines pratiques dont ils se sont bien trouvés; mais quel tems ne leur a-t'-il pas fallu avant d'être capables de travailler hardiment? à peine toute leur vie a-t'-elle pû suffire; la malheureuse condition des hommes étant d'arriver au dernier terme de leurs jours lorsqu'ils commencent seulement à savoir quelque chose; il faudroit donc pour tirer le meilleur parti qu'il est possible d'une vie si courte apprendre avec méthode, ce qu'on a envie de savoir, avoir des régles sures & démontrées, afin qu'en étant une fois prévenu, on ne soit pas obligé d'attendre que l'experience ou le hazard nous les apprenne; ainsi dans quelque profession que l'on soit, il

A ij

faut entrer dans sa carriere avec le plus de fond qu'il est possible; ensuite mettre à profit nos réflexions, ou celles des autres, sur les differens cas qui se presentent; c'est-à-dire, qu'il seroit à souhaiter qu'on commençât où ceux qui nous ont précédé ont fini, parce que ce qu'ils nous auront laissé, nous instruira presque autant que si nous l'avions pratiqué nous mêmes; mais quoique bien des choses leur ayent réüssi, il est à propos de ne les imiter que dans celles où l'on apercevra les raisons qu'ils ont eu d'agir de telle & telle maniere, car comme les lieux, les circonstances, les differentes especes de matériaux peuvent favoriser ou alterer l'execution d'une même chose, il seroit à craindre que ce qui a réüssi aux uns, ne fasse échoüer les autres. Ainsi pour commencer à suivre la méthode selon laquelle il m'a paru que l'Architecture devoit être tre traitée. (C'est-à-dire, cette Architecture qui apartient principalement à l'Ingenieur,.) nous allons enseigner dans ce Livre ci, une nouvelle théorie pour régler l'épaisseur des revêtemens de maçonnerie, qui à ce que je crois, sera bien reçüe de ceux qui seront à portée de l'entendre, puisqu'ils y trouveront la résolution d'un grand nombre de Problemes utiles, dont ils pourront tirer beaucoup de connoissances, j'aurois bien voulu me servir d'une autre voïe que celle de l'Algébre pour me faire entendre, mais je n'ai pû m'en passer, ce qui me fait aprehender que ceux qui ne sont que trop prévenus contre cette science, ne se préviennent aussi contre mon Ouvrage & n'en tirent pas tout le fruit que j'ai eu en vûë de leur procurer, je n'ai pourtant rien négligé pour me faire entendre clairement, je me suis servi par tout des expressions les plus simples, terminant chaque proposition par un calcul Arithmetique, & par des aplications qui pourront être entenduës de tout le monde, n'ayant pas voulu construire mes égalités selon la méthode ordinaire des Géométres, crainte de donner à mon Ouvrage un air savant qui n'auroit fait que le rendre encore plus inaccessible à ceux pour qui j'écris.

Comme avant toutes choses, il faut connoître les centres de gravité des Figures sur lesquelles nous serons obligé d'operer, je vais enseigner ce qu'il faut savoir là-dessus dans le Chapitre suivant.

LIVRE I. DE LA THÉORIE DE LA MAÇONNERIE. 5

CHAPITRE PREMIER.

Où l'on donne la maniere de trouver les centres de gravité de plusieurs Figures.

DÉFINITION.

IL y a dans tous les corps pesans, c'est-à-dire, dans toutes les Figures pesantes, un point par lequel cette Figure étant suspenduë, ou soutenuë comme sur la pointe d'un pivot fort aigüe, toutes les parties de la Figure demeurent en équilibre ou en repos, or ce point est nommé *le centre de gravité* de la Figure.

PROPOSITION PREMIERE.

THÉOREME.

1. Si l'on divise en deux également les côtés oposés AB, & CD, d'un Paralellograme & qu'on tire la ligne EF, je dis que le centre de gravité de ce Paralellograme, est dans le milieu de cette ligne. PLANCH. 1re. FIG. 1.

DÉMONSTRATION.

Il est certain que la ligne EF, passant par le milieu de tous les élemens qui composent le Paralellograme, leur centre commun de gravité sera dans un des points de cette ligne ; de même si par le milieu des côtés AC, & BD, on tire la ligne GH, le centre de gravité du Paralellograme sera aussi dans cette ligne GH, il sera donc au point I, où ces deux lignes se rencontrent, C. Q. F. D.

Remarque premiere.

2. Quoique l'on ait coutume de considerer un Plan sans nulle épaisseur, quand il s'agit de la superficie des corps, cela n'empêche pas qu'on ne puisse attribuer une pesanteur aux Plans dont nous parlons, sans que pour cela il faille leur suposer une épaisseur sensible : cependant comme cette pesanteur ne peut être mesurée par aucun poids, nous regarderons la valeur de la superficie des Plans,

A iij

comme tenant lieu de la pesanteur qui entre dans la Mécanique dont nous parlons; ainsi on peut imaginer que deux Plans homogenes sont en équilibre aux extrêmités des bras d'un levier, quand les superficies de ces Plans sont dans la raison réciproque des bras du levier.

Remarque seconde.

3. Puisque l'on peut considerer la superficie d'un Plan comme exprimant la pesanteur qu'on lui attribuë, on pourra donc, comme dans la Mécanique ordinaire, suposer toute la pesanteur du Plan; c'est-à-dire, sa superficie réünie autour d'un point pris à volonté dans la ligne de *direction* qui passera par le centre de *gravité*; par exemple, nommant a, la hauteur AC, du Paralellograme; & b; la base CD; sa superficie sera ab; or si on l'a supose réünie dans le poids K, qui est dans un des points de la ligne IL, tirée du centre de gravité I; l'on poura donc dire que la pesanteur de ce poids est exprimé par ab.

Fig. 1.

Remarque troisiéme.

4. Comme les Plans dont il sera question, représenteront des profils de Maçonnerie ou de Terrasse, il faudra avoir égard non-seulement à leur superficie quand ils tiendront lieu d'une puissance ou d'un poids; mais encore à la nature des corps dont ils seront la coupe, par exemple si on a un levier dont le point d'apui soit dans le milieu, & qu'un Plan de six pieds quarrés provenant d'une coupe de Maçonnerie, soit suspendu à l'extrêmité d'un des bras; on ne peut pas dire que ce Plan puisse se mettre en équilibre avec un autre de six pieds quarrés provenant d'une coupe de terre, parce qu'un pied cube de maçonnerie pesant davantage qu'un pied cube de terre, il faut s'imaginer que le premier Plan pése davantage que le second, dans la raison qu'un pied cube de Maçonnerie pése plus qu'un pied cube de terre; or comme nous avons besoin de connoître ce rapport, parce qu'il aura lieu dans cette Mécanique, l'on saura que le poids d'un certain voulume de Maçonnerie est à celui d'un pareil volume de terre, à peu-près comme 3 est à 2, c'est-à-dire, que la terre pese moins d'un tiers que la Maçonnerie.

Remarque quatriéme.

5. Si l'on avoit donc une puissance représentée par un nombre

LIVRE I. DE LA THÉORIE DE LA MAÇONNERIE. 7

de pieds quarrés provenant d'un profil de terre, qu'on voulut mettre en équilibre avec un poids provenant d'un profil de Maçonnerie, il faudra prendre les deux tiers de la puissance afin de la rendre homogene à la Maçonnerie; car comme la terre péfe moins d'un tiers que la Maçonnerie, on ne pourra jamais faire avec ces deux matieres differentes des rapports de poids à poids, qu'on ne fasse une réduction dans le volume de la plus légere.

PROPOSITION SECONDE.

THÉOREME.

6. Si l'on a un triangle ABC, quelconque, & que l'on divise la base AC, en deux également au point D, je dis que le centre de gravité de ce triangle, sera dans le tiers de la ligne BD, menée de l'angle B, au milieu de la base AC, qui lui est oposée.

FIG. 2.

DEMONSTRATION.

Pour le prouver, je divise le côté BC, en deux également au point E, & de l'angle A, qui lui est oposé, je tire la ligne AE, ensuite je prolonge le côté BA, indéfiniment & des points D & C, je mene à la ligne AE, les paralelles DG, & CH, cette préparation étant faite; considerés que si l'on suppose le triangle ABC, composé d'une infinité d'élemens paralelles à la base AC, la ligne BD, les divisera tous en deux également; & qu'ainsi le centre commun de pésanteur de la somme de tous ces élemens sera dans l'un des points de la ligne BD, de même supposant encore le triangle ABC, composé d'une infinité d'élemens paralelles au côté BC, la ligne AE, les partageant en deux également, le centre de pésanteur de toute leur somme sera encore dans l'un des points de la ligne AE; or puisque le centre de gravité de tous les élemens du triangle de quelque sens qu'on puisse les prendre, est d'une part dans la ligne BD, & de l'autre dans la ligne AE, le centre de gravité du triangle sera donc au point F, où ces deux lignes se coupent; ainsi il faut faire voir présentement que le point F, est éloigné de D, du tiers de la ligne BD.

Pour cela remarqués en premier lieu que dans le triangle BHC, le côté BC, est divisé en deux également au point E, & que la ligne AE, étant paralelle à HC, le côté BH, sera aussi divisé également au point *A*, en second lieu, que dans le triangle *AHC*, le côté *AC*, est divisé en deux également au point *D*, que *DG*, étant parallele à *CH*, le côté *AH*, sera encore divisé en deux également au point *G*; or la ligne *AG*, étant moitié de *AH*, elle sera aussi moitié de *AB*, puisque nous avons prouvé que *AB*, étoit égal à *AH*, ainsi *AG*, sera le tiers de *BG*, mais comme dans le triangle *BGD*, *AF*, est paralele à *GD*, il s'ensuit donc que la ligne *AG*, étant le tiers de *BG*, la ligne *FD*, sera le tiers de *BD*. C. Q. F. D.

Remarque premiere.

FIG. 3.

7. Pour appliquer ceci au triangle rectangle, qui est celui dont nous nous servirons le plus ordinairement dans la suite, remarqués selon le théoreme précédent, qu'ayant divisé la base *BC*, en deux également au point *D* : (car nous prenons ici un des petits côtés pour la base :) & tiré la ligne *AD*, le point *E*, qui est au tiers de cette ligne, sera le centre de gravité du triangle rectangle *ABC*, or si de ce point l'on abaisse la perpendiculaire *EF*, sur la base *BC*, elle sera la ligne de direction qui passe par le centre de gravité, mais *ED*, étant le tiers de *AD*, *DF*, sera le tiers de *BD*, à cause des paralleles *EF*, & *AB*; ainsi *FD*, sera la sixiéme partie de la base *BC*, & la ligne *BF*, étant double de *FD*, elle sera par conséquent les deux sixiémes, ou ce qui est la même chose, le tiers de la base *BC*; l'on peut donc dire que dans un triangle rectangle, la ligne de direction *EG*, qui passe par le centre de gravité, passe aussi par le tiers de la base *BC*.

Remarque seconde.

8. Si l'on avoit un triangle rectangle & qu'on voulut réünir toute sa pésanteur, c'est-à-dire, sa superficie dans un des points de la ligne de direction, il n'y auroit qu'à diviser la base *BC*, en trois parties égales, & de l'extrêmité *F*, du tiers qui répond à l'angle droit, abaisser une perpendiculaire *FG*, elle sera la ligne de direction que l'on demande ; ainsi nommant *a*, la hauteur *AB*, du triangle ; & *b*, la base *BC*; l'on aura $\frac{ab}{2}$ pour la valeur du poids *H*, dans lequel on supose que l'on a réüni la pésanteur, ou ce qui est la même chose, la superficie du triangle.

PROPOSITION

PROPOSITION TROISIE'ME.

THE'OREME.

9. Si l'on a un Trapezoïde ABCD, & que par le milieu FIG. 4. O, & E, des côtés paralelles BC, & AD, l'on tire la ligne OE, je dis que si l'on divise cette ligne en trois parties égales par les points F & G, le centre de gravité du Trapezoïde sera dans l'un des points de la partie du milieu FG.

DEMONSTRATION.

Si du point B, l'on mene les lignes EB, & EC, la figure sera divisée en trois triangles BEC, ABE, & ECD, or si par le point G, l'on mene la ligne HI, paralelle à AD, & qu'on divise les bases AE, & ED, en deux également aux points M, & N, pour tirer les lignes BM, & CN; il est constant que la paralelle HI, qui passera par le tiers de la ligne BM, & CN, donnera les points K, & L, qui seront les centres de gravité des triangles ABE, & ECD, par l'article 6e. Mais ces triangles sont égaux, puisqu'ils ont la même hauteur & des bases égales, leur centre commun de gravité sera donc dans le milieu de la ligne KL, par conséquent au point G. D'autre côté le centre de gravité du triangle BEC, est au point F, puisque la ligne OF, est le tiers de OE, il s'ensuit donc que le centre commun de gravité de ce triangle & des deux autres ABE, & ECD, joints ensemble; c'est-à-dire, du Trapezoïde; est dans l'un des points de la ligne FG. C. Q. F. D.

PROPOSITION QUATRIE'ME.

PROBLE'ME.

10. *Trouver le centre de gravité d'un Trapezoïde.*

On vient de voir dans le Théoréme précédent que si la ligne FIG. 4. OE, qui passe par le milieu des paralelles BC, & AD, étoit divisée en trois parties égales, que le centre de gravité de toute la Figure seroit dans l'un des points de la ligne FG. Or pour trouver ce point, nous regarderons la ligne FG, comme un lévier aux extrêmités duquel seroient suspendus deux poids, dont celui de l'extrémité F, feroit équivalent au triangle BEC, & l'autre de l'extrêmité G, équivalent à la fomme des deux triangles ABE, & ECD; & fi l'on fupofe que le centre de gravité que l'on cherche foit au point P, il eft conftant que dans l'état d'équilibre, il y aura même raifon du triangle fufpendu au point F, à la partie GP, que de la fomme des triangles fufpendus au point G, à la partie FP, mais comme ces trois triangles ont la même hauteur, ils feront entr'eux comme leur bafes ; c'eft-à-dire, que le triangle BEC, fera à la fomme de deux triangles ABE, & ECD, comme BC, eft à AD, ainfi pour que le point P, foit le centre commun de gravité de ces trois triangles ou du Trapezoïde, il faut donc que BC, foit à AD, comme PG, eft à PF, ce qui fait voir que pour trouver le centre de gravité d'un Trapezoïde, il faut par le milieu des paralèlles BC, & AD, tirer la ligne OE, la partager en trois parties égales, & celle du milieu FG, en deux parties FP, PG, qui foient l'une à l'autre dans la raifon de AD, à BC, enforte que la plus grande partie, comme FP, réponde au plus petit côté BC, & que la plus petite comme PG, réponde au plus grand AD, par exemple, fi BC, étoit le tiers ou la moitié de AD, il faudroit que la partie PG, fut le tiers ou la moitié de FP.

Comme il fuffit de favoir trouver le centre de gravité des Figures précédentes pour ce que nous avons à enfeigner dans ce Livre ci, je ne parlerai point de ceux des autres Figures, comme de portions de Cercles, d'Ellipfe, &c. Parce que nous ferons enforte de nous en paffer, n'ayant pas voulu les donner à caufe que les démonftrations de ces Problémes font extrêmement longues par la Géométrie ordinaire, & que fi j'avois eû recours aux méthodes que fourniffent pour cela les nouveaux calculs, je me ferois expofé à n'être entendu que de très-peu de perfonnes, ces calculs n'étant connus que des Géomêtres du premier ordre.

LIVRE I. DE LA THÉORIE DE LA MAÇONNERIE. 11

CHAPITRE SECOND.

Où l'on enseigne comme on trouve l'épaisseur des Murs que l'on veut mettre en équilibre par leur résistance, avec les puissances qui agiroient pour les renverser lorsque ces Murs sont élevés à plomb des deux côtés.

PROPOSITION PREMIERE.

Tirée des principes de la Mécanique, & qui doit servir de Lemme à quelques-unes des propositions qu'on rencontrera dans la suite.

21. SI l'on a un lévier ou une balance AB, sans pésanteur, dont le point d'apui soit en C, & qu'il y ait à l'extrêmité A, un poids M, & au point B, une puissance P, en équilibre avec ce poids; on demande de transposer cette puissance à l'extrêmité D, du bras de lévier CD, plus grand que CB, ensorte qu'elle soit encore en équilibre. FIG. 5.

L'on sent bien que cette puissance agissant en D, n'aura pas besoin d'une si grande force qu'elle avoit en B, pour faire le même effet sur le poids M, puisque son action doit diminuer à mesure que le lévier augmente, or pour qu'elle fasse le même effet à l'extrêmité D, qu'à l'extrêmité B, il faut que multipliant la force qu'elle a en B, par le bras de lévier CB, l'on ait un produit égal à celui de la multiplication du bras de lévier CD, par l'effort qu'il faut qu'elle fasse en D, nommant x, ce second effort; c, le bras CB; & b, le bras CD; l'on aura $cb = bx$ où bien $\frac{cp}{b} = x$; c'est-à-dire que pour avoir la force avec laquelle elle agira en D, il faut multiplier celle qu'elle avoit en B, par le bras de lévier CB, & diviser le produit par toute la longueur CD, & le quotient sera ce que l'on demande. Voyez le Cours de Mathématiq. art. 195.

Mais si le bras de lévier au lieu d'être sur un seul alignement ACB, faisoit un angle comme font ceux du lévier recourbé ABC; il faudroit s'y prendre de la même façon pour transposer la puissance; c'est-à-dire, que si la puissance F, est apliquée à l'extrêmité E, du bras EB, où elle agit selon une direction perpendiculaire FIG. 6.

B ij

EF, & que l'on veüille la tranfpofer à l'extrêmité A, du lévier AB, plus grand que EB, il faudra multiplier la force de cette puiffance par le bras EB, & divifer le produit par le bras AB, pour avoir le quotient, qui fera la force de la puiffance G, pour qu'étant apliquée en A, elle faffe le même effet qu'en E, en fupofant toûjours qu'elle agit felon une direction perpendiculaire au bras du lévier.

Avertiffement.

Avant d'entrer en matiere, il eft bon de faire ici trois fupofitions, dont on conviendra aifément dans le fujet que je vais traiter.

12. La premiere eft que l'on doit regarder un Mur comme étant affis fur des fondemens inébranlables, & que fi une puiffance pouffoit ou tiroit le Mur, fa bafe pouroit s'incliner fur les fondemens, comme feroit par exemple, un cube ou un paralellepipede pofé fur une table.

13. La feconde, eft qu'on doit confiderer un *Mur comme* compofé d'une feule pierre; c'eft-à-dire, dont les parties foient fi bien liées, qu'elles foient comme indiffolubles, quelque effort que faffe la puiffance qui agit; elle peut bien renverfer le Mur; mais non pas le rompre.

14. La troifiéme, c'eft qu'on peut regarder le profit d'un Mur comme exprimant le Mur même, car comme un Mur eft compofé d'une infinité de Plans paralleles entr'eux & perpendiculaires à l'horifon, ce qu'on dira au fujet d'un de ces Plans, pourra fe dire de même de tous les autres, ainfi la longueur du Mur eft une chofe dont nous ferons abftraction.

La premiere fupofition n'a rien d'extraordinaire, puifqu'on n'y fupofe aucune chofe qui n'arrive fort fouvent dans l'execution, les piles des Ponts & les Murs qui font bâtis fur Pilotis font affis fur un plancher qui leur fert de bafe; ainfi dans ce cas-là le Mur ne doit être confideré que depuis la retraite jufqu'au fommet, & c'eft fur ce pié que nous l'envifagerons, n'ayant pas jugé à propos d'admettre les fondemens dans les calculs que nous ferons obligés de faire, parce que ces fondemens n'ayant point de profondeur déterminée, ils n'auroient pû convenir avec la précifion que nous avons tâché de fuivre.

La feconde fupofition n'a rien non plus qui répugne, puifque dans une Théorie comme celle-ci, il eft à préfumer que la Maçonnerie a été faite avec toutes les attentions poffibles, d'ailleurs le plus ou moins de liaifon que peuvent caufer les matériaux bons

Livre I. de la Théorie de la Maçonnerie. 13

ou mauvais, n'eſt point une choſe qui apartient à ce Livre ci. Je n'expliquerai point la troiſiéme ſupoſition parce qu'elle eſt aſſés naturelle.

J'ajoûterai encore que pour éviter les répétitions inutiles, nous ſupoſerons toûjours que les puiſſances dont nous parlerons, pouſſent ou tirent ſelon des directions perpendiculaires à la ligne verticale qui détermine la hauteur des Murs, excepté dans les occaſions où on aura ſoin d'avertir du contraire; & que chacunes de ces puiſſances ſeront nommées bf, ſans qu'on doive s'embaraſſer au commencement pourquoi l'on prend plûtôt l'expreſſion bf, que toute autre pour déſigner la force de la puiſſance, on en verra la raiſon dans la ſuite.

PROPOSITION SECONDE.

PROBLÈME.

15. *Trouver l'épaiſſeur qu'il faut donner aux Murs qui ſont élevés à plomb devant & derriere, pour que par leur péſanteur ils ſoient en équilibre avec l'effort qu'ils ont a ſoûtenir.*

Ayant un paralellograme rectangle $ABCD$, qui repréſente le profil d'un Mur dont la hauteur AB, eſt déterminée, & une puiſſance P, qui pouſſe ce Mur ſelon une direction KD; on demande quelle épaiſſeur il faudra donner à la baſe BC, pour que ce Mur par ſon poids ſoit en équilibre avec l'effort de la puiſſance. Fig. 8.

Comme c'eſt la même choſe à la puiſſance P, de pouſſer de K en D, ou de tirer de A en H, pour renverſer le Mur, nous ſupoſerons qu'à l'extrêmité de la corde AH, qui va paſſer ſur une poulie L, on a attaché un poids I, qui eſt équivalent par ſa péſanteur à la force de la puiſſance: nous ſupoſerons auſſi qu'ayant trouvé le centre de gravité E, du paralellograme, on a réüni toute ſa ſuperficie dans le poids G, qui eſt ſuſpendu au milieu F, de la ligne BC.

Cela poſé, il faut conſidérer les lignes AB, & BF, qui forment l'angle droit ABF, comme le bras d'un lévier recourbé, dont le point d'apui eſt à l'angle B, le poids G, à l'extrêmité F, du plus petit bras BF, & la puiſſance dans la direction de la corde AH, qui eſt attachée à l'extrêmité A du plus grand bras AB, nous nommerons a le bras AB; & bf, la valeur de la puiſſance ou du poids I; la ligne BC, que nous cherchons, ſera nommée y; pour

B iij

lors l'on aura ay, pour la superficie du paralellograme, ou ce qui est la même chose, pour la valeur du poids G, or il ne s'agit donc que de connoître y.

V. le C. art. 494.

Remarqués, pour que la puissance & le poids soient en équilibre, il faut qu'ils soient dans la raison réciproque des bras du lévier, & comme on supose ici l'équilibre, l'on aura donc $bf, ay :: \frac{y}{2}, a$, qui donne $abf = \frac{ayy}{2}$ d'où effaçant a, de part & d'autre, & multipliant le premier membre par 2, pour faire évanouïr la fraction du second, il vient $2bf = yy$, qui se réduit à cette derniere équation $\sqrt{2bf} = y$.

APLICATION.

Pour trouver l'épaisseur qu'il faut donner à un Mur qui est poussé par le sommet selon une direction perpendiculaire, il faut doubler le nombre qui exprime la valeur de la puissance & en extraire la racine quarrée, cette racine sera ce que l'on demande, par exemple supposant que la puissance bf, soit équivalente à un plan de 18 pieds quarrés, il faut doubler ce nombre pour avoir 36 pieds quarrés, dont la racine qui est 6, sera l'épaisseur BC, que l'on cherche.

Si j'ai suposé que la puissance étoit équivalente à un plan de 18 pieds quarrés, il ne faut pas que cela paroisse extraordinaire, puisque comme on l'a déja insinué dans le second article, les forces agissantes & résistantes ne doivent être exprimées dans cette Mécanique qu'avec des plans, comme on en verra encore mieux la raison ailleurs.

COROLLAIRE I.

FIG. 7.

16. Si l'on avoit un Mur AD, poussé par deux puissances qui agissent selon les directions LB, & KM, ou qui tirent de l'autre côté selon les directions AI & GH, & qu'on veut savoir quelle épaisseur il faudroit donner à ce Mur pour être en équilibre avec les deux puissances, il faut réunir la puissance H, avec la puissance I, c'est-à-dire, la transporter à l'extrêmité A, selon l'article 11e. & suposant que la valeur de ces deux puissances soit exprimé par bf, l'on aura comme cy-devant $\sqrt{2bf} = y$.

Livre I. de la Theorie de la Maçonnerie, 15

COROLAIRE II.

17. De même si l'on avoit une puissance apliquée en E, qui tire de E, en H, & une autre apliquée en B, tirant de B, en K, & qu'on voulut connoître quelle doit être l'épaisseur AD, pour que le mur soit en équilibre par son poids, avec les deux puissances, en suposant que la puissance K, fait beaucoup plus d'effort au point B, que la puissance H, n'en fait au point E, il faut réduire la puissance H, à l'extrêmité C, par l'article 11e. pour avoir la puissance I, qui sera oposée à la puissance K, ainsi étant sur un même alignement, il se fera une destruction de force; c'est-à-dire, que la puissance K, que nous avons suposé, la plus grande des deux sera diminuée de toute la puissance I; c'est pourquoi si l'on retranche la plus petite de la plus grande, & que l'on nomme la différence bf, tout le mécanisme se réduira encore à cette derniere équation $\sqrt{2bf} = y$. Fig. 16.

COROLAIRE III.

18. Ayant un Mur AD, & une puissance K, apliquée à l'extrêmité A du lévier AC, qui tire de A en F, selon une direction oblique au bras du même lévier, voulant savoir quelle épaisseur il faut donner à la base CD, du Mur pour qu'il soit en équilibre par son poids avec l'effort de la puissance K; considerés que le poids I, équivalent à cette puissance n'aura pas tant de force en agissant selon la direction oblique AF, que si c'étoit selon une direction AN, perpendiculaire au lévier AC. Or si l'on abaisse du point d'apui C, la perpendiculaire CG, sur le prolongement FA, de la direction de la puissance, on pourra au lieu du bras de lévier CA, prendre le bras CG, & pour lors la proposition subsistera toujours dans son entier, puisque l'on sait que la puissance est au poids dans la raison réciproque des perpendiculaires CG, & CL, abaissées sur les lignes de direction de la puissance & du poids, ainsi nommant la ligne CA, c; le lévier CG, a; & la base CD, y; l'on aura $bf . cy :: \frac{y}{2} , a$, qui donne $abf = \frac{cyy}{2}$ ou bien $\frac{\sqrt{2abf}}{c} = y$. Fig. 9.

V. le C. art. 772.

APLICATION.

Pour avoir l'épaisseur CD, il faut multiplier la puissance I, par le lévier CG, diviser le produit par la hauteur AC, de la muraille, doubler le quotient & en extraire la racine quarrée qui donnera ce que l'on cherche.

CHAPITRE TROISIE'ME.

Où l'on détermine quelle épaisseur il faut donner au sommet des Murs qui sont élevés à plomb d'un côté & en talud de l'autre, pour que ces Murs puissent être en équilibre par leur résistance, avec la poussée qu'ils ont à soûtenir.

IL y a aparence que dès les premiers tems que les Hommes se sont avisé de faire des revêtemens de Maçonnerie pour soûtenir des Terrasses ou des Rempars de Fortification, ils ont senti la necessité de leur donner du talud du côté du parement; mais l'on ne sait pas bien s'ils ont eu dessein de donner plus d'assiete à la base du Mur, ou si c'étoit seulement pour que les matériaux se soûtiennent mieux, à l'imitation de ce que l'on fait pour les ouvrages de Terrasse; car il ne paroît pas que leur vûë ait été de rendre les revêtemens capables de résister davantage à la poussée des terres; du moins les Architectes tant anciens que modernes qui ont écrit n'en font pas mention; & ce qui me feroit présumer qu'ils n'ont pas aperçû tout l'avantage des taluds; c'est qu'ils se sont contentés d'établir pour regle générale qu'il falloit donner aux Murs pour talud la cinquiéme partie de leur hauteur, & que dans bien des occasions où ils auroient pû en donner beaucoup plus pour ne point employer une quantité prodigieuse de matériaux superflus, ils ne l'ont pas fait; au contraire souvent il leur est arrivé de donner du talud à des Murs qui n'en devoient point avoir, & d'élever à plomb des deux côtés ceux qu'un talud auroit rendu capables d'une force beaucoup plus grande, même avec moins de maçonnerie. Cependant il est si naturel d'apercevoir qu'un Mur qui a du talud résiste mieux qu'un autre qui n'en a point, que malgré tout ce que je pourrois dire pour confirmer ma pensée, j'aime mieux croire qu'ils ont vû que le talud étoit nécessaire; mais qu'ils n'ont eû là-dessus que des sentimens obscurs, ce qui ne peut arriver autrement quand on ne considere pas les choses dans leur principe; mais comme rien en fait d'Architecture, ne me paroît plus nécessaire d'être bien entendu que ce qui vient de faire le sujet de cette petite dissertation, je vais faire ensorte dans ce Chapitre d'en bien déveloper toutes les circonstances.

PROPOSITION

Livre I. de la Theorie de la Maçonnerie.

PROPOSITION PREMIERE.

PROBLÊME.

19. *Ayant un profil de Muraille* ABC, *triangulaire dont le point d'apui est en* C, *& qu'une puissance pousse de* K, *en* B, *pour la renverser du côté oposé, on demande quelle épaisseur il faudra donner à la base* AC, *pour que le poids* G, *qu'on supose équivalent à la superficie du triangle, soit en équilibre avec la puissance* K.

Pour bien entendre ce Problême, il faut considerer les côtés FIG. 15. CB, & CE, de l'angle BCE, comme formant un lévier recourbé dont le point d'apui est en C, que la puissance K, étant apliquée à l'extrêmité B, du bras CB, pousse selon une direction paralelle à l'horison, & par consequent oblique au bras de lévier, & que le poids G, est apliqué à l'extrêmité E, de l'autre bras CE, qui est terminé par la ligne de direction IL, tirée du centre de gravité I, du triangle. Or comme c'est la même chose que la puissance K, pousse de K, en B, ou qu'elle tire de B, en H, selon une direction toûjours paralelle à l'horison, nous suposerons pour plus de facilité que le poids F, est équivalent à cette puissance, & abaissant la perpendiculaire CD, sur la ligne BH, la longueur du bras de lévier oblique CB, par raport à la puissance, sera réduite à la ligne CD, par l'article 18e & par-là la puissance K, ou F, pourra être admise dans son entier, en suposant qu'elle est apliquée à l'extrêmité D, de la perpendiculaire CD, que nous regarderons présentement comme un des bras de lévier. Si l'on nomme ce bras de lévier, c; aussi-bien que la hauteur BA, qui lui est égale, y, la base CA; l'on aura $\frac{2y}{3}$ pour l'autre bras CE, (puisque par l'article 7e la partie AE, est le tiers de toute la base AC,) cela étant, le poids G, sera $\frac{yc}{2}$, ainsi l'on aura $bf, \frac{yc}{2} :: \frac{2y}{3}, c$; qui donne cette équation $\frac{2yyc}{6} = bcf$, qu'on rendra plus simple en faisant la réduction, puisqu'on n'aura plus que $\frac{yy}{3} = bf$, ou bien $y = \sqrt{3bf}$, qui fait voir qu'on trouvera la base AC, en tripiant la puissance K, ou F, & en extrayant la racine quarrée de ce produit.

Remarque premiere.

20. L'on doit remarquer ici que de toutes les figures que l'on peut donner à un profil de muraille qui a quelque pouffée à foûtenir, il n'y en a point où il faille moins de maçonnerie que dans celle qui eft triangulaire, parce que le lévier CE, gagne par fa longueur ce que le poids G, a de moins provenant d'un triangle, que s'il provenoit d'un pararellograme, ce que je vais démontrer.

Fig. 15.

Ayant le paralellograme rectangle AD, dont la hauteur foit égale à celle du triangle précédent, & que la puiffance qui pouffe de K, en C, ou tire de C, en G, felon une direction parallele à l'horifon, agiffe avec la même force que celle du triangle ABC, l'on fait que pour avoir l'épaiffeur BD, il faut doubler la puiffance K, & en extraire la racine quarrée, * puifqu'après avoir fait les opérations ordinaires, il vient pour derniere équation $\sqrt{2bf} = y$, & comme nous venons d'avoir $\sqrt{3bf} = y$ pour la bafe du triangle, l'on peut donc dire que la fuperficie du profil rectangle AD, fera à celle du profil triangulaire, comme $\sqrt{2bf}$ eft à la moitié de $\sqrt{3bf}$, puifque ne prenant que la moitié de la bafe du triangle, l'on peut regarder cette moitié comme la bafe du rectangle égal au triangle, mais la moitié de $\sqrt{3bf}$ eft beaucoup moindre que $\sqrt{2bf}$, & pour en être convaincu, il n'y a qu'à faire un triangle rectangle & ifocelle ABC, & fupofer que chaque quarré des côtés BA, & BC, eft égal à bf, cela étant, l'hypotenufe AC, ou ce qui eft la même chofe, $\sqrt{2bf}$, pourra être regardée comme exprimant la bafe BD, du profil rectangle, & fi l'on fait un autre triangle rectangle ACD, dont le côté CD, foit égal à CB, l'hypotenufe AD, exprimera la bafe AC, du profil triangulaire, & divifant cette hypotenufe en deux également au point E, fa moitié AE, fera la bafe du paralellograme égal au triangle, ainfi la fuperficie du profil rectangle furpaffera autant celle du profil triangulaire, que la ligne AC, furpaffe la moitié de la ligne AD, ce que l'on ne peut pas exprimer en nombre bien exactement à caufe des incommenfurables, cependant on peut dire que la maçonnerie du profil triangulaire eft à celle du profil rectangle, à peu-près comme 11. à 18. ce qui fait voir qu'il y a plus d'un tiers moins dans le premier que dans le fecond.

Fig. 10.

*Art. 15.

Fig. 14.

Il ne faut pas trouver étrange qu'on fupofe ici un profil triangulaire, nous favons bien qu'on ne fait pas de Mur qui foit terminé

LIVRE I. DE LA THEORIE DE LA MAÇONNERIE. 19

en arrête comme eſt celui-ci, c'eſt pourquoi on ne doit regarder cette propoſition que comme pouvant ſervir à l'intelligence des autres.

Remarque ſeconde.

21. Selon la remarque précédente, l'on voit combien il eſt de conſéquence d'avoir égard à la longueur des léviers pour régler l'épaiſſeur des Murs qu'on veut mettre en équilibre avec l'effort qu'ils ont à ſoûtenir, & que voici la ſeule voïe par laquelle on peut connoître ce point d'équilibre. C'eſt à quoi Mr Bullet & pluſieurs autres n'ont fait aucune attention dans les régles qu'ils ont crû donner ſur ce ſujet, auſſi ſont-ils tombés dans des erreurs fort groſſieres.

PROPOSITION SECONDE.

PROBLÊME.

22. *Trouver l'épaiſſeur qu'il faut donner au ſommet des Murs qui ſont élevés à plomb d'un côté & qui ont un talud de l'autre, pour être en équilibre par leur réſiſtance avec la force de la puiſſance qui voudroit les renverſer.*

L'on donne comme nous l'avons dit, pour talud aux Murs des Remparts ou des Terraſſes, la cinquiéme partie de leur hauteur ; c'eſt-à-dire, que ſupoſant BG, de 30 pieds, les lignes BI, & GH, FIG. 11. ſeront chacune de 6 pieds, ainſi quand on cherche quelle épaiſſeur il faut donner à ces ſortes de Murs ; l'on a toûjours le triangle GBH, connu, & le Problême ne roule plus que ſur l'épaiſſeur qu'il faut donner à la partie BD, ou FG, qui étant inconnuë nous la nommerons y; la hauteur BG, ſera nommée c; & la ligne de talud GH, d; cela étant, l'on aura yc, pour la valeur du poids N, & $\frac{cd}{2}$ pour le poids M; on peut donc dire que le poids N, eſt ſuſpendu à l'extremité L, du bras de lévier HL, & le poids M, à l'extrêmité P, du bras HP, qui eſt égal aux deux tiers de la baſe GH, du triangle par l'article 7e. Or comme on ne ſe ſervira que du bras HL, il faut donc ſelon l'art. 11e. réünir le poids M, au poids N, de maniere qu'il ne péſe pas plus en L, qu'il fait en P, ainſi je multiplie le poids M, ($\frac{cd}{2}$) par ſon bras de lévier HP, ($\frac{2d}{3}$)

C ij

pour avoir le produit $\frac{2cdd}{6}$ ou bien $\frac{cdd}{3}$ qu'il faut diviſer par le bras HL, ($\frac{y+2d}{2}$) & le quotient $\frac{\frac{cdd}{3}}{\frac{y+2d}{2}}$ ſera le poids M, apliqué au point L, lequel étant ajoûté avec le poids N, donnera $N+M$, ($cy + \frac{\frac{cdd}{3}}{\frac{y+2d}{2}}$) qu'on pourra ſi l'on veut conſiderer comme ne faiſant que le ſeul poids O, qu'il faut ſupoſer être en équilibre avec la puiſſance K, (bf,) ainſi le produit de la puiſſance K, par la perpendiculaire HI, (c,) qui eſt équivalente à ſon bras du lévier par l'article 18e. ſera égal au produit du poids O, par ſon bras de lévier HL, pour lors le premier produit donnera bcf, & le ſecond $\frac{cyy+2cdy}{2}+\frac{cdd}{3}$, car il eſt à remarquer qu'ayant $cy + \frac{\frac{cdd}{3}}{\frac{y+2d}{2}}$ à multiplier par $\frac{y+2d}{2}$, il n'y a que le premier terme cy, à multiplier effectivement, puiſque pour le ſecond $\frac{\frac{cdd}{3}}{\frac{y+2d}{2}}$ il ſuffit de ſuprimer tout-à-fait le diviſeur $\frac{y+2d}{2}$ pour que la grandeur $\frac{cdd}{3}$ ſoit multipliée par le bras de lévier LH, car c'eſt multiplier une grandeur par ſon diviſeur que de ne pas la diviſer quand elle doit l'être.

Comme les deux produits précedens donnent cette équation $\frac{cyy+2cdy}{2}+\frac{cdd}{3} = bcf$, il ne s'agit plus que d'en dégager l'inconnuë y, en faiſant paſſer $\frac{cdd}{3}$ du premier membre dans le ſecond & effacer la lettre c, pour avoir $yy + 2dy = 2bf - \frac{2dd}{3}$, mais comme il

*V. le C. art. 120. manque dd, au premier membre pour faire un quarré parfait, *je l'ajoûte de part & d'autre & il vient $yy + 2dy + dd = 2bf - \frac{2dd}{3} + dd$ ou bien $yy + 2dy + dd = 2bf + \frac{dd}{3}$ & extrayant la racine quarrée de

Livre I. de la Théorie de la Maçonnerie.

chaque membre l'on a $y + d = \sqrt{2bf + \dfrac{dd}{3}}$ ou enfin $y = \sqrt{2bf + \dfrac{dd}{3}} - d$

APLICATION.

Supofant que la puiffance K, de quelle part qu'elle puiffe venir, foit exprimée par 52 pieds $\frac{1}{2}$ l'on aura par conféquent $bf = 52 \frac{1}{2}$ or comme la derniere équation que nous avons trouvé montre qu'il faut pour avoir l'épaiffeur BD, doubler la valeur de la puiffance qui donne 105. ajoûter à cette quantité le tiers du quarré de la ligne de talud BI, ou GH, & cette ligne ayant été fupofée 6 pieds; fonquarré fera 36 dont le tiers eft 12. qui étant ajoûté avec 105, donne 117, dont il faut extraire la racine quarrée, que l'on trouvera de 10 pieds 9 pouces 8 lignes qui eft l'épaiffeur de la bafe FH, de laquelle retranchant la valeur de d, c'eft-à-dire, la valeur de la ligne de talud, l'on aura 4 pieds 9 pouces 8 lignes, qui eft l'épaiffeur qu'il faut donner au fommet de la muraille pour être en équilibre par fon poids avec la puiffance K.

Cette propofition nous fervira dans le quatriéme Chapitre à trouver l'épaiffeur qu'il faut donner au fommet des Murs des Remparts pour être en équilibre avec la pouffée des Terres.

Remarque premiere.

23. Quand on a plufieurs poids apliqués à differens endroits d'un bras de lévier, à mettre en équilibre avec une puiffance, il n'eft pas toûjours néceffaire de réunir les poids où de les fupofer réünis en un feul, puifqu'il fuffit de les multiplier chacun par le bras de lévier qui lui répond, c'eft-à-dire, par la diftance qu'il y a du point d'apui aux endroits où ces poids font apliqués; parce que la multiplication rétablit ce que la divifion peut ôter, ainfi dans le problême précédent au lieu de multiplier le poids M, par fon bras de lévier HP, & divifer enfuite le produit par le bras HL, pour en réünir le quotient au poids L, il auroit fuffi de multiplier le poids M, & N, chacun par leur bras de lévier, c'eft-à-dire par leur diftance au point d'apui, puifque d'une façon comme de l'autre on aura toûjours $\dfrac{cyy + 2cdy}{2} + \dfrac{cdd}{3}$ pour l'un des membres de l'équation, dont l'autre fera comme à l'ordinaire, le produit de la puiffance agiffante par le bras de lévier qui lui répond; c'eft pour-

C iij

quoi dans la suite on se passera autant qu'on le pourra de ces sortes de division pour rendre les opérations moins composées.

Remarque seconde.

24. On peut s'apercevoir ici combien le talud qu'on donne à l'une des faces d'un mur, changeroit la résistance de ce mur, si la puissance au lieu de tirer de *B*, en *K*, tiroit de *D*, en *A*, pour cela il faut chercher le centre commun de gravité des poids *M*, & *N*, qui sera dans un des points du lévier *LP*, aux extrêmités duquel ces poids sont suspendus, que l'on apercevra en divisant la ligne *LP*, au point *R*, de façon que *LR*, soit à *RP*, comme le poids *M*, est au poids *N*, mais ces deux poids sont l'un à l'autre comme la moitié de *GH*, est à toute la ligne *GF*, or considérant ces deux poids *M*, & *N*, comme étant réünis dans le seul poids *Q*, l'on aura le bras de lévier *RH*, quand il s'agira du point d'apui *H*, & le bras de lévier *FR*, quand le point d'apui sera suposé en *F*, & si l'on fait attention que le bras de lévier *DF*, a la même longueur que *IH*, & que le poids *Q*, ne change point de situation, l'on verra que la puissance qui tire de *B*, en *I*, est à celle qui tire de *D*, en *A*, comme le bras *HR*, est au bras *FR*.

Remarque troisiéme.

F<small>IG</small>. 12. & 13. Il y a encore une remarque à faire, qui est, qu'ayant deux murs *AD*, & *FI*, de même hauteur, le premier élevé à plomb des deux côtés, & le second avec un talud égal de chaque côté, ce dernier quoiqu'égal au précédent en solidité, résistera beaucoup plus que l'autre à l'effort d'une puissance qui voudroit le renverser à droite ou à gauche, car suposant que l'épaisseur du sommet *FG*, ne soit que les deux tiers de celle du sommet *AB*, mais qu'en récompense, la base *HI*, soit plus grande que *CD*, du tiers de la même *CD*; les poids *M*, & *N*, qui exprimeront les superficies *AD*, & *FI*, seront égaux & comme les bras de lévier *DB*, & *IL*, sont aussi égaux, les puissances *P*, & *Q*, seront donc dans la raison des bras de lévier *LK*, & *DE*, ainsi la puissance *P*, ne sera que les trois quarts de la puissance *Q*, par la même raison si l'épaisseur *FG*, n'étoit que la moitié de *AB*, la puissance *P*, ne seroit que les deux tiers de la puissance *Q*, ce qui prouve bien la nécessité de donner du talud aux murs.

Livre I. de la Theorie de la Maçonnerie. 23
PROPOSITION TROISIE'ME.
Proble'me.

25. *Voulant élever un Mur dont l'épaisseur* BC, *au sommet soit donnée, aussi-bien que sa hauteur* BA; *on demande quelle doit être la ligne de talud* DE, *pour que ce Mur étant poussé de* M, *en* B, *ou tiré de* C, *en* K, *par une puissance, le Mur* ABCD, *soit en équilibre avec cette puissance.*

Ayant nommé BC, ou AD, a; la hauteur CD, c; la ligne de talud DE, y; la superficie du rectangle ABCE, sera ac, qu'on pourra considérer comme la valeur du poids H, suspendu au point F, milieu de la ligne AD, le triangle DCE, sera $\frac{cy}{2}$ qu'on pourra aussi considérer comme exprimant la valeur du poids I, suspendu au point G, qui est au deux tiers de la ligne DE; or si l'on multiplie chacun de ces poids par leur bras de lévier, ou par leur distance au point d'apui, & qu'on ajoûte ces deux produits ensemble, l'on aura $\frac{aac + 2acy}{2} + \frac{cyy}{3}$ qui est une quantité égale au produit de la puissance bf, par son bras de lévier EL, ce qui donne cette équation $\frac{aac + 2acy}{2} + \frac{cyy}{3} = bcf$, ou bien $yy + 3ay = 3bf - \frac{3aa}{2}$ or pour dégager l'inconnuë y, il faut ajoûter à chaque membre de cette équation le quarré de la moitié du coëficien du second terme; c'est-à-dire le quarré de $\frac{3a}{2}$ qui est $\frac{9aa}{4}$ & pour lors l'on aura $yy + 3ay + \frac{9aa}{4} = 3bf - \frac{3aa}{2} + \frac{9aa}{4}$ dont le premier membre est un quarré parfait, ainsi extrayant la racine quarrée de cette équation, l'on aura $y + \frac{3a}{2} = \sqrt{3bf - \frac{3aa}{2} + \frac{9aa}{4}}$ ou bien $y = \sqrt{3bf - \frac{3aa}{2} + \frac{9aa}{4}} - \frac{3a}{2}$, mais comme on peut réduire $-\frac{3aa}{2} + \frac{9aa}{4}$ en leur donnant un dénominateur commun, l'on aura $+\frac{3aa}{4}$, par conséquent l'équation précedente sera

*Art. 23.

Fig. 17.

$y = \sqrt{3bf + \frac{3aa}{4}} - \frac{3a}{2}$ qui donne l'expression la plus simple qu'on puisse avoir de la valeur de la ligne DE.

APLICATION.

Comme je n'ai voulu obmettre aucun des principaux cas qui peuvent se rencontrer dans la construction des Ouvrages de Maçonnerie, j'ai suposé ici qu'il s'agissoit de construire un Mur dont l'épaisseur au sommet devoit être déterminée pour des raisons qui obligeroient d'en user ainsi, & que ce Mur ayant à soûtenir l'effort d'une puissance devoit avoir necessairement un certain talud pour que la longueur du lévier qui répond à la base étant augmenté, supléât au deffaut d'épaisseur qu'on auroit donné au sommet, parce qu'il faut s'imaginer que si le Mur avoit été fait à plomb des deux côtés, l'épaisseur qu'on veut lui donner ne suffiroit point pour résister à l'effort de la puissance, par conséquent le Problême se réduit à trouver la ligne de talud DE. Or comme l'équation $y = \sqrt{3bf + \frac{3aa}{4}} - \frac{3a}{2}$ vient de nous la donner, il ne s'agit plus que d'avoir des nombres qui expriment les lettres du second membre ; c'est pourquoi nous suposerons que la puissance bf, vaut 50 pieds quarrés, & que a, c'est-à-dire la ligne AD, ou BC, est de 4 pieds, ainsi comme il n'y a que ces deux grandeurs qui se trouvent dans l'équation, il nous reste à les joindre ensemble de la façon qu'elles y sont, c'est-à-dire qu'au lieu de bf, l'on aura 150 qu'au lieu de $\frac{3aa}{4}$ l'on aura $\frac{48}{4}$ ou bien 12 qui est la même chose, ainsi joignant 150 avec 12, l'on aura 162 dont il faut extraire la racine quarrée que l'on trouvera de 12 pieds 8 pouces 9 lignes. Mais l'équation nous montre que de cette racine il en faut soustraire $\frac{3a}{2}$ ou bien 12 divisé par 2 qui est 6, & que la difference sera la valeur de y, retranchant donc 6 de la racine précédente, il restera 6 pieds 8 pouces 9 lignes pour la ligne de talud DE, que l'on cherche.

PROPOSITION

Livre I. de la Theorie de la Maçonnerie. 25

PROPOSITION QUATRIE'ME.

PROBLE'ME.

26. *Ayant le profil* ABCD, *d'un Mur élevé à plomb des deux côtés, & dont l'épaisseur* BC, *est tellement proportionnée à la hauteur* CD, *que ce Mur soit en équilibre par son poids avec la puissance* P, *qui tire de* C, *en* E, *on demande de changer ce profil-là en un autre* IGHL, *qui lui soit égal en superficie, & en hauteur & dont le côté* GI, *soit perpendiculaire, pour que ce second soit en équilibre par sa résistance à une puissance* Q, *dont la force seroit double de la puissance* P. Fig. 18. & 19.

Pour cela nous nommerons BC, a; CD, de même que GI; c; GH, ou IK, x; KL, y; la puissance P, sera bf, comme à l'ordinaire & la puissance Q, $2bf$; cela posé, la superficie du rectangle IGHK, ou si l'on veut le poids N, sera xc, & celle du triangle KHL, ou le poids S, sera $\frac{yc}{2}$, & ces deux poids étant multipliés par leur bras de lévier*, réünissant leur produit, on aura une quantité égale au produit de la puissance par son bras de lévier, c'est-à-dire $\frac{xxc + 2yxc}{2} + \frac{yyc}{3} = 2bfc$, ou divisant tous les termes par c, l'on aura $\frac{xx + 2yx}{2} + \frac{yy}{3} = 2bf$; mais comme le rectangle BD, (ac) est supposé égal au Trapezoïde IGHL, il viendra encore cette équation $ac = cx + \frac{cy}{2}$, d'où dégageant l'inconnuë y, l'on aura $y = 2a - 2x$, & substituant la valeur de y, dans l'équation $\frac{xx + 2xy}{2} + \frac{yy}{3} = 2bf$, cela donne $\frac{xx}{2} + 2ax - 2xx + \frac{4aa - 8ax + 4xx}{3} = 2bf$, qui étant réduite, donne $4aa - 2ax - \frac{xx}{2} = 6bf$, ou bien $\frac{xx}{2} + 2ax = 4aa - 6bf$, & faisant évanoüir la fraction l'on a $xx + 4ax = 8aa - 12bf$, à quoi ajoûtant $4aa$ de part & d'autre pour rendre le premier membre un quarré parfait, il viendra $xx + 4ax + 4aa = 12aa - 12bf$, d'où l'on tire $x = \sqrt{12aa - 12bf} - 2a$, après avoir extrait la racine quarrée.

*Art. 23.

APLICATION.

*Art.

L'on fait que la puiffance P, étant en équilibre avec le poids O, l'on a * $a = \sqrt{2bf}$, ainfi fupofant $bf = 72$, il vient $12 = \sqrt{2bf}$, par conféquent l'épaiffeur BC, fera de 12 pieds, quant à la hauteur CD, nous la fupoferons de 30, quoiqu'on puiffe s'en paffer ici; préfentement pour connoître la valeur de x, j'entend l'épaiffeur GH, il ne faut que fuivre ce qui eft indiqué dans l'équation derniere, c'eft-à-dire, ôter de $12aa$, qui valent 1728, $12bf$, qui eft 864 & extraire la racine quarrée de la difference pour avoir 29 pieds 4 pouces 8 lignes, d'où fouftrayant la valeur de $2a$, qui eft 24 pieds, l'on aura 5 pieds 4 pouces 8 lignes pour la valeur de x, ou l'épaiffeur GH, par le moyen de laquelle il fera facile d'avoir la ligne KL, ou y, que l'on trouvera de 13 pieds 2 pouces 8 lignes, à quoi ajoûtant la valeur de x, il viendra 18 pieds 7 pouces 4 lignes pour la bafe IL, du Mur : or comme le rectangle AC, ayant 12 pieds de bafe fur 30 de hauteur vaut 360 pieds de fuperficie & que celle du Trapezoïde IGHL, en vaut autant (comme il eft aifé de s'en convaincre fi l'on en fait le calcul) il s'enfuit donc qu'on a fatisfait exactement aux conditions du Problême.

Remarque.

27. L'on pourroit encore rendre le fecond profil capable de foûtenir l'effort d'une puiffance plus grande que $2bf$, car moins le fommet du revêtement aura d'épaiffeur, & plus la ligne de talud augmentera la longueur du bras de lévier ML, & par conféquent la réfiftance du Mur, & cette augmentation pourra toûjours aller en croiffant tant que le point H, foit confondu avec le point G, c'eft-à-dire que la ligne GH, foit réduite à zero; parce qu'alors le profil deviendra un triangle rectangle, qui eft la figure capable de foûtenir la plus grande puiffance qu'il eft poffible, comme on l'a vû dans l'article 20e, & je trouve ici que fi le premier profil étoit changé en triangle, au lieu de foûtenir en équilibre un epuiffance de 72 pieds, il en foûtiendroit une de $145\frac{1}{3}$.

Livre I. de la Theorie de la Maçonnerie. 27

PROPOSITION CINQUIE'ME.

Probléme.

28. *Ayant comme dans le Probléme précédent un profil rectan-* Fig. 18. *gulaire* AC*, en équilibre par son poids avec une puissance* P*,* & 20. *on demande un autre profil* GHIK*, qui ait la même hauteur, que le précédent, mais dont la superficie n'en soit que les trois quarts, avec cette condition que le Mur* GHIK*, soit encore en équilibre par sa résistance à l'effort de la puissance* P*, qu'on supose agir toûjours avec la même force.*

Nommant les lignes BA, ou HG, c; AD, a; HI, ou GL; x; LK, y; l'on aura ac, pour le rectangle BD, cx, pour le rectangle HL, ou si l'on veut pour le poids Q, & $\frac{cy}{2}$ pour le triangle ILK, qui est la même chose que le poids P; or comme le Trapeze $GHIK$, ne doit être que les trois quarts du rectangle BD, l'on aura donc $\frac{3ac}{4} = cx + \frac{cy}{2}$, & si l'on réünit le poids Q, avec le poids P, après les avoir multipliés par leur bras de léviers, l'on aura une quantité égale au produit de la puissance P, qui est toûjours bf, par le bras de lévier KR, ce qui donne cette seconde équation $\frac{xxc}{2} + xyc + \frac{yyc}{3} = bcf$, ou en effaçant de tous les termes la lettre c, $\frac{xx}{2} + xy + \frac{yy}{3} = bf$, mais si dans la premiere équation $\frac{3ac}{4} = cx + \frac{yc}{2}$ l'on dégage y, l'on aura $\frac{ba}{4} - 2x = y$, & suposant $\frac{6a}{4} = n$, pour plus de facilité, l'on aura $n - 2x = y$. Si presentement l'on substituë la valeur de y, dans l'équation $\frac{xx}{2} + yx + \frac{yy}{3} = bf$, elle sera changée en celle-cy $\frac{xx}{2} + nx - 2xx + \frac{nn - 4nx + 4xx}{3} = bf$, d'où faisant évanoüir la fraction l'on a $3xx + 6nx - 12xx + 2nn - 8nx + 8xx = 6fb$, qui étant réduite donne $2nn - xx - 2nx = 6bf$, ou bien $2nn - 6bf = xx + 2nx$; or

D ij

si à cette équation l'on ajoûte nn de part & d'autre l'on aura $3nn - 6bf = xx + 2nx + nn$, dont extrayant la racine quarrée & dégageant l'inconnuë, il vient enfin $\sqrt{3nn - 6bf} - n = x$, qui donne la valeur de l'épaisseur HI.

Pour avoir l'autre inconnuë y, nous suposerons $\sqrt{3nn - 6bf} - n = d$, pour lors l'on aura $2d = 2x$, & mettant la valeur de $2x$, dans l'équation, $n - 2x = y$, l'on aura $n - 2d = y$.

APLICATION.

Fig. 18. & 20. Comme nous avons suposé $\frac{6a}{4} = n$, & que a, vaut 12 pieds de même que dans le Problême précédent, n, sera donc de 18, par conséquent $3nn$, vaudront 972 pieds. Or comme bf, vaut encore 72, si l'on souftrait $6bf$, c'est-à-dire sa valeur qui est 432 du nombre précédent, l'on aura 405 pour la différence, dont extrayant la racine quarrée, on la trouvera de 23 pieds 3 pouces, de laquelle ôtant la valeur de n, qui est 18, l'on verra que l'épaisseur HI, doit être de 5 pieds 3 pouces, & que par conséquent la ligne de talud LK, c'est-à-dire, y, vaut 7 pieds 6 pouces, à laquelle ajoûtant GL, je veux dire, 5 pids 3 pouces, l'on aura 12 pieds 9 pouces pour toute la base GK; ce qui est bien évident puisqu'un Trapezoïde qui auroit 30 pieds de hauteur, & pour côtés paraleles une ligne de 5 pieds 3 pouces & une autre de 12 pieds 9 pouces, vaudra 270 pieds de superficie qui est justement les trois quarts du rectangle BD, qui en doit valoir 360.

Remarque.

29. L'on pourroit, si l'on vouloit, diminuer encore la Maçonnerie du Problême précédent, en ne suposant la superficie du second profil, que des deux tiers de celle du premier, & pour lors l'on trouvera que x, ou si l'on veut, le sommet du Mur, ne doit avoir que 2 pieds d'épaisseur; mais comme il y a des cas où cette épaisseur ne suffiroit pas pour des murs qui ont à soûtenir certaine poussée, on sera le maître de ne diminuer le Mur que d'un quart ou d'un cinquième, plus ou moins selon les occasions; tout ce que l'on doit remarquer, c'est que si la diminution qu'on voudroit faire étoit trop grande, on s'en apercevroit en donnant aux termes du premier membre de l'équation $\sqrt{3nn - 6bf} - n = x$, la valeur en nombre des lettres qui le composent, car si l'on trouve, par

LIVRE I. DE LA THEORIE DE LA MAÇONNERIE. 29

exemple, que $3mn$, soient moindres que $6bf$, c'est une marque que ce Probléme est impossible ; que si l'on trouve $\sqrt{3mn-6bf}=n$, c'est un signe que x, est égal à zero, c'est-à-dire que le sommet du Mur sera la pointe d'un triangle dont l'épaisseur sera zero.

CHAPITRE QUATRIE'ME.

De la maniere de calculer la poussée des Terres que soûtiennent les revêtemens des Terrasses & des Remparts, afin de savoir l'épaisseur qu'il faut leur donner.

PRINCIPE TIRE' DE LA ME'CANIQUE.

30. SI l'on a un poids H, sur un plan incliné AC, & une puissance K, qui soûtienne ce poids selon une direction EK, paralele à l'horison, il est démontré dans la Mécanique que la puissance K, est au poids comme la hauteur AB, du plan incliné est à la longueur BC, de la base, or si l'on supose que la hauteur AB, soit égale à la base BC, c'est-à-dire que la ligne AC, soit la diagonale d'un quarré, la puissance sera égale au poids, mais comme c'est la même chose que la puissance tire de B, en K, ou soit apliquée au poids même, comme est la puissance P, qui pousse par une direction diamêtrale EG, paralele à l'horison, on peut donc dire que la puissance P, à besoin d'une force égale au poids pour le soûtenir en équilibre.

PLANCH, 2e.
FIG. 1.
V. le C.
art. 781.
& 786.

Principe d'Experience.

31. C'est une chose démontrée par l'experience, que les Terres ordinaires, quand elles sont nouvellement remuées & mises les unes sur les autres sans être battuës ni entre-lassées par aucun fascinage, prennent d'elles-mêmes une pente ou talud, qui fait avec l'horison un angle de 45 degrés, ou qui suit la diagonale d'un quarré, je dis que cela arrive aux Terres ordinaires ; car nous n'ignorons pas que si elles étoient sablonneuses, elles ne fassent un angle plus aigus, & qu'au contraire si elles étoient grasses & fortes elles n'en fassent un plus ouvert, mais pour tabler sur quelque chose de fixe, nous avons suposé une terre qui tiendroit un milieu entre ces deux-ci.

D iij

FIG. 2.   Prévenus de cela, imaginons que contre une Muraille *A*, on ait ramassé des Terres soutenuës de l'autre côté par une surface *DE*, qu'une puissance *Q*, qui la maintient peut ôter librement; ces Terres étant renfermées dans l'espace *BCDE*, comme dans une caisse, dont le profil *CD*, seroit un quarré, il est constant que si l'on ôtoit la surface *DE*, pour laisser aux Terres la liberté d'agir, qu'il s'en ébouleroit une partie, & qu'il ne resteroit que celles du triangle *CBE*, & que par conséquent la puissance *Q*, soûtient toute la poussée des Terres du triangle *BDE*, je veux dire l'effort qu'elles font pour rouler le long du Plan incliné *BE*, il s'ensuit donc que la puissance *Q*, auroit besoin d'une force exprimée par le triangle *BDE*, si effectivement les Terres s'ébouloient avec autant de facilité qu'un corps Spherique roule sur un Plan incliné bien poli, mais comme leur tenacité fait que leurs parties ne peuvent se détacher pour s'ébouler, sans rencontrer beaucoup d'obstacles, il est certain, comme l'experience le fait voir, qu'elles ne font pas seulement la moitié de l'effort contre la surface *DE*, qu'elles feroient si elles étoient ramassées dans un corps Spherique, ainsi on peut donc considerer la puissance *Q*, comme équivalente à un Plan qui seroit exprimé par la moitié du triangle *BDE*, pour être en équilibre avec la poussée des Terres, ce qui convient d'autant mieux avec la pratique qu'on ne les employe jamais pour élever des Remparts, des Terrasses, des Chaussées, &c. qu'elles ne soient bien battuës, & qu'on en ait pour ainsi dire augmenté la tenacité.

Comme c'est sur ce principe que nous agirons dans la suite, on remarquera que si l'on supose les lignes *BD*, & *DE*, chacune de deux pieds, la superficie du triangle sera de deux pieds quarrés, & la puissance *Q*, n'en soûtenant que la moitié, on peut dire que la force de cette puissance dans l'état d'équilibre, sera exprimée par un pied quarré.

PROPOSITION PREMIERE.

PROBLÊME.

32. *Qui enseigne comme il faut calculer la poussée des Terres pour proportionner l'épaisseur des Murs qui les doivent soûtenir en équilibre.*

FIG. 3.   Pour savoir quel l'effort font les Terres derriere le revêtement *BCDE*, je prend la ligne *AB*, égale à *BD*, pour avoir le triangle

rectangle & isocelle *ABD*, qui comprend toutes les Terres qui pouffent, puisque par l'Article 31. celles qui font fous la ligne *AD*, fe foûtiennent par elles-mêmes, l'angle *ADX*, étant de 45 degrés; mais comme ces Terres agiffent avec plus ou moins de force, felon qu'elles font plus ou moins éloignées du fommet *B*, il faut faire enforte de raporter toute la pouffée au point *B*; pour cela je divife la hauteur *BD*, en un grand nombre de parties égales, par exemple, en autant de parties qu'elle contient de pieds, ainfi fupofant qu'il foit queftion d'un revêtement de 15 pieds de hauteur, on aura 15 parties égales, & fi par chaque point de divifion l'on mene à la ligne *DA*, les paralelles *HG*, *NM*, *PO*, *RQ*, &c. l'on aura d'abord un petit triangle *HGB*, enfuite une quantité de Trapezes qui vont toûjours en augmentant, & qu'on doit confiderer comme autant de puiffances qui pouffent le mur; or pour favoir la pouffée de chacun, commençons par le triangle *HGB*, qu'on peut regarder felon l'Article 31. comme un corps pofé fur le *Plan incliné LGH*, qui agit contre la furface *BH*, pour la renverfer, fi l'on nomme *b*, l'effort que fait le triangle contre la furface, on pourra, connoiffant la pouffée du triangle, connoître auffi celle de tous les Trapezes qui font immédiatement après, car comme la Trapeze *GN*, eft triple du triangle *HGB*, fon effort contre la furface *HN*, fera 3 *b*, & la pouffée de tous les autres Trapezes fuivans pourra être exprimée par les differences des quarrés des termes d'une progreffion Arithmétique, ce qui donne cette progreffion
b. 3 *b*. 5 *b*. 7 *b*. 9 *b*. 11 *b*. 13 *b*. 15 *b*. 17 *b*. 19 *b*. 21 *b*. 23 *b*. 25 *b*. 27 *b*. 29 *b*.
Or fi l'on fupofe que l'action du triangle *HGB*, au lieu d'agir le long de la furface *BH*, foit réünie au point *B*, que l'action du Trapeze *GN*, foit réünie au point *H*, & qu'il en foit de même pour l'action de tous les autres Trapezes réünie aux points *N*, *P*, *R*, & on pourra concevoir qu'une puiffance exprimée par *b*, agit à l'extrêmité *B*, du bras de lévier *BD*, qu'une autre exprimée par 3 *b*, agit à l'extrêmité *H*, du bras de lévier *DH*, & qu'en étant de même pour tous les autres Trapezes ou puiffances, il y aura autant de léviers que de puiffances, & ces léviers feront dans une progreffion Arithmétique des nombres naturels, dont le premier terme fera le lévier *DB*, & le plus petit le lévier *DK*, de forte que la progreffion des léviers ira en diminuant tandis que celle des puiffances ira en augmentant; car fi l'on range ces deux progreffions l'une fur l'autre de maniere que chaque puiffance réponde à fon lévier, l'on aura
b. 3 *b*. 5 *b*. 7 *b*. 9 *b*. 11 *b*. 13 *b*. 15 *b*. 17 *b*. 19 *b*. 21 *b*. 23 *b*. 25 *b*. 27 *b*. 29 *b*.
15. 14. 13. 12. 11. 10. 9. 8. 7. 6. 5. 4. 3. 2. 1.

Mais l'on fait que les effets de plusieurs puissances apliquées à des léviers, font dans la raison composée de leur force & de la longueur de leur léviers ; c'est pourquoi afin d'avoir l'effort dont chaque puissance est capable, il faudra la multiplier par son bras de lévier, & la somme de tous les produits sera égale à l'effort total de toutes les puissances apliquées à leur bras de léviers ; mais comme chaque puissance pourra être transportée à l'extrêmité B, du bras DB, (en divisant selon l'Article 11. le produit de sa force & de son lévier par toute la longueur BB,) on n'aura donc qu'à diviser les produits dont nous venons de parler, par le diviseur commun 15 pour avoir $\frac{12406}{15} = 82b\frac{2}{3}$ de sorte que si l'on supose $82\frac{2}{3} = f$, l'on aura bf, pour l'effort de toutes les puissances réünies au point B.

Voulant savoir présentement ce que bf, vaut en pieds quarrés, il faut se rapeller que b, a été suposé égal à la poussée du triangle HGB, contre la surface BH. Or comme les côtés GB, & BH, de ce triangle sont chacun d'un pied, sa superficie sera de 6 pouces & la surface BH, n'en soûtenant que la moitié par l'Article 31, à cause de la tenacité des Terres ; b, sera donc de 3 pouces de pieds quarrés, ainsi multipliant 3 pouces par 82 pieds 8 pouces, le produit sera 20 pieds 8 pouces pour la valeur de bf.

Il est bon que je m'arrête ici un moment, afin d'expliquer pourquoi la tenacité des terres diminuë leur poussée de la moitié de l'effort qu'elles feroient derriere le revêtement, si au lieu d'agir comme elles font, elles agissoient comme un corps Spherique qui seroit sur le Plan incliné AD, ou comme un coin ABD, dont toutes les parties feroient parfaitement unies.

Remarquez que le triangle GBH, s'apuyant sur le Trapeze $MGHN$, les terres de ce Trapeze sont plus pressées que celles du triangle, de même les Terres du Trapeze $OMNP$, sont aussi plus pressées que celles qui sont dans celui de dessus, les Terres du Trapeze $QOPR$, plus pressées encore que celles du précédent, ainsi des autres Trapezes, qui seront toûjours plus pressées, à mesure qu'ils approcheront du Plan incliné AD : & comme tous ces Trapezes depuis le plus petit jusqu'au plus grand se surpassent également, on peut donc dire que leur pression ou leur tenacité augmente dans la raison des termes d'une progression Arithmétique, & que la tenacité qui est répanduë dans tout le triangle ABD, n'est que la moitié de ce qu'elle seroit, si se trouvant uniforme dans chaque

LIVRE I. DE LA THEORIE DE LA MAÇONNERIE. 33

chaque Trapeze, elle étoit égale à celle du dernier. Or comme la poussée des Trapezes derriere le revêtement CD, doit diminuer dans la même raison que leur tenacité augmente, il m'a parû que, pour y avoir égard, il faloit ne prendre que la moitié de la superficie du petit triangle GBH, pour la valeur de la puissance b, ce que j'ai fait avec d'autant plus d'assurance, que je me suis aperçû que tous les calculs que j'ai fait pour trouver l'épaisseur des revêtemens se rencontroient parfaitement bien avec ce que l'experience a pû autoriser, ainsi je finis cette disgression pour reprendre la suite de l'Article précédent.

Mais comme les pieds quarrés que nous venons de trouver ne sont point homogenes, avec ceux qui doivent exprimer la valeur du poids Y, les uns provenans du triangle de Terre ABD, & les autres du profil de Maçonnerie CD, il faut donc en suivant ce qui a été dit dans l'Article 5. faire une réduction dans les premiers, c'est-à-dire prendre les deux tiers de 20 pieds 8 pouces, parce qu'un pied cube de Terre pése moins d'un tiers qu'un pied cube de Maçonnerie, & pour lors bf, ou la puissance ne vaudra que 13 pieds 9 pouces 4 lignes.

Presentement que l'on est prevenu de la valeur de la puissance il ne s'agit plus que de chercher, comme on l'a fait dans le Chapitre précédent, quelle épaisseur il faut donner au sommet BC, & à la base DF, du revêtement pour qu'elle soit en équilibre par son poids avec cette puissance, ou si l'on veut avec la poussée des Terres; pour cela nous suposerons que la puissance au lieu de pousser de M, en B; tire de B, en T, ce qui est la même chose, & menant du point d'apui F, la perpendiculaire FS, sur la direction BT, on prendra cette perpendiculaire à la place du bras de lévier FB, & c'est par cette même raison que nous avons regardé ci-devant la ligne BD, comme un bras de lévier, dans la longueur duquel étoit apliqué un nombre de puissances, parce que cette ligne est égale à la perpendiculaire FS, & que par consequent on peut prendre l'une pour l'autre, nous aurons donc le lévier recourbé SFZ, ainsi nommant SF, ou CE, c; EF, d; l'épaisseur BC, ou DE, y; le poids V, sera $\frac{cd}{2}$, & le poids Y, sera cy, si l'on réunit le poids V, au poids Y, & qu'on multiplie leur somme par le bras de lévier ZF, on aura un produit égal à celui de la puissance T, par son bras de lévier SF, avec lequel on formera cette équation $\frac{cyy}{2} + cdy + \frac{cdd}{3} = bcf$, de laquelle dégageant l'incon-

E

nuë il viendra $y = \sqrt{2bf + \dfrac{cdd}{3}} - d$, qui donne ce que l'on cherche.

J'ay abregé les opérations qu'il a falu faire pour trouver la valeur de y, parce qu'elles ont été expliquées amplement dans l'Article 22, j'en uferai ainfi dans la fuite quand il s'agira de la même formule.

APLICATION.

Il eft bien aifé à prefent de mettre en pratique ce que le Problême précédent vient de nous enfeigner, car la derniere équation nous montrant que pour avoir la valeur de y, il faut doubler celle de la puiffance X, ajoûter le tiers du quarré de la ligne de talud, extraire la racine quarrée de la fomme de cette quantité & en retrancher la ligne de talud, ayant trouvé que bf, vaut 13 pieds 9 pouces 4 lignes, $2bf$, vaudront 27 pieds 6 pouces 6 lignes, & comme la ligne de talud EF, eft de 3 pieds, qui eft la cinquiéme partie de la hauteur EC, ajoûtant donc à la valeur de $2bf$, 3, qui eft égal à $\dfrac{dd}{3}$ l'on aura 30 pieds 6 pouces 8 lignes, dont la racine quarrée eft 5 pieds 6 pouces 2 lignes, qui eft l'épaiffeur qu'il faut donner à la bafe DF, du revêtement; par conféquent fi l'on en retranche la valeur de la ligne de talud qui eft 3 pieds, il reftera 2 pieds 6 pouces 2 ligne pour l'épaiffeur du fommet BC.

Enfuivant la même régle, on trouvera qu'un revêtement de 20 pieds de hauteur, doit avoir au fommet 3 pieds 3 pouces 5 lignes, & fur la retraite 7 pieds 3 pouces 5 lignes, qu'un autre de 30 pieds doit avoir pour épaiffeur au fommet 4 pieds 9 pouces 8 lignes, & fur la retraite 10 pieds 9 pouces 8 lignes.

Remarque premiere.

33. On voit que la valeur de y, eft un tant foit peu plus grande qu'elle ne devroit être naturellement, car quand nous avons fupofé que l'effort du triangle HGB, étoit réüni au point B, l'on a donné un peu plus de force à ce triangle qu'il ne devoit en avoir, parce qu'agiffant le long de la ligne BH, fon action diminuë à mefure qu'elle aproche du point H, le bras de lévier n'étant plus fi grand; c'eft-à-dire, par exemple, que le triangle ne faifant point autant d'effort au point I, qu'au point B, à caufe que le bras de lévier ID, eft plus petit que BD, on a augmenté la force qui agit au

LIVRE I. DE LA THEORIE DE LA MAÇONNERIE. 35

point I, en la supofant en B, de la difference qu'il y a du bras ID, au bras BD, ainfi de tous les autres points de la ligne BH, & comme nous avons agi de même pour les Trapezes qui font après le triangle, en fupofant leur effort réünis aux points HN, &c, l'on voit que toutes les differences des bras de léviers jointes enfemble donnent un peu plus de force à la puiffance qu'elle ne devroit avoir, mais ceci n'eft pas un deffaut, car la puiffance étant un peu au-deffus de ce qu'elle doit être, il faudra donner au revêtement un peu plus d'épaiffeur qu'il n'en faudroit pour un parfait équilibre, & c'eft ce qu'il faut abfolument puifque quand même l'on auroit trouvé dans la derniere juftefle ce point d'équilibre, il faudroit toûjours donner plus d'avantage à la puiffance réfiftante qu'à celle qui agit, ainfi le calcul précédent eft fort bon dans la pratique, cependant cela n'empêche pas que l'on ne puiffe quand on voudra trouver la valeur de y, la plus aprochante qu'il eft poffible, en divifant la hauteur du Mur en un fi grand nombre de parties que la difference des bras de léviers foit fort petite ; on en fera quitte pour faire un calcul beaucoup plus long que le précédent, mais ce feroit s'arrêter à la vetille que d'y prendre garde de fi près. Ainfi on ne peut mieux faire que de donner toûjours aux progreffions des puiffances & des léviers, autant de termes qu'il y a de pieds dans la hauteur du Mur.

Remarque feconde.

34. Je n'ai fait la remarque précédente que pour fatisfaire la délicateffe de ceux qui aiment que tout ce qui fe raporte aux Mathématiques, foit toûjours dans la derniere juftefle, mais fi l'on fait attention que quand il s'agit de chofes de pratique il faut quelquefois s'écarter d'une trop grande précifion, crainte qu'elle ne devienne nuifible à ce que l'on veut executer, l'on verra que dans le fujet dont il eft ici queftion, on auroit tort de faire des revêtemens qui fuffent parfaitement en équilibre avec la pouffée des Terres, furtout quand ils fervent pour des Chauffées, des Quays, &c. puifque dans ce cas ils doivent non-feulement foûtenir les Terres, mais encore le poids des Voitures & l'ébranlement qu'elles peuvent caufer ; c'eft pourquoi quand on n'y fera pas des contreforts, je voudrois qu'on leur donnât un quart plus de force qu'il ne leur en faudroit dans l'état d'équilibre, je veux dire que s'il s'agiffoit par exemple, d'un Mur de 15 pieds, la puiffance bf, au lieu de valoir 13 pieds 9 pouces 4 lignes, doit être de 17 pieds

2 pouces 8 lignes, ce qui donnera 3 pieds un pouce pour l'épaiſſeur du ſommet BC, & 6 pieds un pouce pour la baſe DF.

Remarque troiſiéme.

Ayant fait ſentir dans pluſieurs endroits de ce Livre, & particulierement à l'Article 23. combien le talud qu'on donnoit au
parement d'un Mur le fortifioit contre l'effort qu'il avoit à ſoûtenir, j'ai crû devoir raporter ici un profil de Rempart aſſés ſingulier
imaginé depuis peu par des gens qui n'ont peut être point fait
aſſés d'attention ſur la maniere dont ſe faiſoit la pouſſée des Terres;
voici de quoi il eſt queſtion.

FIG. 5.

Pour ne point trop expoſer un revêtement aux injures des Sai-
ſons, leur ſentiment eſt de faire le parement à plomb & lui donner un talud du côté des Terres dans la penſée que s'apuyant ſur ce
talud, il y en auroit une partie qui contre-balanceroit la pouſſée
de l'autre; pour en juger, il faut du point A, tirer la perpendiculaire
AE, à la ligne HD, & faire EF, égal à cette perpendiculaire, afin
d'avoir le triangle AEF, qui renfermera toutes les Terres qui agiſſent contre la ligne EA, que nous regarderons pour un moment
comme une ſurface; dans ce cas il n'y a point de doute que ſi
la ligne EA, étoit le derriere du revêtement, la pouſſée ne ſe fît
comme à l'ordinaire: il s'agit donc de ſavoir ſi celles qui ſont renfermées dans le triangle EAD, ſoulagent le revêtement, ou ſi au
contraire elles ſe joignent aux autres pour en augmenter la pouſſée.
Si l'on diviſe la ligne EA, en autant de parties égales que la hauteur du revêtement contient de pieds, & que l'on faſſe les Trapezes
des puiſſances comme à l'ordinaire, il eſt conſtant qu'en prolongeant toutes les paralelles au-delà de la ligne EA, juſqu'à la rencontre de la face DA, toutes les puiſſances contenuës depuis F,
juſqu'en E, ſe trouveront augmentées par les nouveaux Trapezes
qui regnent depuis I, juſqu'en A, les unes plus, les autres moins;
il y aura cela de particulier que les puiſſances qui auront les plus
grands bras de léviers, ſeront juſtement celles qui auront reçûës
le plus d'augmentation, or ſi dans cette augmentation generale
on y comprend encore le petit triangle EDI, qui ſera de conſéquence à cauſe qu'il agit vers le ſommet de la muraille, il ſaute
aux yeux que le triangle AED, bien loin d'affermir le revêtement
contre la pouſſée des Terres qui ſont derriere la ligne AE, ne fait
que le charger beaucoup plus qu'il ne le ſeroit ſi le Mur étoit à
plomb de ce côté-là. On pourroit même déterminer avec aſſés de

Livre I. de la Theorie de la Maçonnerie. 37
précision à quoi peut aller cette nouvelle pouffée, mais ce seroit perdre du tems mal-à-propos.

On remarquera seulement qu'en ne donnant point de talud aux revêtemens de Fortification, il n'y a point de doute qu'étant battus en brèche, la destruction ne se fasse plûtôt par la facilité que les débris auront de s'ébouler; d'un autre côté dans les Pays où la Maçonnerie n'est pas bien bonne, & où les revêtemens sont sujets à surplomber ou à souffler, on s'apercevroit bien-tôt du mauvais effet de ce système qui à ce que je crois, n'aura pas beaucoup de Partisans.

PROPOSITION SECONDE.

PROBLÊME.

35. *Trouver quelle épaisseur il faut donner aux revêtemens des Remparts de Fortification qui sont accompagnés d'un Parapet.*

Nous n'avons parlé jusqu'ici que de l'épaisseur des Murs qui soûtenoient des Terrasses & non pas de ceux qui servent de revêtemens aux Remparts des Fortifications, il y a des gens qui croyent que c'est à peu-près la même chose, mais il y a bien de la différence; car comme on éleve toûjours sur ces sortes de Remparts un Parapet de Terre qui fortifie la poussée de celles qui sont déja derriere le revêtement, l'on sent bien que ces revêtemens-ci doivent avoir plus d'épaisseur que ceux de Terrasses, il est vrai qu'il y a un peu de difficulté à trouver de combien le Parapet augmente cette poussée, mais l'on va voir qu'on en peut rendre le calcul aussi aisé que le précédent.

Ayant pris KD, égal à DB, consideré la premiere ligne comme Fig. 4. marquant le niveau du Rempart, dessus lequel l'on a élevés la Banquette & le Parapet $IGEQ$, soûtenu par un petit revêtement EC, auquel l'on donne ordinairement 4 pieds de hauteur sur 3 d'épaisseur; si l'on divise la ligne BD, en autant de parties égales qu'il y a de pieds dans la hauteur du revêtement & que l'on tire toutes les lignes comme ST, VX &c. paralleles à KB, elles formeront des Trapezes comme dans la figure précédente, & si l'on prolonge toutes ces paralleles jusqu'à la rencontre des lignes qui renferment le Parapet & la Banquette, l'on aura un grand nombre de nouveaux Trapezes, dont chacun pourra être regardé comme la quantité dont la puissance qui lui répond est augmentée. Cela posé, il faut

E iij

considerer d'abord qu'il y a le long de la ligne EQ, trois Trapezes & un triangle dont l'action doit être fupofée réünie aux points E, M, O, N, extrêmités des bras de léviers AE, AM, AO, AN, & comme l'effort de chacun de ces Trapezes doit être réduit à l'extrêmité D, du bras de lévier BD ; il faut multiplier l'expreffion de la force dont chacun eft capable par fon bras de lévier, & pour trouver cette expreffion il n'y a qu'à voir le rapport du petit triangle DST, à chaque Trapeze, ainfi fupofant que le Trapeze LM, foit quadruple du petit triangle, la pouffée de ce petit triangle étant nommée b, comme ci-devant, celle du Trapeze LM, fera $4b$, & l'on trouvera de même la pouffée des trois autres Trapezes fuivans; après cela il faut multiplier chacune de ces puiffances par le bras de lévier qui lui répond & écrire les quatre produits à part pour les ajoûter quand il fera tems, avec les autres que nous allons trouver. Il faut encore chercher le raport du petit triangle DST, avec tous les autres Trapezes PQ, RD, YS, &c. qui regnent depuis Q, jufqu'en I, au-deffus de la ligne DK, afin de voir combien chacun contient de fois la puiffance b, enfuite écrire la progreffion de toutes les puiffances qui font au-deffous de la ligne DK, comme on a fait dans l'Article 32. l'on aura b, $3b$, $5b$, $7b$, $9b$, $11b$, &c. & voir combien chaque terme doit être augmenté, par exemple, comme le petit triangle DST, eft augmenté de tout le Trapeze RD, on doit regarder le Trapeze PT, comme la puiffance qui agit au point D, & le Trapeze PQ, agiffant auffi autour du point D, le premier terme de la progreffion doit être augmenté d'autant d'unités que la puiffance b, eft contenuë de fois dans les deux Trapezes PT, & PQ, de même le fecond terme exprimant le Trapeze SX, doit être augmenté d'autant d'unités que la puiffance b, eft contenuë de fois dans RV, ainfi des autres qui doivent augmenter felon que les Trapezes qui leur répondent dans la figure contiennent plus ou moins la puiffance b, jufqu'à ce que l'on foit parvenu au point I, parce que pour lors fi le triangle KDB, contient encore quelque puiffance qui ne foient point augmentées dans la figure, elles ne doivent pas l'être non plus dans la progreffion, & par confequent les termes qui leur répondent doivent être écrits comme à l'ordinaire.

Après qu'on aura écrit de fuite toutes les puiffances qui agiffent le long de la ligne DB, & qui exprimeront par confequent la pouffée des Terres du Rempart & du Parapet à l'exception de celles qui agiffent derriere la ligne EQ, il faudra les multiplier par leur bras de léviers comme à l'ordinaire, & ajoûter à la fomme de tous

LIVRE I. DE LA THÉORIE DE LA MAÇONNERIE. 39.

les produits, les quatre que nous avons trouvé d'abord au sujet du petit revêtement *EC*, après cela l'on aura l'effet total de toutes les puissances qui agissent derriere le revêtement *EQDB*, qui étant divisé par la hauteur *DB*, le quotient donnera la poussée des Terres, ou si l'on veut toutes les puissances réünies à l'extrêmité *D*, du bras de lévier *BD*; de sorte que s'il s'agit d'un revêtement dont la hauteur *BD*, soit de 25 pieds, l'on trouvera que la somme de toutes les puissances réünies au point *D*, sera de $342b\frac{2}{3}$, & supposant $342\frac{2}{3} = f$, on aura donc la valeur de bf, qui est la puissance avec laquelle il faut que le revêtement soit en équilibre.

Présentement voulant trouver l'épaisseur *DC*, ou *BZ*, nous la nommerons y; *QC*, a; *FC*, g; la hauteur *CZ*, c; & la ligne de talud *ZH*, d; cela posé, il faut réduire la figure *QEFC*, que nous considererons comme un rectangle à n'avoir qu'une même épaisseur *BC*, avec le rectangle *BDCZ*; pour cela il faut diviser sa superficie qui est ag, par la ligne *DC*, (y) & on aura $\frac{ag}{y}$ pour la hauteur dont le rectangle *DZ*, doit être augmenté pour que le petit revêtement *EC*, soit uni avec le rectangle *DZ*; ainsi multipliant y par $\frac{ag}{y}+c$, l'on aura $ag+cy$, égal à toute la superficie *BDQEFZ*, que nous supposerons réünie au poids qui est suspendu dans le milieu de la ligne *BZ*, auquel joignant comme à l'ordinaire le poids 3 & multipliant leur somme par le bras de lévier *H*4, il viendra un produit égal à celui de la puissance bf, par son bras de lévier *BD*, ou *H*5, d'où l'on tire cette équation $\frac{yyc}{2}+\frac{agy}{2}+cdy+agd+\frac{cdd}{3} = bfc$, qui est un peu composé, mais qui n'est pourtant pas difficile à réduire, car si l'on change $\frac{ag}{2}+cd$, en un rectangle qui ait pour une de ses dimensions la grandeur c, & que l'autre dimension ait été trouvée égale à n, l'on aura $\frac{ag}{2}+cd = cn$, par conséquent $\frac{agy}{2}+cdy = cny$, or mettant dans l'équation précédente cny, à la place de sa valeur, l'on aura $\frac{cyy}{2}+cny+agd+\frac{cdd}{3} = bfc$, de laquelle faisant évanoüir la fraction du premier terme & divisant le tout par c, l'on aura $yy+2ny+\frac{2agd}{c}+\frac{2dd}{3} = 2bf$, ou bien $yy+2ny = 2bf-\frac{2agd}{c}$

$-\frac{2dd}{3}$ à quoi ajoûtant nn, de part & d'autre pour rendre le premier membre un quarré parfait il viendra $yy + 2ny + nn = 2bf$ $-\frac{2agd}{c} - \frac{2dd}{3} + nn$, dont extrayant la racine quarrée, l'on aura enfin $y = \sqrt{2bf - \frac{2agd}{c} - \frac{2dd}{3} + nn} - n$ qui donne 5 pieds 8 pouces & environ 8 lignes pour la valeur de y.

Comme cette opération est un peu longue, sur tout pour connoître la valeur de y, il vaut beaucoup mieux dans la pratique faire abstraction du petit revêtement EC, & ne le pas admettre dans le calcul Algebrique, & pour lors l'on aura comme à l'ordinaire l'équation $y = \sqrt{2bf + \frac{dd}{3}} - d$, qui est beaucoup plus simple. Il est vrai que le poids qui exprime la pésanteur de tout le revêtement sera plus léger qu'il ne devroit être de la partie EC, mais ce n'est point un mal, au contraire puisque l'épaisseur DC, en sera un tant soit peu plus grande qu'il ne faudroit pour un parfait équilibre, il semble même qu'on pourroit me reprocher de donner dans une trop grande précision pour un sujet qui de lui-même demande d'être traité plus cavalierement, car l'épaisseur qu'on trouvera de plus en omettant le petit revêtement, ne passe pas 8 ou 9 lignes, comme on le va voir.

APLICATION.

Ne faisant point mention, comme je viens de le dire, du petit revêtement EC, il ne s'agit plus pour avoir l'épaisseur DC, en nombres, que de calculer l'équation $y = \sqrt{2bf + \frac{dd}{3}} - d$, pour cela il faut se rapeller que l'on a trouvé que f, valoit $342\frac{2}{3}$, qu'il faut multiplier par la valeur de b, qui est 3 pouces, parce que le petit triangle DST, vaut 6 pouces, & qu'il n'y en a que la moitié qui agit contre la surface DT, ou comme on l'a supposé, contre le point D, & l'on aura 85 pieds 8 pouces pour la valeur de bf, mais comme bf, doit être diminué d'un tiers à cause que cette grandeur exprime la valeur d'une superficie de Terre par l'Article 5, il faut donc prendre les deux tiers de 85 pieds 8 pouces, pour avoir 57 pieds un pouce 4 lignes pour la valeur de bf, réduite, c'est-à-dire pour qu'elle puisse entrer dans le calcul de la Maçonnerie.

rie. Or comme dans la formule, *bf*, est multiplié par 2, il faut aussi doubler 57 pieds un pouce 4 lignes pour avoir 114 pieds 2 pouces 8 lignes, à quoi ajoûtant le tiers du quarré de la ligne de talud, qui est 8 pieds 4 pouces, l'on aura 122 pieds 6 pouces 8 lignes, dont la racine quarrée est 11 pieds 10 pouces pour l'épaisseur *BH*, sur la retraite, d'où retranchant la ligne de talud qui est 5 pieds, l'on trouvera 6 pieds 10 lignes pour l'épaisseur *DC*, que le Mur doit avoir au sommet, & comme l'on n'a trouvé que 6 pieds 2 lignes, il s'ensuit, comme je l'ai insinué, que la différence est 8 lignes.

Remarque premiere.

36. L'on voit qu'en suivant ce que je viens d'enseigner, on peut trouver avec assés de précision la poussée des terres, qui composent le Rempart & le Parapet: On pourroit seulement se plaindre que c'est un travail un peu long de calculer la valeur de tous les Trapezs qui sont au-dessus de la ligne *DK*, à cause qu'ils sont irréguliers, c'est pourquoi j'ai cherché une voye plus abregée & j'en ai trouvé une qui rend les opérations tout aussi aisées, que s'il n'y avoit point de Parapet; la voici.

Il faut commencer par faire abstraction de tout ce qui est au-dessus de la ligne *KC*, c'est-à-dire qu'il ne faut considerer que le triangle de terre *KDB*, & le profil de la maçonnerie *BDCH*, comme s'il s'agissoit d'un revêtement de Terrasse, ainsi que dans l'Art. 32. Fig. 4. ensuite écrire la progression des puissances en lui donnant autant de termes que la hauteur *DB*, contient de pieds, & suposant qu'elle en contienne 25, j'écris 1 *b*. 3 *b*. 5 *b*. 7 *b*. 9 *b*. 11 *b*. 13 *b*. 15 *b*. 17 *b*. 19 *b*. 21 *b*. 23 *b*. 25 *b*. 27 *b*. 29 *b*. 31 *b*. 33 *b*. 35 *b*. 37 *b*. 39 *b*. 41 *b*. 43 *b*. 45 *b*. 47 *b*. 49 *b*. J'ajoûte dix unités à chacun des vingts premiers termes de cette progression pour avoir 11 *b*. 13 *b*. 15 *b*. 17 *b*. 19 *b*. 21 *b*. 23 *b*. 25 *b*. 27 *b*. 29 *b*. 31 *b*. 33 *b*. 35 *b*. 37 *b*. 39 *b*. 41 *b*. 43 *b*. 45 *b*. 47 *b*. 49 *b*. dont les cinq derniers termes sont les mêmes que dans la progression précédente, parce qu'ils n'ont pas été augmentés, car comme je l'ai dit, il n'y a qu'aux vingt premiers termes qu'il faut ajoûter 10, soit que le revêtement ait 30, 40 ou 50 pieds de hauteur, les autres termes qui suivent les vingt premiers devant toûjours rester comme si on n'avoit fait aucun changement à la progression; je multiplie présentement chaque terme par son bras de lévier, comme à l'ordinaire, j'entens que le premier terme 11 *b* sera multiplié par 25, le second 13 *b* par 24, le troisiéme 15 *b* par 23, & ainsi des autres; car je ne fais aucun changement dans la progression

F

des nombres naturels qui expriment la longueur des léviers, toutes les multiplications étant faites, la fomme des produits fera 8625 b. qui étant divifé par 25, le quotient donnera 345 b. ainfi f, qui dans l'Art. 25, étoit de 342 $\frac{2}{3}$ fera ici de 345, ce qui fait euviron 2 unités de plus, par conféquent dans l'équation $y = \sqrt{2bf + \frac{dd}{3}} - d$, bf, au lieu de valoir 57 pieds un pouce 4 lignes, vaudra 57 pieds 6 pouces, qui donne environ 5 pouces de plus, & continuant le refte de l'opération, je trouve que y, vaut 6 pieds un pouce 2 lignes, au lieu qu'elle n'a été trouvée dans l'Article précedent que de 6 pieds 10 lignes, ce qui fait une différence de 4 lignes.

J'ai cherché felon ces deux méthodes, l'épaiffeur qu'il falloit donner au fommet de plufieurs revêtemens, les prenant à des hauteurs arbitraires ; j'ai trouvé que mes opérations donnoient la même chofe pour la valeur de y, à trois ou quatre lignes près, qui eft une différence de fi peu de conféquence qu'il m'a paru qu'il valoit beaucoup mieux fuivre cette méthode ci que l'autre.

On demandera peut-être la raifon qui m'a fait ajoûter dix unités aux 20 premiers termes de la progreffion, mais je n'en ai d'autres à donner, finon que je me fuis aperçû, après avoir beaucoup cherché, que ces dix unités ajoûtées de fuite, faifoient un compenfation pour les puiffances & les léviers, qui donnoient la même chofe que les Trapezes qui font au-deffus de la ligne KC, qui compofent le Parapet, quoique ces Trapezes allaffent tantôt en augmentant, tantôt en diminuant, auffi ne faut-il regarder cet abregé que comme un moyen qui n'eft bon que dans la pratique & dont on peut fe fervir auffi utilement que de la métode que j'ai expliquée dans l'Art. 35. fans laquelle je n'aurois pas trouvé celle-ci.

Remarque feconde.

FIG. 6.

On ne pratique plus guère des revêtemens de Maçonnerie au-deffus du cordon, pour foûtenir les terres du Parapet, parce qu'on s'eft aperçû que les éclats que caufoit cette Maçonnerie quand elle étoit battuë du Canon, devenoient nuifibles à ceux qui étoient derriere le Parapet, d'ailleurs qu'il falloit plus de tems & de difficulté pour percer les embrafures en tems de fiége que fi ce Parapet n'étoit revêtu que de gazons ou de placage fur les deux tiers de talud, qui eft le parti que l'on prend aujourd'hui, pour cela l'on éloigne un peu le pied du Parapet du fommet de la muraille afin

LIVRE I. DE LA THEORIE DE LA MAÇONNERIE. 43

qu'il se soûtienne mieux, comme on le voit dans la 6e. Figure; mais que le Parapet soit revêtu ou non, la méthode que je viens de donner pour calculer la poussée des Terres, sera toûjours la même aussi-bien que pour les demi revêtemens.

USAGE D'UNE TABLE

Pour trouver l'épaisseur qu'il faut donner aux revêtemens de Terrasses & à ceux des Rempars de Fortification.

37. Comme il y a des gens qui pourroient se trouver embarassés de se servir des régles que j'ai enseignées au sujet des revêtemens des Terrasses & des Rempars, faute de bien entendre les raisons sur lesquelles elles sont établies, j'ai crû qu'il étoit à propos de donner une Table qui les dispensât de faire des longs & pénibles calculs, dans lesquels il est toûjours dangereux de se tromper, à *moins qu'on n'y aporte une grande attention*, & afin d'éviter les moindres fautes, *jai fait faire ceux, qui ont servi à composer cette* Table par trois personnes fort intelligentes, qui chacune en particulier faisant les mêmes opérations, je n'eusse plus qu'à voir si elles se raportoient, de sorte que quand elles differeroient en quelque chose, je pusse voir de quelle part l'erreur pouvoit provenir, ainsi l'on peut s'assurer que ces calculs ont été faits avec toute la précision possible.

La premiere Colomne comprend toutes les hauteurs des Murs depuis 10 jusqu'à 100, allant en progression Arithmetique dont la difference est 5, c'est-à-dire que le premier nombre apartient à un Mur qui auroit 10 pieds de hauteur, le second à celui qui en auroit 15, le troisiéme à celui qui en auroit 20, & ainsi de suite jusqu'à 100, faisant attention que cette hauteur ne doit être comprise que depuis la retraite jusqu'au cordon, aux revêtemens qui soûtiennent un Parapet; parce que l'on fait abstraction du petit revêtement *EC*, & que tous ces revêtemens sont suposés avoir pour talud du côté du parement; la cinquiéme partie de leur hauteur, l'autre côté étant élevé à plomb.

J'ai été fâché après avoir calculé cette Table d'avoir donné aux Murs un talud si considerable, parce que la pratique de la plûpart des Ingenieurs d'aujourd'hui est de ne donner que le 7e. de la hauteur pour talud, leur raison étant qu'un plus grand talud expose trop le parement aux injures de l'air, ce qui cause des écorchemens au bout de quelques années, au lieu que cela n'arrive pas

F ij

quand on leur en donne moins, cependant comme cela oblige à augmenter beaucoup l'épaiſſeur du ſommet, je doute qu'on abandonne abſolument l'ancienne méthode ; c'eſt-à-dire celle de Mr de Vauban, qui dans ſon profil général donne pour talud la cinquiéme partie de la hauteur, & c'eſt à ſon exemple que j'ai pris le même parti ne pouvant avoir un meilleur garent.

La ſeconde Colomne comprend les puiſſances équivalentes à la pouſſée des Terres que doit ſoûtenir un revêtement de Terraſſes, de Quays, de Chauſſées, &c. afin que dans les occaſions où l'on auroit beſoin de connoître cette pouſſée, on la trouve ici tout d'un coup ſans faire aucun calcul, ainſi ſi l'on vouloit ſavoir par exemple, quel effort font les Terres raportées derriere un revêtement de 30 pieds de hauteur, ou ce qui revient au même, qu'elle ſeroit la force de la puiſſance qui agiroit au ſommet du revêtement & qui ſeroit équivalente à la pouſſée de toutes les Terres qui agiſſent derriere le revêtement depuis le haut juſqu'en bas, on cherchera dans la premiere Colomne le nombre 30, & l'on prendra dans la ſeconde celui qui lui répond que l'on trouvera de 52 pieds 6 pouces 4 lignes, qu'on doit regarder comme équivalant à des pieds provenans d'une coupe de Maçonnerie, parce qu'on a fait la réduction de ceux de Terres afin de pouvoir les comparer avec les profils de Maçonnerie, ou les poids qui les expriment, comme je l'ai aſſés expliqué dans l'article 5.

La troiſiéme Colomne contient comme la ſeconde, un nombre de pieds, pouces, &c. quarrés qui expriment auſſi la pouſſée des Terres, mais differemment, parce qu'on y a compris celles du Parapet & du Rempart, comme on en a fait mention dans les Articles 35 & 36.

La quatriéme Colomne donne l'épaiſſeur que chaque revêtement doit avoir au ſommet par raport à ſa hauteur, pour être en équilibre par ſon poids avec la pouſſée des Terres ; ainſi voulant ſavoir l'épaiſſeur qu'il faut donner au ſommet d'un revêtement qui auroit 30 pieds de hauteur, il n'y a qu'à chercher dans la premiere Colomne le nombre 30, & l'on regardera dans la quatriéme le nombre qui lui répond ; on trouvera 4 pieds 9 pouces 8 lignes pour ce que l'on demande, ainſi des autres.

La cinquiéme Colomne comprend l'épaiſſeur des mêmes revêtemens, avec cette difference qu'au lieu d'être en équilibre avec la pouſſée des Terres, comme dans la quatriéme, les épaiſſeurs qu'on y donne apartiennent à des revêtemens, dont la réſiſtance ſeroit au-deſſus de l'équilibre, d'un quart de la force de la pouſſée

Livre I. de la Theorie de la Maçonnerie. 45

des Terres : c'est-à-dire par exemple, que si un Mur de 30 pieds de hauteur est en équilibre avec 200 toises cubes de Terre en ne lui donnant que 4 pieds 9 pouces 8 lignes au sommet, comme dans la quatriéme Colomne il pourroit en soûtenir 250 si on lui donnoit l'épaisseur qui se trouve dans la cinquiéme, qui est de 5 pieds 11 pouces une ligne : ceci répond à ce qui a été dit dans l'Article 34. on l'a calculé exprès pour servir à déterminer l'épaisseur des revêtemens des Terrasses, des Quays, des Chaussées, &c. ausquels ne voulant point faire des contreforts, on est bien aise de mettre leur résistance au-dessus de la poussée des Terres afin d'agir en toute sureté; au lieu que si l'on s'étoit attaché précisément à l'équilibre, il eût été à craindre que les ébranlemens causés par les Voitures ne produisissent des secousses qui auroient pû mettre par accident la poussée des Terres au-dessus de la résistance du revêtement : malgré cette précaution je conviens que les quatre ou cinq premiers termes de cette Colomne ne donnent point assés d'épaisseur aux Murs qui leur répondent, pour pouvoir s'en servir sans contreforts, parce que dans la pratique on ne doit point absolument considerer la Maçonnerie comme indissoluble, sur tout quand elle est nouvellement faite; mais à l'exception de ces trois ou quatre termes-là, ausquels il est à propos d'avoir égard, on pourra se servir des autres sans crainte.

Il semblera peut-être, selon ce que je viens de dire que la quatriéme Colomne est assés inutile, puisqu'on lui préferera toûjours la cinquiéme, mais comme c'est elle qui donne le point d'équilibre, pour augmenter la puissance d'un quart, & que d'ailleurs elle nous servira dans la suite quand nous parlerons des contreforts il étoit nécessaire de ne pas l'obmettre.

Quand à la sixiéme Colomne, elle donne l'épaisseur du sommet des revêtemens des Rempars à la hauteur du cordon, dans le cas où ces Rempars soûtiendroient un Parapet; & seroient en équilibre par leur résistance à la poussée des Terres qui composent le Rempart & le Parapet, on ne parle point de combien il faudroit augmenter l'épaisseur de ces revêtemens pour mettre leur résistance au-dessus de la poussée des Terres, parce que cela auroit été inutile, à cause qu'il convient mieux d'y ajoûter des contreforts pour les raisons qu'on verra dans le cinquiéme Chapitre.

Les termes de la quatriéme, cinquiéme & sixiéme Colomne servant à donner l'épaisseur du sommet des revêtemens, on n'a pas parlé de celles que doivent avoir leur bases, parce que pour la trouver, on n'a qu'à ajoûter à celle du sommet la cinquiéme par tie de la hauteur du revêtement qu'on veut élever, par exemple, si l'on ajoûte 6 pieds à 4 pieds 9 pouces 8 lignes, l'on aura 8 pieds 9 pouces 8 lignes pour l'épaisseur que doit avoir sur la retraite un revêtement qui auroit 30 pieds de hauteur, & qui selon la quatriéme Colomne seroit en équilibre, avec la poussée des Terres : il en sera de même pour tous les autres revêtemens de la cinquiéme & sixiéme Colomne.

Comme les hauteurs des revêtemens qui sont dans la premiere Colomne, vont en augmentant de cinq pieds, n'ayant pas voulu suivre la progression des nombres naturels, à cause que la Table eût été d'un trop grand travail, il est bon de dire quelque chose sur ce qu'il convient de faire quand on voudra chercher l'épaisseur d'un revêtement dont la hauteur ne se raporteroit pas précisément avec quelques-uns des termes de la premiere Colomne ; par exemple, s'il s'agissoit d'un revêtement de 28 ou 29 pieds de hauteur, on pourra prendre l'épaisseur qui répond à 30, quoiqu'elle soit un peu plus forte qu'il ne faut. Mais si la hauteur étoit de 26 ou 27 pieds, il faudra dans le cas d'équilibre, ajoûter l'épaisseur qui répond à 30 pieds, avec celle qui répond à 25, & prendre la moitié de la somme; c'est-à-dire 4 pieds 9 pouces 8 lignes, avec 4 pieds 7 lignes, pour avoir 8 pieds 10 pouces 3 lignes, dont la moitié est 4 pieds 5 pouces 1 ligne, qui est ce que l'on demande : on pratiquera la même chose pour la cinquiéme & la sixiéme Colomne.

LIVRE I. DE LA THÉORIE DE LA MAÇONNERIE.

TABLE

Pour régler l'épaisseur qu'il faut donner aux revêtemens de Maçonnerie qui soûtiennent des Terrasses ou Rempars.

Hauteur des revêtemens.	Valeur des puissances qui sont équivalentes à la poussée des Terres qui n'ont point de Parapet.	Valeur des puissances qui sont équivalentes à la poussée des Terres du Rempart & du Parapet des Ouvrages de Fortification.	Epaisseur du sommet des revêtemens qui sont en équilibre avec la poussée des Terres lorsqu'il n'y a pas de Parapet.	Epaisseur du sommet des revêtemens dont la résistance est au-dessus de l'équilibre d'un quart de la poussée.	Epaisseur des revêtemens qui sont en équilibre par leur résistance avec des Rempars qui soûtiennent un Parapet.
pieds.	pieds. pou. lig.	pieds. pou. lig.	pieds. pou. lig.	pieds. pou. lig.	pieds. pou. lig.
10.	6. 5. 0.	15. 7. 0.	1. 9. 1.	1. 11. 6.	3. 8. 4.
15.	13. 9. 4.	27. 1. 4.	2. 6. 2.	2. 9. 11.	4. 6. 8.
20.	23. 11. 0.	41. 5. 0.	3. 3. 5.	3. 8. 3.	5. 4. 6.
25.	36. 6. 0.	57. 6. 0.	4. 0. 7.	4. 6. 7.	6. 1. 2.
30.	52. 6. 4.	74. 4. 0.	4. 9. 8.	5. 4. 9.	6. 9. 0.
35.	71. 0. 0.	95. 3. 4.	5. 6. 11.	6. 3. 1.	7. 4. 8.
40.	92. 3. 0.	117. 8. 0.	6. 3. 10.	7. 1. 6.	8. 1. 2.
45.	116. 3. 0.	142. 7. 0.	7. 1. 3.	7. 11. 10.	8. 7. 11.
50.	143. 1. 0.	170. 1. 0.	7. 10. 5.	8. 10. 0.	9. 3. 00.
55.	172. 8. 0.	200. 3. 0.	8. 7. 6.	9. 8. 4.	9. 11. 10.
60.	205. 0. 4.	233. 1. 0.	9. 4. 9.	10. 6. 8.	10. 9. 1.
65.	240. 2. 0.	271. 10. 0.	10. 2. 0.	11. 5. 1.	11. 4. 3.
70.	278. 1. 0.	306. 9. 0.	10. 11. 0.	12. 3. 4.	12. 0. 8.
75.	318. 9. 0.	347. 10. 0.	11. 8. 3.	13. 1. 8.	12. 9. 1.
80.	362. 3. 0.	391. 7. 6.	12. 5. 4.	14. 0. 0.	13. 5. 6.
85.	408. 6. 0.	438. 6. 0.	13. 2. 7.	14. 10. 3.	14. 2. 1.
90.	457. 6. 0.	487. 3. 8.	13. 11. 9.	15. 8. 6.	14. 10. 9.
95.	526. 10. 6.	556. 10. 6.	14. 8. 10.	16. 6. 11.	15. 7. 5.
100.	563. 11. 0.	594. 10. 0.	15. 6. 1.	17. 5. 3.	16. 4. 2.

PROPOSITION TROISIE'ME.

PROBLE'ME.

38. *Voulant augmenter l'épaisseur d'un revêtement qui seroit en équilibre avec la poussée des Terres, on demande de combien la résistance de ce revêtement deviendra plus forte qu'elle n'étoit par rapport à l'augmentation qu'on veut faire.*

Pour résoudre ce Probléme, nous souposerons que a, exprime l'épaisseur au sommet d'un revêtement quelconque, quand la résistance du Mur est égale à la poussée des Terres, & que m exprime la nouvelle épaisseur composée de la premiere & de l'augmentation proposée; cela posé, si dans le premier membre de l'équation $yy + 2dy + \frac{2dd}{3} = 2bf$, (où nous avons vû Art. 22. que le poids étoit en équilibre avec la puissance) l'on met a, au lieu de y, l'on aura $aa + 2da + \frac{2dd}{3}$ pour la résistance dont le revêtement est capable étant en équilibre avec la poussée des Terres; & mettant encore m, à la place de y, dans la même équation, l'on aura $mm + 2dm + \frac{2dd}{3}$ pour la résistance du revêtement après avoir augmenté son épaisseur, par conséquent le rapport que nous cherchons sera égal à $\dfrac{aa + 2da + \frac{2dd}{3}}{mm + 2dm + \frac{2dd}{3}}$ qu'on connoîtra en mettant des nombres à la place des Lettres.

APLICATION.

Remarqués que le numerateur de la fraction précédente, n'est autre chose que le quarré de $a + d$, c'est-à-dire le quarré de l'épaisseur de la base, du revêtement moins le tiers du quarré de la ligne de talud, & que le dénominateur est aussi égal au quarré de la base du revêtement, dont on a augmenté l'épaisseur, moins le tiers du quarré de la même ligne de talud. Or s'il s'agit d'un revêtement de 30 pieds de hauteur, qui soûtienne un Rampart avec un Parapet, selon la sixiéme Colomne de la Table, l'épaisseur de ce revêtement

LIVRE I. DE LA THEORIE DE LA MAÇONNERIE. 49

au sommet dans l'état d'équilibre, sera de 6 pieds 9 pouces, à quoi ajoûtant la ligne de talud qui est 6 pieds, l'épaisseur de la base sera 12 pieds 9 pouces, dont le quarré est 162 pieds 6 pouces 9 lignes duquel retranchant 12 qui est le tiers du quarré de la ligne de talud, il restera 150 pieds pour la valeur de $aa + 2da + \frac{2dd}{3}$ en négligeant les 6 pouces 9 lignes qui ne feroient qu'embarrasser. Mais si l'on veut augmenter de 15 pouces l'épaisseur en question, la base sera de 14 pieds, dont le quarré est 196, d'où retranchant encore 12, il restera 184. pour $mm + 2dm + \frac{2dd}{3}$, ainsi l'on aura $\frac{150}{184}$ qui étant réduit donne à peu-près $\frac{5}{6}$ ce qui fait voir que les 15 pouces dont on a augmenté l'épaisseur du revêtement le rendent plus fort de la cinquiéme partie de la force qu'il lui auroit fallu pour être en équilibre avec la poussée des Terres.

PROPOSITION QUATRIE'ME.

PROBLE'ME.

39. *Connoissant la hauteur, & les épaisseurs du sommet & de la base d'un Mur qui ne soûtient aucune poussée, trouver quelle est la puissance avec laquelle il pourroit être en équilibre.*

Si un Mur AD, est élevé à plomb des deux côtés ; qu'on nomme c, sa hauteur AC ; a, l'épaisseur AB, ou CD ; & x, une puissance P, qui tireroit de A, en F, le poids M, sera ac ; il est constant que le point d'apui étant en C, l'on aura $x, ac, :: \frac{a}{2}, c$, dont le produit des extrêmes & celui des moyens donnent, après la réduction $\frac{aa}{2} = x$.

PLANCH. 3e. FIG. 1.

Mais si le Mur étoit comme le Profil CA, c'est-à-dire qu'il fut élevé à plomb d'un côté & qu'il eut un talud de l'autre, il est certain que la puissance que l'on cherche tirant de E, en Q, feroit un effet tout different que dans la figure précedente ; or pour trouver la valeur de cette puissance, nous nommerons $DF, a ; IA, d ;$ la hauteur $EF, c ;$ & la puissance $Q, y ;$ cela posé, ayant réüni le poids O, au poids N, & multiplié leur somme par le bras GA, l'on aura un produit égal à celui de la puissance $Q, (y)$ par la per-

FIG. 2.

G

pendiculaire *AB*, & si de chacun de ces produits l'on efface la lettre *c*, il viendra $\frac{aa}{2} + ad + \frac{dd}{3} = y$, qui fait voir que la puissance *Q*, est égale à la moitié du quarré de l'épaisseur *CE*, ou *DF*, plus au tiers du quarré de la ligne de talud *FA*, plus enfin à un rectangle compris sous *DF*, & *FA*.

APLICATION.

On peut faire usage de cette proposition pour voir si des Murs qui ne soûtiennent rien, peuvent servir de revêtement à des Remparts qu'on voudroit élever derriere, puisque cherchant dans la Table à quoi peut aller la poussée des Terres, on s'appercevra si ces Murs ont assés de force, car si le mur qui est élevé à plomb des deux côtés a par exemple six pieds d'épaisseur, la moitié de son quarré sera 18, ainsi il ne pourra tout au plus soûtenir qu'une puissance équivalante à 18 pieds quarrés.

De même dans le second Profil, suposant l'épaisseur *DF*, de 4 pieds, la ligne de talud *FA*, de 5, suivant ce qu'enseigne l'équation $\frac{aa}{2} + ad + \frac{dd}{3} = y$, l'on trouvera que la puissance *Q*, est de 36 pieds 4 pouces, & que par conséquent la poussée des Terres qu'on voudroit lui faire soûtenir, ne doit point passer cette quantité.

CHAPITRE CINQUIE'ME.

De la considération des Murs qui ont des Contreforts.

Tout le monde sait que les contreforts qu'on éleve avec les murs contribuent beaucoup à les fortifier contre la poussée des Terres ou des Voûtes quand ils en soûtiennent, mais il ne paroît pas qu'on se soit apliqué à éxaminer de combien ils pouvoient rendre ces murs capables d'une plus ou moins grande résistance, selon la longueur, l'épaisseur, la distance & même la figure qu'on donneroit aux contreforts; ce sujet est pourtant digne d'attention surtout quand il s'agit de certains Ouvrages qui doivent plûtôt tirer leur solidité des régles de l'art, que de l'abondance des matériaux, puisque si l'on connoissoit bien le mécanisme qui apartient à ce sujet, on éleveroit des Edifices qui seroient encore plus hardis que la plûpart de ceux qui font tant d'honneur aux siécles passés ; on travailleroit avec sûreté, & l'on n'apercevroit pas une certaine timidité qui est assés ordinaire aux Ouvrages des modernes : les anciens Architectes paroissent en ceci plus éclairés ; s'ils n'avoient pas des régles certaines & démontrées comme celles qu'on demande, ils agissoient au moins avec un jugement qui en aprochoit beaucoup, les beaux monumens qu'ils nous ont laissés en font foi, leur Eglises sont d'une légereté admirable, il semble qu'ils ont usé de quelques moyens extraordinaires, qu'on a perdu avec eux ; cependant si l'on y prend garde de près, l'on verra que tout ce qui en fait le merveilleux, n'est autre chose que la bonne liaison des materiaux, la situation & l'étenduë des contreforts dont ils se sont toûjours servi heureusement, & comme peu de gens s'arrêtent à cette derniere particularité faute d'en connoître tout le mérite, ils sont ravis d'un étonnement qu'ils ne savent à quoi attribuer : les Eglises que l'on a bâti dans ces derniers tems & entr'autres quelques-unes de Paris, sont bien éloignées d'intriguer personne : si elles causent quelque surprise, c'est de les voir si materielles qu'elles semblent avoir épuisé toutes les Carrieres du Pays : est-il possible que l'intervalle de quelques siécles rende les hommes si oposés sur une même chose ? Ne conviendra-t'-on jamais que dans tout ce que l'on fait qui est susceptible de plus & de moins, il y a un certain point d'où dépend la construction la plus parfaite qu'il est possible d'atteindre, & que c'est à ce point-là qu'il faut uniquement s'apliquer afin d'y demeurer fixe quand on l'aura une fois trouvé ; de pareilles recherches seroient d'un grand avantage pour la perfection de l'Architecture ; on ne peut trop engager ceux qui la cultivent d'y travailler, & comme les contreforts y doivent avoir beaucoup de part, nous allons faire ensorte dans ce Chapitre d'en bien déveloper toute la Théorie ; mais avant cela il est à propos que j'avertisse qu'il faut suposer que les contreforts dont nous parlerons, ont été construits dans le même tems que les murs qu'ils soûtiennent, & que la liaison est si parfaite, que de part & d'autre elle ne fait plus qu'un seul corps.

PROPOSITION PREMIERE.

Problême.

40. Ayant le Profil ABCD, d'un mur élevé à plomb des deux côtés & foûtenu par des contreforts réprésentés par le rectangle AEFC, on demande fi une puiffance Q, agiffoit de A, en B, pour renverfer ce mur du côté du parement, ou une autre P, de A, en E, pour le renverfer du côté des contreforts, quel eft le raport de la réfiftance du mur dans ces deux cas, ou ce qui eft la même chofe, le raport de la puiffance Q, à la puiffance P, fupofant qu'elles agiffent chacune en particulier.

FIG. 4. & 5.

Confiderés la Figure 5. qui repréfente le Plan de la Maçonnerie du Profil qui eft au-deffus, dont les contreforts font rectangles & égaux dans ce Plan, l'on fupofe que l'épaiffeur LI, des contreforts eft égale à l'épaiffeur CD, de la muraille; que leur longueur FC, eft double de leur épaiffeur, & que leur diftance CL, ou IK, eft double de la longueur FC, ainfi nommant l'épaiffeur CD, ou LI, a; FC, fera $2a$, & CL, ou IK, fera $4a$; quant à la hauteur AC, de la muraille & des contreforts, nous la nommerons b, cela pofé, ab, fera la valeur du rectangle AD, ramaffé dans le poids N, qui eft fufpendu dans le milieu de la ligne CD, & $2ab$, fera la valeur du rectangle EC, or comme cette muraille n'a point de longueur déterminée, nous n'y aurons point égard; cependant les contreforts étant à une certaine diftance, & ne formant point de maffif continu, comme la muraille fait dans fa longueur, on ne peut pas dire que $2ab$, expriment la valeur des contreforts, puifque pour cela il faudroit qu'il n'y eût point d'intervalle entr'eux; il faut donc réduire la valeur des contreforts, de façon qu'on puiffe la confiderer comme fi elle régnoit fur toute la longueur du mur, pour cela l'on n'a qu'à divifer $2ab$, par 5 & l'on aura $\frac{2ab}{5}$ égal à l'expreffion du poids M, qu'on doit regarder comme équivalant à tous les contreforts réünis enfemble dans un des points de la ligne GM, tirée du centre de gravité.

Prefentement il faut réünir le poids M, au poids N, enforte qu'il péfe autant en H, qu'il péfe en G, par raport au point d'apui

LIVRE I. DE LA THÉORIE DE LA MAÇONNERIE. 53
D, ainsi je multiplie la valeur du poids M, par son bras de lévier GD, (24) pour avoir $\frac{4aab}{5}$ que je divise par le bras HD, ($\frac{a}{2}$) le quotient est $\frac{8ab}{5}$, qui étant ajouté avec le poids N, (ab) donne $\frac{13ab}{5}$ pour la somme des poids M, & N, réünis si l'on veut dans le seul poids O: maintenant si l'on nomme x, la puissance Q, & qu'on considere les lignes HD, & BD, comme faisant un lévier recourbé dont le point d'apui est en D, l'on aura BD, (b) HD, ($\frac{a}{2}$) : : O, ($\frac{13ab}{5}$) x, qui donne cette équation $bx = \frac{13aab}{10}$, ou bien $x = \frac{13aa}{10}$ qui fait voir que la puissance Q, est $\frac{13aa}{10}$.

Si au lieu de suposer le point d'apui en D, on le supose en F, l'on aura le lévier recourbé EFH, à l'extrêmité d'un des bras duquel est encore le poids O, qui exprime toûjours la muraille & les contreforts, & la puissance P, à l'autre bras, laquelle étant nommée y, donnera dans l'état d'équilibre EF, (b) FH, ($\frac{5a}{2}$) : : $\frac{29ab}{25}$, y. D'où l'on tire $y = \frac{29aa}{10}$, par conséquent Q, (x) P, (y;) $\frac{13aa}{10}$, $\frac{29aa}{10}$ ou comme treize est à vingt-neuf.

Remarque premiere.

41. Cette proposition montre clairement qu'un mur qui a des contreforts résiste beaucoup plus à l'effort d'une puissance quand elle agit dans un sens oposé aux contreforts que lorsqu'elle pousse du côté des contreforts mêmes, à cause de la difference des bras de léviers qui répondent à la base.

Remarque seconde.

42. L'on remarquera encore que si dans les revêtemens de Fortifications & de Terrasses, l'on n'avoit égard qu'à la poussée des Terres, il vaudroit beaucoup mieux faire les contreforts en dehors qu'en dedans, cependant cela ne se pratique point ainsi, pour ne pas choquer la vûë & pour d'autres raisons qui se font assés sentir; mais

quand il s'agit de soûtenir les piés-droits d'une Voûte ; c'est alors qu'il faut absolument les placer en dehors afin qu'ils soient directement oposés à la poussée.

Remarque troisiéme.

43. Pour faire voir à quel point un mur qui soûtient quelque poussée, est capable de résister davantage lorsqu'il y a des contre-forts que quand il n'y en a point, quoique la même quantité de Maçonnerie subsiste de part & d'autre, augmentons par plaisir l'épaisseur CD, de la muraille de toute la maçonnerie qui est employée dans les contreforts, pour cela je divise la longueur FC, ($2a$) par 5, pour avoir $\frac{2a}{5}$ qui sera l'épaisseur RC, réduite, qui étant ajoûtée avec CD, donnera $\frac{7a}{5}$ pour toute l'épaisseur RD, ou PX, du nouveau Profil YX, qui étant multipliée par la hauteur YP, (b) donne $\frac{7ab}{5}$ pour la valeur du rectangle YX, réüni au poids T, qui est suspendu dans le milieu V, de la ligne PX : or suposant le point d'apui en X, & une puissance S, qui tire de R, en S, nommant cette puissance z, l'on aura dans le cas d'équilibre RX, (b) XV, ($\frac{7a}{10}$) :: T, ($\frac{7ab}{5}$) z, qui donne $\frac{49aa}{50} = z$, & comme 49 ne differe de 50 que d'une unité, nous suposerons $aa = z$.

FIG. 4. & 5.

FIG. 3.

Presentement pour comparer la puissance Q, ($\frac{13aa}{10}$) à la puissance S, on donnera à la seconde le même dénominateur qu'à la premiere, & pour lors l'on aura Q, S, : : $\frac{13aa}{10}$, $\frac{10aa}{10}$, qui étant réduite, donne Q, S, : : 13, 10. L'on peut donc conclure de tout ceci, que plus les contreforts seront longs, & plus le bras de léviers sera à l'avantage de la puissance résistante, c'est pourquoi dans les occasions où l'on peut se dispenser de donner une grande épaisseur aux contreforts, il vaut mieux étendre sur leur longueur que sur leur épaisseur, la maçonnerie qu'on leur destine, afin que l'ouvrage en soit encore plus inébranlable.

LIVRE I. DE LA THEORIE DE LA MAÇONNERIE. 55

PROPOSITION SECONDE.

PROBLE'ME.

44. *Ayant un revêtement de Terrasse* ABCD, *& une puis-* FIG. 6.
sance P, *dont la force est supposée beaucoup au-dessus de la ré-* & 7.
*sistance, dont le revêtement est capable par son poids, on demande
de quelle longueur il faudra faire les contreforts qu'on voudroit y ajoûter afin que le tout soit en équilibre avec cette puissance.*

 Pour bien entendre ce Probleme il faut être prévenu que la
hauteur CE, du revêtement est supposée de 30 pieds, & qu'ainsi
selon la regle générale, la ligne de talud ED, doit être de 6 pieds.
Or si ce revêtement avoit des Terres à soûtenir, on verra dans la
Table que la puissance équivalente à leur poussée ; c'est-à-dire la
puissance P, est de 52 pieds 6 pouces 4 lignes, & que pour mettre le revêtement en équilibre avec cette puissance, il faudroit
donner 4 pieds 9 pouces 8 lignes à l'épaisseur BC, du sommet,
par conséquent si l'on diminuoit cette épaisseur de quelque chose ;
c'est-à-dire, par exemple, que si au lieu de lui donner 4 pieds 9
pouces 8 lignes, on ne lui donnoit que 3 pieds, la puissance étant
toûjours supposée la même, il est certain que le revêtement ne seroit
plus en équilibre, parce que le bras de lévier ID, sera racourci,
& le poids M, diminué, ce qui mettroit la puissance beaucoup au-
dessus de la résistance du revêtement, cependant comme on veut
maintenir l'un & l'autre en équilibre, on prend le parti de faire des
contreforts, & la question se réduit à savoir quelle longueur il
faudra leur donner par raport à leur épaisseur, & à la distance où
ils seront posés, afin qu'ils supléent à l'épaisseur qu'on a donnée
de moins qu'il ne falloit au sommet BC.

 Pour cela nous nommerons BC, ou AE, a ; CE, c ; ED, d ; GA. y ; &
nous suposerons que n, marque toute l'épaisseur AD, de la base, afin
d'avoir $n = a + d$, & que la puissance P, est toûjours exprimée par bf.
cela étant le poids M sera ac, & le poids N, sera $\frac{dc}{2}$; à l'égard du poids
L, il seroit exprimé par cy, si le rectangle FA, étoit le profil d'un
mur qui regnât sur toute la longueur du revêtement ; mais n'étant
que celui des contreforts, il faut comme nous l'avons dit dans l'art.

40 avoir égard à leur distance & à leur épaisseur. Or si l'on supose que de l'espace *LMON*, qui régne derriere le revêtement, il n'y en ait qu'un quart qui soit occupé par les contreforts ; c'est-à-dire, que donnant par exemple, 4 pieds à l'épaisseur *BC*, ou *EF*, de chaque contrefort, on en laisse 12 d'intervalle de *C*, en *D*, tous les contreforts pourront être exprimés par $\frac{cy}{4}$, de même que tout le revêtement *ABCD*, par $ac + \frac{cd}{2}$, il ne s'agit donc plus que de réünir les poids *L*, & *N*, avec le poids *M*, pour ne faire ensemble qu'un seul poids *O*, qui fasse le même effet étant suspendu au point *I*, par raport au point d'apui, *D*, qu'ils font étant suspendus en *H*, & en *K*, pour cela l'on sait qu'il faut multiplier le poids *N*, ($\frac{cd}{2}$) par son bras de lévier *KD*, ($\frac{cd}{3}$) de même que le poids *L*, ($\frac{cy}{4}$) par son bras de léviers *HD*, ($n + \frac{y}{2}$) & diviser chaque produit par le bras *ID*, & qu'alors l'on aura $\frac{\frac{cyy + 2cny}{8} + \frac{cdd}{3}}{\frac{a+2d}{2}} + ac$, pour la valeur du poids *O*, or multipliant ce poids par son bras de lévier *ID*, l'on aura un produit égal à celui de la puissance *P*, (bf,) par son bras de lévier *DQ*, (c,) par conséquent cette équation $\frac{cyy + 2cny}{8} + \frac{cdd}{3} + \frac{caa + 2cad}{2} = bcf$, d'où effaçant *c*, & faisant passer du premier membre dans le second, les termes où l'inconnuë ne se trouve point, l'on aura $\frac{yy + 2ny}{8} = bf - \frac{aa - 2ad}{2} - \frac{dd}{3}$; si de cette équation l'on fait évanoüir la fraction du premier membre & qu'on ajoûte *mm*, de part & d'autre pour rendre le premier membre un quarré parfait, l'on aura $yy + 2ny + nn = 8bf - 4aa - 8ad - \frac{8dd}{3} + nn$, d'où extrayant la racine quarrée & dégageant l'inconnuë, il viendra pour derniere équation $y = \sqrt{8bf - 4aa - 8ad - \frac{8dd}{3} + nn} - n$, qui donne ce que l'on cherchoit.

APLICATION.

Pour savoir en nombre quelle doit être la longueur des contreforts

LIVRE I. DE LA THÉORIE DE LA MAÇONNERIE. 57

forts, il faut se rappeller que l'on a supposé que la puissance bf, valoit 52 pieds 6 pouces 4 lignes, que a, valoit 3 pieds, d, 6. & $a + d$, ou n, vaudra donc 9 pieds; ainsi en suivant ce qui est enseigné dans la derniere équation, l'on aura $8bf = 420$ pieds 2 pouces 8 lignes. $4aa = 36$, $8ad = 144$, $\frac{8dd}{3} = 96$, & $nn = 81$. Mais cette équation montre aussi qu'il faut ajoûter $8bf$, avec nn; c'est-à-dire, 420 pieds 2 pouces 8 lignes, avec 81 pour avoir 501 pieds 2 pouces 8 lignes, & qu'il en faut soustraire $4aa$. $8ad$ & $\frac{8dd}{3}$ ou leur valeur 36, 144, 96, qui font 276, & de la différence qui est 225 pieds 2 pouces 8 lignes, en extraire la racine quarrée, qu'on trouvera d'environ 15 pieds, de laquelle soustrayant n, qui vaut 9 pieds, la différence sera 6 pieds pour la valeur de y, ou, si l'on veut, pour la longueur qu'il faudra donner aux contreforts.

Remarque premiere.

45. Si l'on vouloit que les contreforts & le revêtement au lieu d'être en équilibre par leur résistance avec la puissance P, fussent capables de soûtenir l'effort d'une autre puissance qui seroit plus forte d'un quart que celle-ci, il faudroit au lieu de suposer bf, égal à 52 pieds 6 pouces 4 lignes, le suposer de 65 pieds 8 pouces; pour lors les contreforts auront 9 pieds 6 pouces 4 lignes de longueur & non pas 6 pieds.

Remarque seconde.

46. Nous venons de suposer que l'espace $LMNO$, qui regne derriere le revêtement étoit rempli par un quart de maçonnerie & par trois quarts de terre, parce que l'intervalle AB, d'un contrefort à l'autre, est triple de l'épaisseur BC, de chaque contrefort, & c'est pour cela que nous avons divisé la longueur EB, par 4, parce qu'en effet la ligne AC, qui vaut quatre parties égales peut-être regardée comme le dénominateur d'une fraction, dont le numerateur est égal à la partie BC, qui est un quart de toute la ligne AC; mais si l'on vouloit que les contreforts fussent plus près les uns des autres; ensorte qu'ils ne fussent éloignés, par exemple, que du double de leur épaisseur, pour lors l'étenduë qu'occuperont tous les contreforts sera à celui qui regne entre les deux paralelles LM, & NO, comme un est à trois, ce qui fait voir qu'au lieu de diviser la longueur inconnuë des contreforts; c'est-à-dire, y par 4, il ne fau-

FIG. 7.

H

droit la diviser que par 3, ou par 2, si l'on vouloit que les contreforts ne fussent distans les uns des autres que d'un intervalle égal à leur épaisseur, enfin si l'on vouloit que l'étenduë occupée par les contreforts soit à tout l'espace renfermé par les paralelles comme 2 est à 5, il faudroit multiplier *y* par 2 & le diviser ensuite par 5, parce qu'alors l'on aura $\frac{2y}{5}$ qui exprimera la réduction des contreforts; or comme 5 marque tout l'espace renfermé entre les paralelles, & 2 celui qui est occupé par les contreforts, si l'on retranche donc 2 de 5, il restera 3, & les nombres deux & trois marqueront le rapport de l'épaisseur des contreforts à leur distance, il est bon de faire attention à ceci, quoique ce ne soit qu'une bagatelle, parce que dans le Probléme suivant où nous chercherons quel doit être le raport de l'épaisseur des contreforts à leur distance, cela pourra nous servir.

PROPOSITION TROISIE'ME.

PROBLE'ME.

FIG. 6. 47. *Ayant déterminé la longueur* AG, *des contreforts, l'épaisseur* BC, *du revêtement & sa ligne de talud* ED, *on demande quelle épaisseur il faudra donner aux contreforts par rapport à la distance où il faudra les éloigner les uns des autres pour que toute la Maçonnerie soit en équilibre avec la puissance* P, *qui tireroit de* C, *en* Q.

On supose encore ici, comme on l'a fait ailleurs, que la puissance P, est beaucoup au-dessus de la résistance dont le revêtement *ABCD*, est capable par son poids, & qu'ainsi il faut faire des contreforts pour donner au revêtement la force qui lui manque: or comme dans le Probléme précédent, nous avons cherché quelle longueur il faloit donner à ces contreforts pour rencontrer le point d'équilibre, ici l'on supose que cette longueur a été déterminée, & qu'il s'agit seulement de savoir quel raport il doit y avoir de l'épaisseur des contreforts à leur distance, afin qu'ils composent ensemble un massif suffisant pour rendre le revêtement capable de soûtenir l'effort de la puissance.

Ayant nommé *GA*, *b*; *BA*, *c*; *AE*, *a*; *ED*, *d*; *AD*, *n*; c'est-

LIVRE I. DE LA THEORIE DE LA MAÇONNERIE. 59
à-dire $n = a + d$, & la puissance P, bf; comme à l'ordinaire, l'on aura $\frac{cd}{2}$ pour le poids N, & ac, pour le poids M; quant au poids L, comme il ne doit exprimer qu'une partie du rectangle $GFBA$, on ne peut pas dire que ch, soit la valeur de ce poids, parce que ch, doit être divisé par une certaine grandeur qui détermine le raport de l'épaisseur des contreforts avec leur intervalle; or comme on ne connoît pas cette grandeur, nous la nommerons x, & pour lors le poids L, sera $\frac{ch}{x}$ presentement si l'on réünit les trois poids L, M, N, en un seul O, & qu'on le multiplie par le bras de lévier ID, l'on aura un produit égal à celui de la puissance P, par son bras de lévier DQ, qui donnera cette équation $\frac{chh + 2cnh}{2x} + \frac{aac + 2adc}{2}$
$+ \frac{cdd}{3} = bfc$, dont je n'explique point les opérations qui l'ont formées, parce qu'elles sont les mêmes que celles de la proposition précédente, il suffira seulement de dire que pour avoir la valeur de l'inconnuë x, il faut d'abord effacer c, de toute part, & faire passer $\frac{aa + 2da}{2} + \frac{dd}{2}$ du premier membre dans le second afin d'avoir $\frac{hh + 2nh}{2x} = bf - \frac{aa - 2da}{2} - \frac{dd}{3}$ d'où faisant évanoüir la fraction du premier membre, il viendra $hh + 2nh = 2xbf - xaa - 2xad$ $- \frac{2xdd}{3}$ or si l'on divise cette équation par $2bf - aa - 2ad$ $- \frac{2dd}{3}$ elle sera changée en celle-ci $\frac{hh + 2nh}{2bf - aa - 2ad - \frac{2dd}{3}} = x$, qui donne la valeur de x.

APLICATION.

Suposant que la puissance P, soit de 66 pieds; que GA, ou h, soit de 7 pieds, ED, ou d, de 6, AE, ou a, de 3, l'on aura 9 pour la valeur de n, cela posé, le dividende de l'équation précédente, sera 175 & le diviseur sera 63, ainsi faisant la division, l'on aura pour quotient $2 + \frac{7}{9}$ ou ce qui est la même chose $\frac{25}{9} = x$, c'est-à-dire, qu'il faut diviser ch, par $\frac{25}{9}$ mais comme $\frac{ch}{\frac{25}{9}}$ est la même chose que $\frac{9ch}{25}$, l'on voit que suprimant ch, qui est inutile, & retranchant le numerateur du dénominateur, il vient $\frac{9}{16}$ qui marque le raport de l'épaisseur qu'il faut donner aux contreforts avec l'intervalle dont ils doivent être éloignés les un des autres ; c'est-à-dire, par exemple, que si l'on donnoit 4 pieds $\frac{1}{2}$ d'épaisseur aux contreforts, il faudroit les construire à 8 pieds les un des autres.

PROPOSITION QUATRIE'ME.
PROBLE'ME.

FIG. 6.   48. *Ayant déterminé la longueur* GA, *des contreforts, leur épaisseur & leur distance, de même que la ligne de talud,* ED, *& la hauteur* CE, *l'on demande quelle épaisseur il faudra donner au sommet* BC, *du revêtement pour qu'il soit en équilibre par son poids avec une puissance qui tireroit de* C, *en* Q.

Nous nommerons GA, h ; ED, d ; la hauteur CE, c ; l'épaisseur BC, ou AE, x ; & la puissance bf, comme à l'ordinaire, or comme l'on supose que l'espace occupé par les contreforts est à toute l'étenduë $LMNO$, comme 2 est à 5, la réduction des contreforts, ou si l'on veut, la valeur du poids L, sera donc $\frac{2bc}{5}$, le poids M, sera xc, & le poids N, $\frac{cd}{2}$; si présentement l'on réünit ces trois poids dans un seul O, & qu'on multiplie ensuite ce poids par le bras ID, l'on aura comme ci-devant un produit égal à celui de la puissance P, par son bras de lévier DQ, par conséquent cette équation $\frac{xxc}{2} + xcd + \frac{2xbc}{5} + \frac{hbc}{5} + \frac{2bdc}{5} + \frac{ddc}{3} = bfc$, d'où faisant passer du premier membre dans le second les termes où l'inconnuë ne se trouve point, & divisant le tout par c, l'on aura $\frac{xx}{2} + xd + \frac{2xh}{5} = bf - \frac{hh}{5} - \frac{2hd}{5} - \frac{dd}{3}$, mais si l'on supose $n = d + \frac{2h}{5}$, l'on aura $nx = dx + \frac{2hx}{5}$ & mettant nx, à la place de sa valeur dans l'équation

LIVRE I. DE LA THEORIE DE LA MAÇONNERIE. 61
précédente, & multipliant le tout par 2 pour faire évanoüir la fraction $\frac{xx}{2}$ elle sera changée en celle-ci, $xx + 2nx = 2bf - \frac{2bh}{5}$ $- \frac{4db}{5} - \frac{2dd}{3}$ à laquelle ajoûtant nn, de part & d'autre, il viendra $xx + 2nx + nn = 2bf + nn - \frac{2bh}{4} - \frac{4db}{5} - \frac{2dd}{3}$; or si de cette équation l'on en extrait la racine quarrée, & qu'on dégage ensuite l'inconnuë, on aura cette derniere équation,
$x = \sqrt{2bf + nn - \frac{2bh}{4} - \frac{4db}{5} - \frac{2dd}{3}} - n$, qui donne ce que l'on cherche.

APLICATION.

Si l'on supose que la puissance bf, soit de 55 pieds & que GA, (h) soit de 5, & la ligne de talud ED, de 4, l'on n'aura qu'à faire les mêmes opérations par les nombres que celles qui sont indiquées dans la derniere équation, & l'on trouvera que l'épaisseur BC, ou AE, doit être de 4 pieds 5 pouces 4 lignes, pour que le revêtement joint aux contreforts soit en équilibre avec la puissance.

Remarque.

49. Après qu'on aura trouvé le point d'équilibre au sujet de quelqu'un des Problémes précédens, on pourra mettre le revêtement & les contreforts au-dessus de la poussée des terres, soit en donnant un peu plus d'épaisseur au sommet, ou en augmentant la ligne de talud ou la longueur des contreforts, je n'en donne point d'exemple, parce que ceci peut se faire sans aucune difficulté.

Examen des differentes Figures qu'on peut donner à la base des contreforts.

50. On a insinué au commencement de ce Chapitre, qu'il falloit avoir égard à la figure qu'il convenoit de donner à la base des contreforts, selon les differens usages des murs ausquels ils seroient apliqués; comme c'est ici l'endroit d'en examiner toutes les circonstances, voici ce qui m'a parû qu'on pouvoit dire sur ce sujet.

Quand il s'agit des murs qui ne soûtiennent aucune poussée comme font ceux de clôture, & qu'on juge à propos d'y faire des contreforts, il semble qu'il est assés indifferent de donner à leur base telle figure que l'on voudra, parce que dans ce cas, les contreforts ne servent guere qu'à donner plus d'assiette aux murs, & comme on a coûtume de faire leur base rectangulaire, il ne sera pas mal de suivre l'usage, c'est pourquoi nous ne nous y arrêterons point.

Fig. 9. Mais quand les contreforts sont apliqués derriere des revêtemens, qui doivent soûtenir des terres & autres poids considérables, la base qui convient le mieux est de la faire comme *ECDF*; c'est-à-dire, lui donner plus de largeur à la queuë *CD*, qu'à la racine, *EF*, parce que le centre de gravité au lieu d'être dans le milieu de sa longueur, comme au rectangle *AB*, sera plus éloigné du point d'apui, par conséquent le bras de lévier, qui répond au poids, devenant plus long, le revêtement sera capable d'une plus grande résistance qu'auparavant avec la même quantité de maçonnerie; & si j'ai suposé rectangulaire la base des contreforts qui ont eu lieu dans les propositions précédentes, ce n'est pas que j'aie voulu montrer qu'il falloit la faire ainsi, ç'a été seulement pour agir avec plus de simplicité.

Fig. 9. Si les contreforts sont en dehors; c'est-à-dire, oposés à la poussée de la puissance qui agit, comme aux piés-droits des Voûtes, il faut au contraire faire leur bases plus larges à la racine qu'à la queuë comme *IHGK*, parce que le centre de gravité sera plus éloigné du point d'apui, & que le bras de lévier qui répond au poids se trouvera encore allongé comme dans le cas précédent; mais dans un sens contraire, ce qui donnera beaucoup plus de force aux piés-droits & aux contreforts. Je ne parle pas de plusieurs autres figures qu'on pourroit donner à la base des conttreforts pour fortifier encore davantage les revêtemens, parce que ces figures dépendroient de certaines courbes qu'il seroit bien difficile de faire entendre non-seulement aux maçons; mais même à ceux qui les dirigent, j'ai de la répugnance aussi-bien qu'eux pour tout ce qui n'est pas d'une utilité essentielle, sur tout dans les choses qui demandent d'être executées par des voyes simples.

Fig. 8. & 9. Mais pour juger exactement de la résistance dont les revêtemens peuvent être capables par raport à la figure qu'on donnera à leurs contreforts, nous suposerons que le profil *LY*, apartient à trois revêtemens differens, dont le premier auroit tous ses contreforts comme *AB*, le second comme *CF*, & le troisiéme comme *HK*; que ces contreforts sont égaux en superficie, & que par conséquent la quantité de maçonnerie est égale pour chacun des revêtemens,

LIVRE I. DE LA THEORIE DE LA MAÇONNERIE.   63

Cela posé, remarqués que dans le rectangle AB, le centre de gravité est au point O, milieu de la longueur LR (par l'art. 1.) qui répond aussi au profil ; mais qu'il n'en est pas de même de l'autre plan CF, puisque pour avoir son centre de gravité, selon l'art. 10. il faut diviser la ligne LR, en trois également, ensuite couper la partie du milieu MQ, au point N, de maniere que NM, soit à NQ, comme EF, est à CD ; or ayant fait CD, double de EF, NQ, sera double de NM, par conséquent le point N, sera le centre de gravité; mais dans le profil, le poids qui exprimera le contrefort pésera plus en N, qu'en O, dans la raison de NZ, à OZ, qu'on doit regarder comme des bras de léviers dont le point d'apui est en Z, par conséquent le contrefort CF, résistera plus que AB, dans la raison des lignes NZ, & OZ.

Cependant le contrefort CF, résistera encore bien davantage que HK, si la ligne GK, est double de HI, car pour lors MP, sera double de PQ, parce que le centre de gravité sera au point P, & le poids qui y sera suspendu ne pésera pas tant que s'il étoit en O, & encore moins que s'il étoit en N, dans la raison que PZ, sera plus petit que NZ.

Il suit de ce que l'on vient de dire, que plus les lignes égales CD, & GK, seront plus grandes que EF, & HI, plus le contrefort CF, aura sa résistance au-dessus de HK, quand les bases de ces deux contreforts seront égales en superficie.

Voulant exprimer d'une maniere generale, la résistance dont chacun des trois revêtemens est capable, nous nommerons RV, a ; VZ, d ; VT, c ; RZ, q ; LR, h ; & le tiers de la même ligne LR, n ; l'on aura $\frac{aac + 2acd}{2} + \frac{cdd}{3}$ pour le rectangle RY, & le triangle de talud réüni autour du point T, multiplié par le bras de lévier TZ ; d'autre côté ch, exprimera la valeur du rectangle des contreforts & si l'on supose que selon l'Article 46, la maçonnerie de ces contreforts occupe un tiers de l'espace qui est entre la queuë & la racine, l'on aura $\frac{ch}{3}$ pour la valeur des contreforts réduite, qu'il faut multiplier par les bras des léviers OZ ($\frac{2q+3n}{2}$) NZ ($\frac{3q+5n}{3}$) PZ ($\frac{3q+4n}{3}$) dont les produits seront $\frac{2chq+3chn}{6}$, $\frac{3chq+5chn}{9}$, $\frac{3chq+4chn}{9}$ qu'il faudroit diviser par TZ, pour réünir chaque poids au point T ; mais comme ces grandeurs doivent-être ensuite multipliées par la même ligne TZ, quand on voudra former les équations des poids & des puissances par leur bras de léviers, on se contentera d'ajouter chacun de ses produits avec $\frac{aac+2acd}{2}+\frac{ddc}{3}$ ainsi nommant x, la puissance qui sera en équilibre avec le premier revêtement des contreforts AB, l'on aura $\frac{aa+2ad}{2}+\frac{dd}{3}+\frac{2hq+3hn}{6}$ $= x$, nommant y, celle du revêtement dont les contreforts seront comme CF, l'on aura $\frac{aa+2ad}{2}+\frac{dd}{3}+\frac{3hq+5hn}{9}= y$, enfin nommant z, la puissance qui est en équilibre avec la résistance du revêtement, dont les contreforts sont comme HK, l'on aura $\frac{aa+2ad}{2}+\frac{dd}{3}+\frac{3hq+4hn}{9}= z$, par conséquent si on donne des valeurs en nombre aux lignes qui sont exprimées par les lettres qui composent les premiers membres des équations précédentes, il sera aisé de connoître le raport des trois puissances, x, y, z, qui fera voir de combien ces revêtemens ont plus de force les un que les autres.

Il suit de tout ce que l'on vient de voir, que si l'on veut faire des revêtemens qui ayent la même hauteur, & des poussées égales à soûtenir, que pour les mettre en équilibre, on sera contraint de donner plus d'épaisseur au sommet de ceux qui auront leurs contreforts comme HK, que s'ils les avoient comme CF.

Je ne sais par quelle raison on fait ordinairement les contreforts des revêtemens de Fortification plûtôt comme HK, que comme CF, si ce n'est pour les lier davantage à la muraille, puisque si l'on en excepte ce motif qui est de conséquence, surtout quand on n'a pas de bons matériaux, on ne peut pas douter qu'il ne faille beaucoup plus de maçonnerie, selon la premiere maniere que selon la seconde pour faire le même effet, il y en a qui veulent que ce soit pour diminuer la poussée des Terres ; mais c'est une erreur, puisqu'elles agiront de même de quelque façon que les contreforts soient, comme il est aisé de le prouver. D'autres prétendent que c'est afin qu'ils soûtiennent plus long-tems la violence du Canon quand on bat en brêche, & qu'ils empêchent que la chemise d'un Ouvrage ne soit pas si-tôt ruinée, cette raison n'est pas meilleure que la précédente, comme on le va voir.

Supposant que la muraille ait été ruinée jusqu'à la racine des contreforts, on sait bien que quand les batteries des assiégeans en sont là, les contreforts ne sont pas un petit obstacle à l'avancement de

la

LIVRE I. DE LA THEORIE DE LA MAÇONNERIE. 65

la brêche, puisqu'ayant moins de prife que le refte, ce n'eft pas fans difficulté que l'ennemi parvient à les rafer, au point de rendre la brêche praticable. Or la queftion fe réduit à favoir lequel des deux contreforts CF, ou HK, foûtiendra plus long-tems le choc des boulets, pour en juger, nous les examinerons comme s'ils étoient détachés du revêtement.

On ne peut pas difconvenir que la face FH, étant celle qui fe préfente à l'ennemi, ne foit plûtôt détruite que l'autre BC, parce que les angles aigus F, & H, ont peu de folidité, & comme ce qui reftera du contrefort va toûjours en diminuant vers la queuë, l'ébranlement augmentant à mefure que les premieres parties feront détachées, la deftruction totale fera bien-tôt achevée. FIG. 10. & 11.

Il n'en eft pas de même felon l'autre figure; car comme la face BC, préfente un plus petit front, elle fera moins en prife, les angles obtus B & C fe foûtiendront davantage que les autres F & H. D'ailleurs les faces AB, & BC, ne fe préfentant que de biais, le boulet ne les choquera point avec la force abfoluë, ainfi la deftruction ne pourra fe faire que fucceffivement, à mefure que les parties qui font immédiatement derriere la ligne BC, feront détruites; & je ne doute nullement que s'il faut 40 coups de Canon pour rafer le contrefort FH, il n'en faille plus de 60 pour le contrefort AC, & comme il arrivera la même chofe à tous les autres qui accompagneront ce dernier dans l'étenduë de la brêche, on ne peut pas contefter qu'un revêtement dont les contreforts font plus épais à la queuë qu'à la racine, ne fe foûtiennent bien plus long-tems que s'ils étoient faits comme on les pratique ordinairement. Au refte je ne veux rien décider abfolument là-deffus, j'expofe mes reflexions, on en fera l'ufage qu'on jugera à propos; ce que je pourrois dire pour juftifier ce que j'avance quelquefois, qui n'eft pas conforme à l'ufage, c'eft que je ne raporte rien qui ne foit établi fur des démonftrations.

Pour lier cette differtation avec les propofitions de ce Chapitre, il eft à propos de faire remarquer que foit qu'on fe ferve des contreforts comme CF, ou comme HK, on réfoudra tous les Problémes précédens de la même façon que fi ces contreforts étoient comme AB; puifqu'il n'y aura d'autre différence que dans la fituation du centre de gravité; c'eft pourquoi quand ils feront comme CF, il faudra multiplier la fuperficie des contreforts par la ligne NZ, & quand on les fera comme HK, il faudra la multiplier par PZ, & non pas par OZ, à caufe que le bras de lévier eft augmenté dans le premier cas, & diminué dans le fecond; à cela près, tout FIG. 9.

I

le reste se fera comme il a été enseigné.

Mr *Delormes*, me voyant travailler à cet Ouvrage, me dit qu'ayant démolies dans la derniere Guerre plusieurs Places du Duc de Savoye, entr'autres *Pignerol*, *Verceilles*, *Hivrée & Veruë*, il avoit remarqué que tous les contreforts des revêtemens de ces Places étoient liés ensemble par une Arcade, qui alloit se terminer à la hauteur du cordon, & qu'au-dessus des Arcades & des contreforts, il regnoit une espece de banquette sur laquelle reposoit la plus grande partie des Terres du Parapet ; cela lui a fait penser que pour fortifier les revêtemens contre la poussée des Terres, l'effet du Canon, & empêcher que la brêche ne se fît si-tôt, on pourroit dans l'entre-deux des contreforts faire une Arcade, qui régnant sur toute leur longueur, contribuëroit beaucoup à rendre le revêtement plus solide, sans être obligé de lui donner tant d'épaisseur au sommet, surtout quand il s'agiroit d'une hauteur de Rempart considérable ; & son dessein seroit que faisant ces Arcades en plein ceintre, la hauteur sous la clef fut environ les deux tiers de *toute la hauteur du revêtement ou des contreforts depuis la retraite jusqu'au cordon*. L'avantage de cette construction est que l'ennemi après avoir ruïné la chemise, seroit encore non-seulement dans la nécessité de battre les contreforts ; mais aussi de détruire les Arcades qui seroient d'un grand obstacle à l'éboulement des Terres & à l'avancement de la brêche ; desorte qu'à le bien prendre, il auroit deux revêtemens pour un à ruiner.

Je viens d'aprendre que Mr *du Vivier*, Ingénieur en Chef de Charlemont, a proposé depuis peu un nouveau sistême de revêtement, dans lequel il employe quatre Arcades l'une sur l'autre pour lier les contreforts ; & par là le revêtement devient si solide, qu'il lui suffit de donner trois pieds d'épaisseur sur la retraite comme au sommet, parce qu'il est fait à plomb devant & derriere, sans doute pour ne point exposer le parement aux injures de l'air, qui est une précaution, que j'aprouverai toûjours malgré tout ce que j'ai pû dire en faveur des taluds ; mais comme ce n'a été que dans l'esprit d'une Théorie qui ne doit rien laisser échaper de tout ce qui mérite quelque attention, j'ai toûjours entendu que quand il seroit question d'élever des murs, on ne doit point se servir de mes remarques au préjudice des attentions qu'on doit avoir dans la pratique par raport à la qualité des materiaux qu'on employe & aux autres circonstances inséparables de l'objet que l'on a en vûë : pour tout dire en un mot, quand on aura occasion de donner beaucoup de talud à un mur sans qu'il devienne contraire à sa durée, on ne doit point y manquer, parce qu'il faudra moins de Maçonnerie; mais si l'on s'aperçoit qu'il puisse devenir nuisible dans la suite, il vaut mieux lui en donner moins & ne point s'embarasser si l'on employe plus de matériaux, il arrivera toûjours que si l'on perd d'un côté l'on gagnera de l'autre.

Je prévois que bien des gens qui ne jugent des choses que superficielement, & même souvent sans les entendre, diront peut-être après avoir lû ce que je viens d'écrire, que j'aurois pû me dispenser de prendre tant de peine pour développer un sujet sur lequel on sait à quoi s'en tenir depuis long-tems, puisque je ne dois point ignorer que Mr de Vauban a donné un Profil qui convient à toute sortes de Rempars. Je ne disconviens pas que ce Profil ne soit bien imaginé; mais qu'il me soit permis de demander si l'on a quelque certitude de la justesse de ses dimensions; car comme il n'est établi sur aucun principe démontré, il pourroit bien n'être pas si juste qu'on se l'est imaginé, ce n'est pas au reste que je veüille en diminuër le mérite, je fais trop de cas de tout ce qui vient de son illustre Auteur, pour m'émanciper dans une censure, qui me siéroit mal; mais comme le respect qu'on doit à la memoire des grands hommes ne nous oblige point à recevoir aveuglement tout ce qui vient d'eux, je vais faire un paralelle du Profil général avec les régles que je viens d'établir.

§1. *Paralelle du Profil general de Mr de Vauban avec les régles des Chapitres précédens.*

Mr de Vauban s'étant aperçû que les anciens Ingenieurs n'étoient point d'accord sur les dimensions qu'il falloit donner aux revêtemens de Maçonnerie, les uns les faisant d'une épaisseur extraordinaire, & les autres leur donnant à peine celle qu'il falloit pour soûtenir le poids des Terres, a établi un profil general accommodé à toute sortes de hauteurs de Rempars depuis dix pieds jusqu'à quatre-vingts, & quoiqu'il soit assés connu de ceux qui s'apliquent aux Fortifications, il m'a parû que je ne ferois pas mal d'en donner l'explication telle qu'on la tient de Mr de Vauban lui même, avant d'entrer dans aucun détail afin qu'on puisse verifier mes observations, sans être obligé d'aller chercher ce Profil ailleurs.

Explication qui est relative au profil de Mr de Vauban.

1°. Dans le Pays où la Maçonnerie est fort bonne, on peut fixer l'épaisseur au sommet à quatre pieds & demi; mais dans les lieux où elle ne le sera pas, il faudra l'augmenter jusqu'à cinq pieds six pouces & même plus si elle est fort mauvaise.

2°. Que les contreforts aux angles faillans doivent-être redoublés & brafés de part & d'autre par raport aux lignes droites qui forment ces angles.

FIG. 12.

3°. Qu'ils feront toûjours élevés à plomb à l'extrêmité & par les côtés & bien liés au corps de la muraille.

4°. Que les contreforts feront élevés auffi haut que le cordon; ils feroient encore meilleurs fi on leur donnoit deux pieds de plus pour le foûtien du Parapet.

5°. Que dans les Ouvrages où le revêtement n'eft élevé qu'à moitié ou aux trois quarts du Rempart, & le furplus en gafons en placage, il faudra régler fon épaiffeur comme s'il devoit être élevé en Maçonnerie jufqu'au fommet du rempart : par exemple, fi on élevoit quinze pieds en gafon au-deffus du revêtement, il faudroit augmenter l'épaiffeur au fommet de trois pieds, avec cinq qu'elle auroit déja pour en avoir huit à la naiffance du gafon.

6°. Qu'il faut augmenter la grandeur & la folidité des contreforts à proportion de l'élevation du revêtement : par exemple, fi le revêtement a 35 pieds de haut, favoir 20 en revêtement & 15 en gazon, il faudra y faire les contreforts qui ont été reglés par le Profil de 35 pieds de haut, & que le reuêtement ait la même épaiffeur à 20 pieds de haut comme s'il en avoit 35.

7°. Que dans les endroits où on fera des Cavaliers comme à Maubeuge, il faudra augmenter le fommet du Profil d'un demi pied d'épais pour chaque cinq pieds que le Cavalier fera élevé au-deffus du revêtement, & la folidité des contreforts à proportion : ce qui doit s'entendre des gros revêtemens de la place, & non pas de ceux que l'on fait quelque fois aux Cavaliers, & feulement quand le pied du Cavalier aproche de trois à quatre toifes du Parapet.

8°. Que les deux dernieres Colomnes de la Table portent en toifes, pieds & pouces cubes, ce que chaque toife courante de tous ces differens Profils, en contient, réduction faite des contréforts.

9°. Que ces Profils ne font propofés que pour la Maçonnerie qui doit foûtenir des grands poids de Terre nouvellement remuée, & non pas celle qu'on endoffe contre la terre vierge, qui ne l'a pas encore été comme font la plûpart des revêtemens de Foffés.

Mr de Vauban raporte à la fuite de cette explication, une Table compofée de plufieurs Colomnes, où les dimenfions de chaque Profil particulier qu'on voit contenuës dans la figure, font raportées & proportionnées à ce qu'il dit, au poids des Terres qu'ils auront à foûtenir, & pour en marquer la bonté, il ajoute qu'on l'a experimentée fur plus de 500000 toifes cubes de Maçonnerie bâties à 150 Places fortifiées par les ordres de Loüis le Grand.

TABLE

Pour expliquer les Dimensions contenuës au Profil général de Mr de Vauban.

Hauteur des profils ou revêtemens.	Epaisseur des revêtemens au sommet.	Epaisseur des revêtemens sur la retraite.	Distance du milieu d'un contrefort à l'autre.	Distance du milieu d'un contrefort à l'autre.	Longueur des contreforts.	Epaisseur des contreforts à la racine.	Epaisseur des contreforts à la queuë.	Solidité de la Maçonnerie par toises courantes les contreforts étant de 18 pieds en 18 pieds.	Solidité de la Maçonnerie par toises courantes les contreforts étant de 15 pieds en 15 pieds.
pieds.	pieds.	pieds.	pieds.	pieds.	pieds.	pieds.	pi. po.	pie. pou. li. poi.	pie. pou. lig. poi.
10	5	7	18	15	4	3	2. 0	2. 0. 11. 1	2. 1. 1. 4
20	5	9	18	15	6	4	2. 8	4. 5. 0. 5	4. 5. 9. 4
30	5	11	18	15	8	5	3. 4	8. 3. 3. 1	8. 5. 1. 4
40	5	13	18	15	10	6	4. 0	13. 2. 6. 2	14. 0. 2. 8
50	5	15	18	15	12	7	4. 8	19. 3. 8. 10	20. 4. 2. 8
60	5	17	18	15	14	8	5. 4	27. 1. 10. 2	29. 6. 2. 8
70	5	19	18	15	16	9	6. 0	36. 3. 9. 4	39. 3. 4. 0
80	5	21	18	15	18	10	6. 8	47. 4. 5. 4	51. 2. 8. 0

Tous les revêtemens depuis 10 pieds jusqu'à 80 sont suposés avoir pour talud la cinquiéme partie de la hauteur, comme on en peut juger par la figure général : quoique la plûpart des Ingenieurs trouvent ce talud trop grand, Mr de Vauban l'a pourtant suivi dans toutes les Places qu'il a fait bâtir, & comme il y a aparence qu'il n'ignoroit pas les raisons que l'on a aujourd'hui d'en donner moins, il faut croire qu'il ne les jugé assés fortes pour y avoir égard.

Pour ne pas se méprendre dans l'usage de cette Table, j'ajoûterai au sujet des contreforts, que Mr de Vauban propose de les faire de 18 pieds en 18 pieds, comme on le voit dans la quatriéme colomne, ou bien de 15 pieds en 15 pieds comme il est marqué dans la cinquiéme ; c'est-à-dire, que si l'on estimoit que le revêtement d'un des Profils dont on voudroit se servir, ne fut point assés solide pour soûtenir le poids des Terres, au lieu de donner 18 pieds du milieu d'un contrefort à l'autre, on n'en donneroit que 15, aparamment que son dessein a été qu'on en usât ainsi, lorsque le revêtement auroit à foûtenir quelque chofe de plus que le Rempart ordinaire, comme feroit par exemple, un Cavalier ou quelque retranchement, puifque dans les Fortifications de Landau, du neuf-Brifac, de Béfort &c. il les a mis à la diftance de 18 pieds; mais d'une façon comme de l'autre, il donne toûjours les mêmes dimenfions aux contreforts; c'eft-à-dire, que foit qu'on les faffe de 15 pieds en 15 pieds, ou de 18 en 18, ils ont la même longueur & la même épaiffeur à la racine qu'à la queuë, comme on le voit dans la Table.

Comme il entre plus de maçonnerie dans les revêtemens, dont les contreforts font de 15 pieds en 15 pieds, que dans ceux où ils font de 18 en 18, il a donné les deux dernieres colomnes de la Table, dans la penultiéme on y trouve en toifes, pieds & pouces cubes (comme il l'a dit dans le huitiéme article de fon explication) la valeur d'une toife courante des revêtemens, y compris les contreforts réduits, lorfqu'ils font de 18 pieds en 18 pieds; & la derniere eft auffi la valeur d'une toife courante des mêmes revêtemens lorfqu'ils ne font que de 15 p. en 15 p. Mais on remarquera que cette valeur de la toife courante dans l'une & l'autre colomne, ne doit être comptée que pour la maçonnerie des revêtemens au-deffus de la retraite, parce qu'il n'y eft pas queftion des fondemens à caufe que la différence du terrain peut les rendre plus profonds dans un endroit que dans l'autre.

On remarquera encore que felon ce qui eft raporté dans la feptiéme & huitiéme colomne, auffi-bien qu'au Profil général, tous les contreforts font plus épais à la racine qu'à la queuë, & que cette épaiffeur de la queuë eft les deux tiers de celle de la racine, laquelle va toûjours en augmentant d'un pied à mefure que la hauteur des revêtemens augmente de 10, & que la longueur des mêmes contreforts augmente de deux pieds en fuivant encore la proportion des hauteurs.

Fig. 9.

Aux contreforts dont j'ai parlé dans l'art. 50. j'ai fupofé que la racine GK, étoit double de la queuë HI, parce que voulant les difpofer dans un fens contraire, comme au contrefort CF, pour les raifons que j'en ai donné, il ma parû qu'il valoit mieux faire la ligne EF, moitié de CD, que fi elle en étoit les deux tiers, à caufe que felon l'art. 50. plus la queuë des contreforts fera au-deffus de la racine, plus le revêtement aura de force; c'eft pourquoi je n'ai point fuivi la pratique de Mr de Vauban.

Si l'on prend garde à la feconde colomne de la Table, l'on verra que les revêtemens, à quelque hauteur qu'on veüille les faire, doivent toûjours avoir cinq pieds au fommet, ainfi ils ne font augmentés en épaisseur que sur la retraite, de la quantité dont la ligne de talud devient plus grande à mesure que l'élevation est plus considerable, ce qui ne rendroit pas ces revêtemens proportionnés à la poussée qu'ils ont à soûtenir, si ce défaut n'étoit reparé en partie par l'augmentation qu'on doit faire aux contreforts, selon ce qui est dit dans le sixiéme article de l'explication. Mais voilà le Profil général suffisamment détaillé, passons au paralelle que je me suis proposé.

Quand on est accoûtumé d'agir selon les principes des Mathématiques, on se fait aisément des difficultés, à moins que l'évidence ne régne dans tout ce que l'on nous donne pour juste, l'esprit n'est point satisfait, & ce qui paroit indubitable aux yeux de tout le monde, donne souvent des grands sujets d'inquiétude aux Géomètres, j'ai été long-tems dans cette disposition à l'occasion du Profil général de Mr de Vauban, ce Profil me suis-je dit plusieurs fois, doit être bon, puisque l'on s'en est toûjours servi avec succès, cela vient-il de ce que les revêtemens qu'on y propose sont en équilibre avec la poussée des Terres ? Ou seroit-ce à cause qu'ils sont tellement au-dessus de cette poussée qu'il ne peut jamais leur arriver d'être renversés ? Si ç'en est là la raison, on employe peut-être sans le savoir une grande quantité de maçonnerie superfluë, si au contraire ils n'ont que les dimensions qui leurs conviennent pour être un peu au-dessus de la poussée des Terres, on ne peut pas s'hazarder à élever sur un Rempart, comme on le fait quelquefois, des Cavaliers, des retranchemens, ou quelque autre Ouvrage pour se couvrir contre les commandemens, parce que le revêtement se trouvant trop foible pour soûtenir cette nouvelle charge, pourroit culbuter dans le Fossé, comme cela n'est pas sans exemple. Ces réflexions me faisoient sentir qu'il falloit savoir calculer la poussée des Terres pour y proportionner les revêtemens quand on vouloit les construire, ou bien pour savoir de quelle force ils étoient capables après qu'étant une fois construits, on vouloit augmenter la charge. Or comme c'est-là ce que nous nous proposons d'examiner ici, nous nous atacherons aux six premiers revêtemens du Profil général, parce qu'il y a aparence qu'il en sera des autres qui les suivent comme de ceux-ci, & nous commencerons par chercher quelle est la puissance avec laquelle chacun d'eux doit être en équilibre, en leur suposant les mêmes dimensions qui leur répondent dans la Table.

Faisant abstraction de la petite muraille CN, à laquelle nous n'aurons point égard, parce qu'elle est toûjours la même dans châ- Fig. 13.

que Profil, & que d'ailleurs elle n'est plus guére d'usage, nous nommerons l'épaisseur AC, ou BD, a; la hauteur CD, c; la ligne de talud DE, d; la longueur GB des contreforts h; la distance KE, du centre de gravité des contreforts au point d'apui, n; & le raport de l'espace qu'occupe chaque contrefort à l'intervalle où ils sont du milieu de l'un au milieu de l'autre, sera exprimé par $\frac{p}{q}$.

Cela posé, si l'on multiplie ch par $\frac{p}{q}$ l'on aura $\frac{pch}{q}$ pour la valeur des contreforts réduite, laquelle étant multipliée par le bras de lévier EK, (n) il viendra $\frac{pchn}{q}$; multipliant de même le poids R, ($\frac{dc}{2}$) par son bras de lévier ME, ($\frac{2d}{3}$) & le poids Q, (ac) par le sien LE, ajoûtant ces trois produits ensemble, l'on aura $\frac{pchn}{q} + \frac{2acd + aac}{2} + \frac{cdd}{3}$, pour la valeur des poids P, Q, R, réünis au point L, & multipliée par le bras de lévier LE, selon l'art. 22. égale au produit du bras de lévier AB, ou ES, par la puissance que l'on cherche, laquelle étant nommée x, donne, en effaçant c, $\frac{phn}{q} + \frac{2ad + aa}{2} + \frac{dd}{3} = x$, qui est une équation générale qui conviendra à tel Profil de revêtement que l'on voudra, puisqu'il ne faudra avoir égard qu'à la valeur des lettres.

Voulant apliquer cette équation à un revêtement de 20 pieds de hauteur, on aura recours à la Table de Mr de Vauban pour voir les mesures qui lui apartiennent, & l'on trouvera que $d = 4$, $a = 5$, $h = 6$, $n = 11$ pieds, 9 pouces, 6 lignes, comme l'épaisseur des contreforts est les deux tiers de celle de la racine, & que par conséquent ces contreforts ont leur bases trapezoïdes, remarqués que prenant le Profil GC, pour celui sur lequel nous opérons presentement, la ligne BG, selon l'art. 10. doit être divisée en trois parties égales, & celle du milieu HI, coupée de façon au point K, pour avoir le centre de gravité, que KI, soit à KH: dans la raison de l'épaisseur de la queuë à celle de la racine, j'entends comme 2 est à 3, ainsi KI, sera les $\frac{2}{5}$ de HI, ou IB, mais comme la toute GB, vaut 6, HI, ou IB, ne vaudra que 2, à quoi ajoûtant les $\frac{2}{5}$ du même IB, l'on aura 2 pieds, 9 pouces, 6 lignes pour la valeur de KB, qui étant jointe à BE, ($a + d$) l'on aura 11 pieds,

9

LIVRE I. DE LA THEORIE DE LA MAÇONNERIE. 73

9 pouces 6 lignes pour la valeur de n; pour savoir aussi ce que doit valoir $\frac{p}{q}$, considerés que p, doit marquer l'épaisseur de chaque contrefort, & q, l'intervalle de leur milieu, ajoûtant donc les dimensions de la racine avec celles de la queuë, telles qu'on les trouve dans la Table, je veux dire 4 pieds, avec 2 pieds 8 pouces, l'on aura 6 pieds 8 pouces, dont la moitié qui est 3 pieds 4 pouces, sera l'épaisseur moyenne des contreforts, par conséquent la valeur de p; quant à celle de q, elle sera toûjours 18, parce que c'est la distance du milieu d'un contrefort à l'autre, ainsi $\frac{p}{q}$ sera la même chose que $\frac{40}{216}$ ou bien $\frac{5}{27}$; multipliant cette quantité par la valeur de nh, l'on trouvera 12 pieds, 5 pouces pour $\frac{phn}{q}$, l'on trouvera aussi que $\frac{2ad+aa}{2}$ vaut 32 pieds 6 pouces, & $\frac{dd}{3}$ 5 pi. 4 pouces.

Joignant donc tous ces nombres ensemble, il viendra 50 pieds 4 pouces 10 lignes pour la valeur de x; c'est-à-dire, pour la puissance avec laquelle le revêtement de 20 pieds du Profil général peut être en équilibre; c'est en faisant les mêmes calculs avec toute la précision imaginable, que j'ai trouvé que le revêtement de 10 pieds de hauteur étoit en équilibre avec une puissance de 28 pieds 10 pouces; celui de 20, avec 50 pieds 4 pouces 10 lignes; celui de 30, avec 81 pieds un pouce; celui de 40, avec 123 pieds 10 pouces; celui de 50, avec 175 pieds 10 pouces; enfin celui de 60, avec 237 pieds, 7 pouces.

Pour savoir présentement le raport de la résistance de chacun de ces revêtemens avec les puissances qui exprimeroient la poussée des Terres qu'ils ont à soûtenir, il faut chercher la valeur de ces puissances pour 10, 20, 30, 40, 50 & 60 pieds de hauteur dans la troisième colonne de la Table que nous avons donné art. 37. & l'on trouvera qu'elles sont équivalentes à 15 pieds 7 pouces; 41 pieds 5 pouces; 75 pieds 4 pouces; 117 pieds 8 pouces; 170 pieds un pouce & à 233, qui étant comparés avec la résistance des revêtemens, l'on aura $\frac{15}{28}, \frac{41}{51}, \frac{75}{82}, \frac{117}{124}, \frac{170}{176}, \frac{233}{237}$, ou à peu-près $\frac{1}{2}, \frac{1}{4}, \frac{1}{8}, \frac{1}{19}, \frac{1}{29}, \frac{1}{58}$, ce qui fait voir que le revêtement de 10 pieds selon le Profil général est en état de soûtenir une poussée double de celle qu'il soûtient naturellement; que celui de

K

20, eft au-deffus de l'équilibre d'un quart de la réfiftance qu'il lui faut, celui de 30, n'eft au-deffus de l'équilibre que d'un huitiéme; celui de 40, d'un dix-neuviéme; celui de 50, d'un vingt-uniéme, & celui de 60, d'un cinquante-huitiéme.

Comme les raports précédens ont été trouvés par des régles inconteftables, on ne peut donc douter que dans le profil général, la réfiftance des revêtemens ne diminuë à proportion qu'ils ont plus d'élévation, puifque tandis que celui de 10 pieds eft au-deffus de l'équilibre de toute la pouffée qu'il devroit foûtenir naturellement, celui de foixante n'a fa réfiftance que d'un cinquante-huitiéme au-deffus de l'équilibre, qui étant une différence fort petite, on peut regarder ce revêtement comme en équilibre avec la pouffée des Terres; ainfi dans ceux qui font plus élevés, il eft à préfumer que fuivant les proportions du profil général, la pouffée deviendra au-deffus de la réfiftance, au lieu qu'il faudroit que le revêtement fût toûjours capable de réfifter avec une force plus grande que la pouffée, afin de n'avoir rien à craindre des accidens qui peuvent arriver, *foit de la part des grandes pluyes*, qui au bout d'un certain tems peuvent augmenter confidérablement le poids des terres, foit par les ébranlemens qui arrivent quelquefois par le bruit du Tonnerre, ou du Canon qu'on tire fur les Remparts, qui pourroient produire des fecouffes capables de caufer le renverfement de quelque face d'ouvrages. D'ailleurs quand même tous ces mouvemens ne furviendroient point, il y a encore une raifon pour mettre les revêtemens beaucoup au-deffus de la pouffée; c'eft qu'en tems de fiége quand un ouvrage eft battu en brêche, la violence du Canon ne peut manquer de caufer un grand mouvement dans les parties de la maçonnerie & dans les terres, qui pourroit précipiter l'avancement de la brêche, parce que le revêtement fe trouvant au-deffous de la pouffée, comme je le fupofe, il auroit plus de penchant à culbuter : on me dira peut-être que c'eft vouloir examiner les chofes trop phyfiquement; mais dans un fujet comme celui-ci, il faut avoir égard à tout.

On fera encore attention que fi au lieu de donner cinq pieds d'épaiffeur au fommet, on n'en donnoit que quatre & demi dans les endroits où la maçonnerie feroit fort bonne, comme il eft dit dans le premier article de l'explication de Mr de Vauban, ce feroit alors qu'on auroit tout à craindre du peu de réfiftance des revêtemens de 40, 50, 60 & 70 pieds de hauteur, puifqu'elle fe trouveroit au-deffous de la pouffée des terres; car comme je l'ai dit, article 13, la liaifon doit être fupofée ici la meilleure qu'il eft pof-

LIVRE I. DE LA THÉORIE DE LA MAÇONNERIE. 75

fible, & on ne doit avoir égard qu'au poids & à la longueur du bras de lévier qui répond à la bafe du mur, ce qui feroit croire que Mr de Vauban n'a pas eû cette confidération.

Malgré ce que je viens de dire, je ne regarde pas le Profil général affés défectueux pour ne pouvoir pas s'en fervir; l'experience qui prouve le contraire, ne feroit pas de mon côté; je voudrois feulement qu'on ne donnât pas tant d'épaiffeur au fommet des petits revêtemens, & que pour plus de fûreté on en donnât davantage à celui des plus élevés; car je ne vois pas la néceffité de donner cinq pieds au fommet de celui qui n'en auroit que dix en hauteur, comme s'il en avoit quatre-vingt, puifque fi l'on y fait attention, c'eft juftement de là que vient le défaut du Profil général; car comme il faut que les proportions de toutes les parties de chaque revêtement, augmentent ou diminuent dans la même raifon, felon que l'élevation eft plus grande ou plus petite, afin que la réfiftance foit toûjours proportionnée à la pouffée, il n'y a point de doute que fi une des dimenfions du Profil demeure conf- Fig. 12. tante comme eft ici celle du fommet, la pouffée des terres ne foit au-deffous de la réfiftance des petits revêtemens, & ne devienne au-deffus de celle des plus grands; il faut donc que le bras de lévier Fig. 18. LE, augmente dans la raifon de la hauteur AB, pour que la proportion ne foit point interrompuë, au lieu qu'elle ne peut manquer de l'être, tant que les lignes BD, AC, demeureront toûjours de cinq pieds, & que les trois autres AB, BG, DE, augmenteront ou diminuëront.

Or pour favoir de combien il faudroit augmenter l'épaiffeur du fommet des grands revêtemens, & diminuer celle des petits pour les bien proportionner à la pouffée des terres & rendre régulier le Profil général, nous prendrons pour exemple celui de la figure 13. & nous nommerons GB, h; KB, g; BD, y; l'on aura $g+y+d$, & $\frac{pch}{q}$ fera la valeur des contreforts réünie autour du centre de gravité CK, qui étant multipliée par le bras de lévier KE, donnera $\frac{pchg+pchy+pchd}{q}$ pour le produit. De même fi l'on multiplie le poids $Q(yc)$ par LE, $(\frac{y}{2}+d)$ & le poids $R(\frac{dc}{2})$ par ME $(\frac{2d}{3})$, joignant ces trois produits enfemble, la fomme fera égale au produit de la puiffance hf, par fon bras de lévier; ce qui donne, en effaçant c de part & d'autre $\frac{pchg+pchy+pchd}{q}+\frac{yy}{2}+yd+\frac{dd}{3}$

K ij

$= bf$. Or si l'on supose $n = \frac{ph}{q} + d$, l'on aura $ny = \frac{phy}{q} + dy$, & mettant ny, à la place de sa valeur dans l'équation précédente, l'on aura $\frac{phg + phd}{q} + \frac{dd}{3} + \frac{yy}{2} + ny = bf$, d'où faisant passer du premier membre dans le second les termes, où y ne se trouve point, & multipliant le tout par 2, il vient $yy + 2ny = 2bf - \frac{2dd}{3} - \frac{2phg - 2phd}{q}$, ou $yy + 2ny + nn = 2bf - \frac{2dd}{3} - \frac{2phg - 2phd}{q} + nn$; en ajoûtant nn de part & d'autre qui donne

$y = \sqrt{2bf - \frac{2dd}{3} - \frac{2phg - 2phd}{q} + nn} - n$, qui est une équation qui conviendra à tel revêtement que l'on voudra du Profil general, puisqu'il n'y aura que la valeur des lettres qui en fera la différence.

Nous servant de cette équation pour savoir quelle épaisseur il faut donner au sommet d'un revêtement de 40 pieds de hauteur, tiré du Profil general, afin que ce revêtement soit au-dessus de la poussée des terres, de telle quantité que l'on voudra, par exemple d'un sixiéme de la même poussée, qui doit suffire comme j'en ferai voir la raison dans la suite; il faut chercher dans la troisiéme colomne des puissances, quelle est la valeur de celle qui exprime la poussée des terres du Parapet & du Rempart de 40 pieds, l'on trouvera qu'elle est de 117 pieds 8 pouces, dont il faut prendre le sixiéme qui est 19 pieds 7 pouces 4 lignes, qui étant ajoûtés avec la valeur de la puissance même, l'on aura 137 pieds 3 pouces 4 lignes pour la valeur de bf, qui étant multipliée par 2, afin de suivre ce qui est marqué dans l'équation, il vient 274 pieds 6 pouces 8 lignes pour $2bf$; & pour avoir de suite la valeur des quantités positives, remarqués que les contreforts pour 40 pieds dans la Table du Profil general, ont six pieds de racine & quatre de queuë, & que par conséquent l'épaisseur moyenne est cinq, qui est la valeur de P, comme la distance du milieu d'un contrefort à l'autre est toûjours 18 pieds; l'on aura donc dans ce cas-là $\frac{P}{q} = \frac{5}{18}$: & comme nous avons $n = \frac{ph}{q} + d$, n, vaudra donc 10 pieds 9 pouces 4 lignes, dont le quarré est 116 pieds un pouce 11 lignes, qui étant ajoûtés avec la valeur de $2bf$, donnent 390 pieds 8 pouces 7 lignes pour les deux grandeurs positives $2bf + nn$; & cherchant la valeur des né-

LIVRE I, DE LA THEORIE DE LA MAÇONNERIE. 77

gatives $\frac{2dd}{3} - \frac{2phg - 2phd}{q}$, on trouvera que leur somme est 113 pieds 4 lignes, qui étant retranchée du nombre précedent, la différence est 277 pieds 8 pouces 3 lignes, dont la racine quarrée est 16 pieds 8 pouces 9 lignes, d'où il faut retrancher la valeur de n, c'est-à-dire, 10 pieds 9 pouces 4 lignes, il restera 5 pieds 11 pouces 5 lignes, qui est l'épaisseur qu'il faut donner au sommet du revêtement de 40 pieds du Profil general, pour que sa résistance soit au-dessus de la poussée des terres de la sixiéme partie de la force de cette poussée.

C'est en faisant les mêmes opérations rélativement à la valeur des termes de la formule generale, qu'on trouvera que l'épaisseur au sommet pour le revêtement de dix pieds, doit être de 3 pieds 5 pouces 4 lignes ; pour celui de 20, de 4 pieds 8 pouces 9 lignes ; pour celui de 30, de 5 pieds 5 pouces 9 lignes ; pour 50, de 6 pieds 2 pouces 10 lignes ; & pour celui de 60, 6 pieds 8 pouces 10 lignes.

Convaincu, comme je viens de le prouver, que la plûpart des revêtemens du Profil general, n'étoient pas capables de toute la résistance qui paroît leur être necessaire pour soûtenir la poussée des terres & tous les ébranlemens qui peuvent survenir, on sera sans doute surpris que tous ceux que l'on a construit se soûtiennent en bon état depuis long-tems, sans qu'il leur soit arrivé aucun accident : ce qui semble détruire mes raisonnemens tout démontrés qu'ils soient. Cependant l'on verra que cela ne peut guéres arriver autrement, si l'on fait attention que trois raisons en font la cause ; la premiere c'est que les revêtemens que l'on fait d'ordinaire aux Fortifications passent rarement 35 à 40 pieds, & qu'à cette hauteur la résistance ne laisse pas d'être encore beaucoup au-dessus de la poussée, comme nous le venons de voir ; la seconde que les terres n'ont jamais toute la poussée dont elles sont capables, parce que quand on éleve les Rempars, on les entretient avec des lits de fascinage, qui font qu'elles se soûtiennent presque d'elles-mêmes ; la troisiéme, c'est que le pied du revêtement est bien lié avec les fondemens, lesquels étant enterrés ne peuvent pas facilement incliner du côté du Fossé, quand même la résistance du revêtement seroit au-dessous de l'équilibre : joignons à cela que le sommet des contreforts étant couvert par cinq ou six pieds de terres qui composent le Parapet, ces terres font l'effet d'une puissance qui contre-balance en partie l'effort de plusieurs autres puissances qui agiroient pour renverser le revêtement ; c'est pourquoi j'ai dit ci-devant qu'il suf-

K iij

firoit de rendre les revêtemens capables de foûtenir une pouffée qui ne fut que de la fixiéme partie au-deffus de celle que caufent naturellement les terres qui font élevées derriere; car enfin les terres du Parapet agiront d'autant plus puiffamment fur les contreforts pour les retenir, que ces contreforts feront plus longs: ainfi plus les revêtemens feront élevés, & plus dans ce fens, ils trouveront d'obftacles à incliner; il n'y a que dans le cas où les terres du Parapet feroient éboulées quand on bat en brêche, où il y auroit quelque chofe à craindre, parce que le deffus des contreforts n'étant plus retenu, le revêtement pourroit culbuter fi la réfiftance étoit au-deffous de l'équilibre: quand je dis que cela pourroit arriver ici, fi les terres du Parapet ceffoient d'apuyer fur les contreforts, je veux parler des revêtemens qui font fort enterrés & dont l'affiégeant eft un tems à ne battre que le fommet des ouvrages, fans pouvoir découvrir le refte, ainfi on aura toûjours fujet de rendre les revêtemens plus forts que foibles.

Comme on s'eft toûjours bien trouvé des revêtemens de 30 à 35 pieds de hauteur, en ne leur donnant que cinq pieds d'épaiffeur au fommet, il femble que ce que l'on peut faire de mieux pour fe fervir en toute fûreté du Profil general, fans être obligé de faire tous les calculs que je viens de raporter, c'eft de donner quatre pieds d'épaiffeur au fommet du revêtement de dix pieds, quatre & demi à celui de vingt, cinq à celui de trente, cinq & demi à celui de quarante, & ainfi des autres dont on augmentera toûjours l'épaiffeur de fix pouces, à mefure que la hauteur augmentera de dix pieds; & à l'égard des autres dimenfions on les déterminera comme elles font marquées dans la Table du Profil general, pour lors tout fera bien proportionné & prefque d'accord avec ce que peuvent fournir les régles les plus exactes: il eft vrai que l'épaiffeur du fommet du revêtement de dix pieds fera un peu plus grande qu'elle ne devroit être; mais ce revêtement en foûtiendra plus long-tems l'effet du Canon.

Tout ce que je viens de dire fert non-feulement à faire voir ce que l'on peut penfer pour, & contre le Profil general; mais encore à mettre les gens du métier en état d'examiner les chofes avec précifion, & par des voyes qui menent à la verité, & dont les principes peuvent fervir à quantité d'autres fujets qui auroient raport à celui-ci: ainfi quand même on refteroit dans l'opinion de fe fervir du Profil general tel qu'il eft fans y faire aucun changement, cette differtation n'en feroit pas moins utile; c'eft pourquoi il n'y a point d'aparence qu'on foit en droit de me reprocher d'écrire des cho-

LIVRE I. DE LA THEORIE DE LA MAÇONNERIE. 79

ses superfluës, puisque les Mathématiques ont toûjours cela d'heureux que s'il leur arrive quelquefois d'être apliquées à des sujets qui paroissent de petite conséquence, elles s'y rendent au moins nécessaires par le tour qu'on leur a fait prendre, & c'est cette espece de sagacité que je cherche sur toutes choses à insinuer à ceux qui veulent s'instruire férieusement, & se mettre en état de juger avec des vûës claires & distinctes de tout ce qui se présente.

J'ay pensé plusieurs fois en écrivant ce premier Livre que des personnes qui n'ont qu'une médiocre connoissance de l'Algebre, seroient peut-être embarrassées de sçavoir pourquoi après avoir fait passer tous les termes où se trouve l'inconnu, dans le même membre, il falloit ajoûter de part & d'autre le quarré de la moitié du coëfficient du second terme, pour faire de ce membre un quarré parfait ; & qu'un petit éclaircissement sur ce sujet pouvant leur faire plaisir, la remarque suivante ne seroit point inutile pour l'Intelligence des article 22, 25, 26, &c.

52. *Remarque sur la résolution des Problêmes du deuxiéme dégré.*

Si l'on a deux grandeurs liées ensemble par le signe + ou — comme $y \pm a$, je dis que le quarré de ces deux grandeurs sera égal au quarré de la premiere, plus au quarré de la seconde, plus ou moins le produit de la premiere par le double de la seconde ; ce qui est bien évident, puisqu'il vient $yy \pm 2ay + aa$, qui renferme les quarrés de y & de a, & le produit de y & de $2a$.

De même si la seconde des deux grandeurs étoit multipliée ou divisée comme dans cet exemple, $y + 2a$, $y + \frac{3a}{2}$, $y + \frac{5a}{2}$, $y - \frac{ab}{c}$, le quarré donnera toûjours $yy + 4ay + 4aa$, $yy + 3ay + \frac{9aa}{4}$, $yy + 5ay + \frac{25aa}{4}$, $yy - \frac{2aby}{c} + \frac{aabb}{cc}$, où l'on trouve encore le quarré de la premiere & de la seconde grandeur, & le produit de la premiere par le double de la seconde ; car multipliant $2a$, $\frac{3a}{2}$, $\frac{5a}{2}$, $\frac{ab}{c}$, par deux, il vient $4a$, $3a$, $5a$, $\frac{2ab}{c}$, dont le produit par la premiere grandeur y, donne $4ay$, $3ay$, $5ay$, $\frac{2ab}{c}$.

Puisque les coëfficiens sont doubles des racines du second quarré, on peut conclure que toutes les fois que l'on aura le quarré d'un inconnu plus ou moins, cet inconnu multiplié par un coëfficient quelconque, on pourra regarder ce coëfficient comme le double de la racine du quarré, qui manque, pour que l'inconnu se trouve compris dans un quarré parfait, & qu'ainsi *on aura toûjours la racine de ce quarré, en prenant la moitié du coëfficient du second terme.*

Quand il arrive que le coëfficient se trouve composé de plusieurs termes, il faut les suposer n'en valoir tous ensemble qu'un seul ; par exemple, si l'on avoit $yy + \frac{2ay}{3} - \frac{3bdy}{5c} + 2dy + \frac{bby}{d}$, on suposera $\frac{2a}{3} - \frac{bd}{5c} + 2d + \frac{bb}{d} = n$; & comme en multipliant cette équation par y, l'on a $\frac{2ay}{3} - \frac{3bdy}{5c} + 2dy + \frac{bby}{d} = ny$; on pourra mettre ny, à la place de sa valeur ; & au lieu de ce qui précede on aura $yy + ny$ qu'on pourra changer en quarré, en y ajoûtant le quarré de la moitié du coëfficient, c'est-à-dire le quarré de $\frac{n}{2}$, afin d'avoir $yy + ny + \frac{nn}{4}$; & pour éviter les fractions, on peut encore suposer le coëfficient *complexe égal à* $2n$, plûtôt qu'à n seul, parce qu'alors ayant $2ny$, au lieu de ny, le quarré sera $yy + 2ny + nn$.

Fin du premier Livre.

LA SCIENCE DES INGENIEURS
DANS LA CONDUITE DES TRAVAUX
DE FORTIFICATION.

LIVRE SECOND.

Qui traite de la mécanique des Voûtes, pour montrer la maniere de déterminer l'épaisseur de leurs Piés-droits.

I l'on a bien conçû ce que je viens d'enseigner dans le Livre précedent, l'on conviendra sans doute qu'il y a une méthode de considerer les Sujets qui se raportent à l'Architecture, par laquelle on est sûr de ne pas donner dans le faux, dès qu'on saura se servir heureusement des connoissances acquises par l'étude des Mathématiques ; les principes qu'elles nous présentent sont d'une si grande fécondité, qu'il n'y a rien à quoi ils ne soient aplicables, principalement ceux de la mécanique. C'est vainement qu'on voudra nous persuader que la pratique abandonnée à elle-même, peut arriver au point de perfection ; l'experience prouve souvent

A

le contraire, & j'en vais faire voir un exemple au sujet des Voûtes, qui viendra fort à propos, pour faire sentir combien il est de conséquence de ne pas suivre sans examen les principes qui ne sont autorisés que par l'usage; mais avant cela il faut que j'insinuë de quelle maniere se fait la poussée des Voûtes, afin d'examiner si le sentiment qu'on en doit avoir peut s'accorder avec les productions de la pratique.

Comme je serai obligé d'employer encore l'Algebre en parlant des Voûtes, bien des gens qui ne l'entendent point se mettront peut-être de mauvaise humeur de ce que non content d'en avoir rempli tout le premier livre, je m'en sers encore dans le second ; mais je les prie de m'excuser & de lire celui-ci tout de suite, afin de profiter des endroits qui sont faciles à entendre, tels que les applications & la plus grande partie des remarques, en récompense dans le dessein de leur faire ma cour, ils trouveront dans le quatriéme Chapitre des méthodes générales, pour avoir l'épaisseur des Piésdroits de toute sorte de Voûtes par le seul calcul des nombres, sans le mélange d'aucun caractere Algebrique, *moyennant cette condition j'espere que nous vivrons bien ensemble.*

CHAPITRE PREMIER.

Où l'on enseigne comme se fait la poussée des Voûtes.

PLANCH. 4. FIG. 1.

SI l'on considére la Voûte *YAZ*, formée par une quantité de *Voussoirs* égaux, l'on sait que ces Voussoirs quand il s'agit d'une Voûte en plain-ceintre, ont été taillés de maniere que leurs joints prolongés viennent se rencontrer au centre du demi cercle ; ainsi ces Voussoirs étant plus larges à la tête qu'en bas, doivent être regardés comme des *coins* qui s'apuyent & se soûtiennent les uns les autres, & résistent mutuellement à l'effort de leur pésanteur qui les porte à tomber : car nous suposons ici (pour mieux apercevoir l'effet des Voussoirs) qu'ils ne sont entretenus par aucun ciment, & ont la liberté de glisser comme si leurs faces étoient polies, nous suposerons encore que les points O, A, D, F, &c. marquent les centres de *gravité* des Voussoirs, & qu'en commençant par la clef, on a tiré par les points A, & O, une ligne AV perpendiculaire sur la face C ; que par les points A & D, on en a tiré une autre AP, sur la face B ; par les points D & F, on en a tiré une autre DQ, sur la face E ; & qu'on a continué de même, afin d'en

LIVRE II. DE LA MECANIQUE DES VOUTES.

avoir autant que de Vouſſoirs : cela poſé & conſideré, que la *clef* étant ſoûtenuë par les deux Vouſſoirs voiſins, comme par des plans inclinés, elle fait le même effet qu'un *coin*, qui étant chaſſé dans un corps, tend à le partager en deux par un effort qui ſe fait ſelon des directions *AB*, & *AC*, perpendiculaires aux deux plans inclinés *BI*, & *CI*; car l'on peut prendre ici la péſanteur du coin pour la puiſſance qui le chaſſe ; * ainſi les deux puiſſances qui ſoûtiendront les faces *BI* & *CI*, en équilibre contre la force du coin, agiront ſuivant des lignes de direction *AP*, & *AV*, perpendiculaires aux mêmes faces, & comme ces directions viennent ſe rencontrer au centre de gravité *A*, où l'on peut ſuppoſer que la péſanteur du coin eſt réünie, on peut donc dire que ces puiſſances auront beſoin d'autant plus de force que les angles *PAI*, & *VAI*, ſeront plus ouverts, ou ce qui revient au même, que les faces *BI*, & *CI*, ſeront moins inclinés par raport à la verticale *AI*; car ſi elle l'étoit infiniment peu, c'eſt-à-dire, preſque perpendiculaire à l'horiſon, les directions des puiſſances *P* & *V*, ſe trouvant directement opoſées, il leur faudroit une force extrême pour pouvoir ſoûtenir le point péſant *A*, équivalent au Vouſſoir, au lieu que plus les angles qu'elles formeront avec la verticule *AI*, ſeront aigus, & moins elles auront beſoin de force ; puiſqu'alors leurs directions n'étant plus ſi opoſées entr'elles, elles le ſeront davantage à la péſanteur du poids.

* V. le C. art. 810.

Ce que nous venons de voir au ſujet de la clef, pourra auſſi ſe dire des Vouſſoirs *D* & *O*; car le Vouſſoir *D*, par exemple ayant auſſi la figure d'un *coin*, il agira pour écarter les deux faces voiſines ; mais non pas ſi puiſſamment ſur la face *E*, que la clef *A*, fait ſur la face *B*, à cauſe que le plan *EI*, étant plus incliné que le Plan *BI*, par raport à la verticule *AI*, l'angle *QDK*, formé par la ligne de direction *DK*, & la ligne de direction *DQ*, de la puiſſance qui ſeroit en équilibre avec l'effort que fait le Vouſſoir *D*, ſur la face *E*, eſt plus aigu que l'angle *PAI*; de même le Vouſſoir *F*, fera encore moins d'effort contre la face *G*, que le précédent n'en fait contre la face *E*, parce que l'angle *RFL*, eſt encore plus aigu que l'angle *QDK*. Or comme toutes les puiſſances qui ſoûtiendroient les Vouſſoirs depuis la clef juſqu'aux piés-droits agiront toûjours ſelon des directions qui feront des angles plus aigus avec les lignes tirées du centre de gravité des Vouſſoirs, leur force ira donc toûjours en diminuant ; & comme ces puiſſances ont été ſuppoſées équivalentes aux efforts que font les Vouſſoirs, il s'enſuit que ceux-ci pouſſent avec une force qui va toûjours en diminuant depuis la clef juſqu'aux piés-droits.

A ij

Cependant comme le Voussoir D, agit en même tems sur les deux faces E, & B, on voit qu'il ne peut s'apuyer contre la face B, sans s'oposer en partie à l'effort que fait la clef contre cette même face, & que par conséquent il doit arriver une destruction de forces entre la clef & le voussoir D : de même les deux voussoirs F & D, agissants aussi dans un sens oposé eu égard à la face E, il y aura encore une destruction de forces entre ces deux voussoirs, ainsi des autres suivans pris d'eux deux. Il est bien vrai que comme la clef pousse avec plus de force contre la face B, que le voussoir D, n'en a pour la repousser, la destruction de forces ne sera point entiere, il en restera toûjours à la clef une certaine quantité, mais qui ne sera pas si grande qu'elle eût été si le voussoir D, ne faisoit aucun effet sur la face B : de même quoique le voussoir D, soit repoussé par l'autre F, il restera encore à ce premier une certaine quantité de force ; ainsi en général on peut dire qu'un voussoir qui est au-dessus d'un autre, a plus de force pour pousser l'inferieur, que celui-ci n'en a pour le repousser, & comme les voussoirs depuis la clef jusqu'à la naissance de la voûte, vont toûjours en exerceant une moindre partie de leur pésanteur, sur ceux qui sont immediatement dessous l'effort que chaque voussoir fait pour repousser ; celui qui est superieur va toûjours en diminuant à mesure que les plans EI, & GI, sont moins inclinés à l'horison, parce qu'alors ces Plans portent une plus grande partie du poids, par conséquent celle qui tend à glisser fait moins d'effet contre la puissance qui voudroit lui résister, tellement qu'on peut dire que l'effort que tous les voussoirs font de bas en haut, va toûjours en diminuant en venant de la clef vers les piés-droits dans la même raison que l'effort qui se fait du haut en bas.

Comme le résultat de l'effort que les voussoirs font à droit & à gauche de la clef tendra à écarter ce qui leur peut résister, c'est-à-dire les piés-droits, c'est l'effort total de tous ces voussoirs qu'on apelle *poussé*, qui n'agit pourtant pas tout-à-fait comme je viens de l'insinuer, puisqu'il ne paroît pas possible que tous les voussoirs qui composent une Voûte puissent se soûtenir d'eux-même sans être entretenus par du *Ciment* ou *Mortier*, car les voussoirs superieurs ayant plus de force pour pousser les inferieurs, que ceux-ci n'en ont pour les repousser, il est constant que ceux qui auront moins de force seront contrains de s'élever : ce qui laissant la liberté de tomber à ceux qui sont au-dessus, tout l'arrangement des voussoirs se détruiroit, & par conséqnent la Voûte même ; & ce n'est que dans le cas où tous les voussoirs auroient une poussée égale qu'ils se main-

Livre II. de la Mecanique des Voutes.

tiendroient en équilibre sans le secours d'aucune matiere qui les entretiennent ; mais pour cela il faudroit augmenter leur pésanteur, en venant de la clef vers les piés-droits, afin que chacun puisse par son poids résister d'autant plus, que le Plan, sur lequel il est apuyé est moins incliné par raport à celui qui est au-dessus : or puisqu'une Voûte telle que celle qui est representée dans la figure ne pourroit se soûtenir sans ciment, ce n'est donc pas les efforts effectifs des voussoirs qu'il faut considérer, mais seulement la tendance qu'ils ont à agir.

Comme il doit y avoir sur la base de chaque pié-droit un point où vient aboutir l'effort qui se fait à droit & à gauche, on remarquera que ces points répondent necessairement aux angles S & X, qu'on doit regarder comme des *points d'apuy* qui apartiennent à des *léviers*, qui à la vérité ne sont point sensibles aux yeux, mais qui pour cela n'en ont pas moins de réalité, comme on en va juger.

Si la poussée d'une Voûte n'étoit point partagée le long de chaque quart de cercle AY & AZ ; mais qu'elle fut toute réünie à deux points, comme Y & Z, il est constant qu'on auroit de chaque côté un lévier recourbé TSH, & ZXM, dont les *puissances* seroient apliquées aux extrêmités Y & Z, des bras SY & ZX, & les poids qui sont équivalens à la résistance des piés-droits aux extrêmités H & M, des bras SH & XM ; mais comme il y a autant de puissances que de voussoirs, si l'on en excepte les deux Y & Z, qui n'ont point de poussée, il faut donc que chaque puissance ait son lévier particulier, ou que ce lévier soit exprimé par une ligne qui puisse être admise en sa place : Or comme ces lignes ne peuvent être que les perpendiculaires SP, SQ, SR &c. tirées du point d'apui S, sur les directions des puissances qui soûtiendroient les voussoirs, l'on voit clairement à quoi doit se réduire tout le mécanisme qui régne ici, desorte que pour proportionner l'épaisseur des piés-droits, à la poussée d'une Voûte, il faut savoir trouver l'effort que fait chaque voussoir par raport à sa pésanteur absoluë & les perpendiculaires SP, SQ, SR &c.

On peut tirer plusieurs conséquences de ce que nous venons de dire, la premiere que dans une Voûte où l'on suposeroit (comme on l'a fait ici,) que les voussoirs ne sont entretenus par aucun ciment, plus leur tête sera petite, & plus la Voûte aura de poussée ; car ces voussoirs étant regardés comme des coins, ils auront d'autant plus de force, que leur face prolongée feront un angle plus aigu : d'ailleurs les perpendiculaires SP, SQ, SR &c. qui répondent aux puissances qui soûtiennent les premiers voussoirs, devenant plus grande à mesure que les faces de ces voussoirs seront moins inclinées à la verticale *AI*, la longueur des bras des léviers se trouvera augmentée : ce qui donnera plus d'avantage à la poussée des voussoirs.

La seconde, c'est que plus la Voûte aura d'épaisseur, & plus la poussée sera grande, puisque les voussoirs devenant plus longs & par conséquent plus pésans, ils agiront plus puissamment.

La troisiéme, que plus les piés-droits qui soûtiennent une Voûte, seront élevés & plus il leur faudra d'épaisseur pour soûtenir la poussée ; car comme on ne peut augmenter la hauteur des piés-droits sans que les perpendiculaires *SP*, *SQ* &c. ne deviennent aussi plus grandes, il s'ensuit que les bras des léviers qui répondent aux puissances, ou si l'on veut à l'effort de chaque voussoir, se trouvant augmentés, ils auront tous ensemble plus de force pour renverser les piés-droits.

Quoique ceque je viens de dire soit bien naturel, c'est pourtant à quoi les Architectes qui ont parlé des Voûtes n'ont fait aucune attention ; & afin qu'on puisse en juger, *voici comme parle Mr Blondel dans son cours d'Architecture*, qui est le premier qui m'est tombé sous la main. Il faut (*dit-il*) ,, donner des épaisseurs aux piés-
,, droits qui soûtiennent des Voûtes selon la différence des poussées,
,, & c'est ce qui se fait par une régle de pratique en cette maniere.

FIG. 5. 6. & 9.

,, Partagez l'arc en trois parties égales, & menant une des cor-
,, des par le point de l'imposte, prenez en dehors sur la même,
,, continuez une ligne qui lui soit égale, la droite menée à plomb
,, par l'extrêmité de cette ligne, déterminera l'épaisseur du pié-
,, droit ; comme si divisant l'arc *ACDB*, en trois parties égales aux
,, points *CD*, je mene la corde *DB*, passant par le point de l'im-
,, poste en *B*, je n'ai qu'à prendre en dehors sur la même droite
,, continuée, la partie *BE*, égale à *BD*, & menant les deux perpen-
,, diculaires *EG* & *BF*, elles détermineront l'épaisseur du pié-droit
,, *BGEF*, qui sera proportionnée à la poussée de l'arc *ACDB*.

L'on voit que dans cette régle il n'est fait aucune mention de l'épaisseur de la Voûte ni de la hauteur des piés-droits, qui sont pourtant deux circonstances ausquelles il faut avoir égard absolument pour les raisons que j'en ai données plus haut.

PRINCIPE TIRE' DE LA MECANIQUE.

FIG. 2.

2. Il est démontré dans la mécanique que trois puissances *P*, *Q*, *R*, qui tirent ou poussent au tour d'un point *A*, selon des directions *AP*, *AQ*, *AR*, seront en équilibres entr'elles, si après avoir fait

le paralellograme $ABCD$, la puissance P, est exprimée par le côté AB, la puissance Q, par le côté AD, & la puissance R, par la diagonale CA: ou ce qui revient au même, si chaque puissance est exprimée par un des côtés du triangle ABC, parce qu'à la place de AD, l'on pourra prendre BC, qui lui est égal; * supposant donc qu'on soit bien prevenu de cette verité, voici une proposition fondamentale qu'on en peut tirer.

*V. le C. art. 767.

Ayant trois puissances P, Q, R, qui tirent ou poussent toutes trois ensemble au tour du point A, je dis qu'elles seront en équilibres, si la force avec laquelle chacune agit, est exprimée par un des côtés du triangle EFG, qui couperoit en angles droits la ligne de direction de chaque puissance.

Pour le prouver remarquez que si la ligne AO, est perpendiculaire sur le côté EF; & la ligne CF, sur le côté EG (comme nous le suposons) l'on aura les deux triangles AOF & FTE, semblables, puisqu'ils ont chacun un angle droit, & l'angle OFT, qui leur est commun; ainsi l'angle E, sera égal à l'angle OAE. Par un semblable raisonnement on verra aussi que le triangle FAS est semblable au triangle FTG, & que de même l'angle G, sera égal à l'angle FAS; mais comme ce dernier l'est encore à l'angle alterne BCA, il s'ensuit donc que le triangle ABC est semblable au triangle EFG: ainsi les trois côtés du grand triangle pourront donc être pris à la place de ceux du petit, & par conséquent exprimer le raport de chaque puissance dont ils coupent la ligne de direction en angles droits; mais comme nous avons vû que ces trois puissances étoient en équilibre, lorsque leur raport étoit exprimé par les côtés du petit triangle ABC, l'on peut donc dire qu'elles seront encore en équilibre quand leur raport sera exprimé par les côtés du triangle EFG. C. Q. F. D.

COROLLAIRE PREMIER.

3. Il suit que quand on aura trois puissances P, Q, R, qui tirent ou poussent au tour du point H, si elles sont en équilibre, on connoîtra toûjours le raport que ces puissances ont entr'elles, puisqu'on n'aura qu'à couper chaque ligne de direction en angles droits par une ligne tirée à telle distance que l'on voudra du point H; car ces trois lignes venant à se rencontrer, donneront les côtés du triangle IKL, qui exprimeront le raport des puissances; c'est-à-dire, que si l'on supose que la puissance P, soit exprimée par IK, la puissance Q, le sera par KL, & la puissance R, par IL.

Fig. 3.

Corollaire Second.

FIG. 4.
4. Il fuit encore que connoiſſant les trois côtés du triangle *IKL*, avec une des trois puiſſances, on pourra connoître les deux autres puiſſances; car ſi (par exemple) l'on a la puiſſance *P*, & qu'on veüille connoître la ſeconde *Q*, on n'aura qu'à dire comme le côté *KI*, eſt au côté *KL*, ainſi la puiſſance *P*, eſt à la puiſſance *Q*, que l'on trouvera par la régle de proportion auſſi-bien que la troiſiéme puiſſance *R*.

Corolaire Troisie'me.

5. Dans les triangles les ſinus des angles étant dans la même raiſon que leurs côtés opoſés, on peut ajoûter encore que ſi l'on avoit un triangle *IKL*, dont les trois côtés fuſſent en même raiſon que les puiſſances *PQR*, ſi on ne connoiſſoit pas ces côtés, il ſuffiroit de connoître la valeur des angles qui leur ſont opoſés, parce que les ſinus de ces angles pouvant être pris pour les côtés mêmes, ils exprimeront plus exactement le raport en nombre, & par conſéquent les puiſſances, deſorte que ſi on connoiſſoit la valeur de la puiſſance *Q*, & les trois angles *I*, *K*, *L*, on trouvera les deux autres puiſſances *P* & *R*, en ſe ſervant des Tables de Sinus.

Corollaire Quatrie'me.

6. Il fuit enfin que ſi on a trois puiſſances, dont deux priſes enſemble ſoient plus grandes que la troiſiéme, connoiſſant le raport de ces trois puiſſances, on pourra déterminer ſelon quelle direction chaque puiſſance doit tirer ou pouſſer, pour qu'agiſſant toutes enſemble autour d'un point, elles ſoient en équilibre, puiſque pour cela il ne faut que ſe donner trois lignes qui ayent entre elles le même raport que les trois puiſſances en queſtion, enſuite faire un triangle de ces trois lignes; après quoi ſi d'un point quelconque pris dans la ſuperficie du triangle, l'on abbaiſſe des perpendiculaires ſur les côtés, elles détermineront les directions, ou ce qui eſt la même choſe, les angles que les puiſſances doivent former entr'elles.

Remarque premiere.

7. Il n'eſt pas néceſſaire que les trois puiſſances *P*, *Q*, *R*, tirent ou pouſſent toutes trois enſemble le point *H*, pour être en équilibre,

LIVRE II. DE LA MECANIQUE DES VOUTES. 9

équilibre, il peut y en avoir deux qui tirent, & une autre qui le pousse en sens contraire.

Remarque seconde.

8. On prendra garde aussi que ce n'est pas une necessité que les trois côtés du triangle, qui déterminent le raport des puissances, soient coupés par les lignes de directions de ces puissances, ni que le point où ces puissances concourent soit renfermé dans ce triangle, puisqu'il suffit que les côtés prolongés du triangle soient coupés en angles droits ; par exemple, si les côtés du triangle MKN, sont disposés de façon que quelqu'un d'eux, comme KM & KN, étant prolongés vers I & vers L, coupent les directions HP & HQ, à angles droits & que la direction HR, prolongée vers O, aille couper le côté MN, aussi à angles droits, je dis que les côtés du triangle MKN, détermineront encore le raport des puissances, quoique le point H ne soit point dans ce triangle ; car les choses étant telles que nous le supposons, les lignes MN & IL seront paralleles, puisqu'elles sont toutes deux coupées à angles droits par la ligne OR : par consequent le triangle MKN sera semblable à IKL ; or si les côtés de ce dernier expriment le raport des trois puissances PQR, comme nous l'avons fait voir ci-devant, ceux de l'autre MKN, exprimeront aussi le même raport ; ainsi le petit triangle pourra tenir lieu du grand.

Remarque troisiéme.

9. Si l'on avoit un corps F, posé sur un Plan incliné BC, il est FIG. 4. constant que (telle que soit la figure de ce corps) il ne se maintiendra point en repos à moins qu'une puissance Q, ne le soûtienne; or si l'on vouloit savoir quel est le raport de la puissance au poids dans la situation où se trouve cette puissance, il faut considerer d'abord qu'au lieu d'une puissance, nous en pouvons concevoir trois : La premiere sera la pésanteur absoluë du corps, qui tend au centre de la Terre selon une direction FG, qui passant dans son centre de gravité, est perpendiculaire à l'horison ; La seconde sera l'effort que ce corps fait sur le Plan si l'on prolonge la ligne FD jusqu'en R, on peut concevoir la ligne DR comme la direction d'une puissance qui pousse de P en D, pour faire équilibre à l'effort que soûtient le Plan incliné : La troisiéme sera la puissance Q, qui empêche le corps de tomber. Cela posé si l'on prolonge la ligne de direction GF du poids jusqu'en O, & qu'on la coupe à

B

nagles droits par la ligne *HI* ; & de même la direction *EQ*, par la ligne *IK*, on aura le triangle *HIK*, dont le côté *HK* exprimera la puissance *P*, puisqu'il coupe à angles droits la ligne de direction *RF* ; le côté *HI* exprimera la pésanteur absoluë du poids *F* ; & le côté *IK*, la puissance *Q*, dans le cas où le tout seroit en équilibre ; par conséquent on peut dire que la pésanteur absoluë du poids *F*, est à la puissance *Q*, comme le côté *HI*, est au côté *IK* : d'autre part la pésanteur absoluë du poids est à la puissance *Q*, & à l'effort que soûtient le plan incliné, ou la puissance *P*, comme *HI* est à *HK* ; ainsi quand on connoîtra la pésanteur du poids *F*, & le sinus des angles du triangle *HIK*, on pourra donc connoître l'effort que font les deux puissances *P* & *Q*.

Il faut s'apliquer à bien entendre cette derniere remarque rélativement à ce qui a été dit dans les articles qui précédent, parce qu'elle contribuëra beaucoup à faciliter l'intelligence de ce que nous avons à enseigner par la suite ; c'est ainsi que l'esprit préparé à ce qu'on a dessein de lui insinuer, les choses qui lui paroissoient les plus compliquées, lui deviennent sensibles dès qu'il apperçoit quelque jour où il peut se reconnoître.

CHAPITRE SECOND.

De la maniere de calculer l'épaisseur des piés-droits des Voûtes en plain ceintre, pour être en équilibre par leur résistance avec la poussée qu'ils ont à soûtenir.

10. LA nécessité de se servir de mortier dans la construction de la maçonnerie, & principalement dans celle des Voûtes pour lier les Pierres, fait qu'on peut se dispenser de calculer la poussée de tous les voussoirs, chacun en particulier ; il suffit d'en considerer une certaine quantité, comme ne faisant ensemble qu'un seul voussoir, afin d'éviter l'extrême longueur des calculs qu'on seroit obligé de faire, si l'on en usoit autrement ; car les sujets qui se raportent à la pratique doivent être considerés rélativement à ce qu'ils sont dans l'execution, & non pas tout-à-fait comme l'imagination nous les représente ; par exemple, l'on remarque que quand les piés-droits d'une Voûte sont trop foibles pour en soûtenir la poussée, la Voûte se fend vers le milieu *des reins* ; c'est-à-dire entre *l'imposte*

LIVRE II. DE LA MECANIQUE DES VOUTES.

& la *clef*; ainsi ayant une Voûte en plain ceintre *BDI*, dont chaque quart de cercle *BD* & *DI*, soit divisé en deux également au point *C* & *H*, l'experience montre que c'est toûjours aux endroits *FC* & *H* &c. Que la Voûte se désunit quand sa poussée est au-dessus de la résistance des piés-droits. Or puisque le plus foible d'une Voûte est vers le milieu des reins, il est donc naturel de suposer que c'est-là où se fait toute l'action de la poussée, & de considerer les deux parties de la Voûte *CG* & *CE*, (que nous nommerons *voussoirs*) comme ne composant qu'une seule pierre, chacune en particulier, dont l'une *CE* est parfaitement liée avec son pié-droit *BP*, & l'autre *CG* agit comme un coin qui seroit introduit entre les deux plans *FA* & *GA* pour les séparer; ou bien l'on pourra prendre toute la partie superieure *CGH* de la Voûte, qui tend à séparer comme un coin les deux Plans *AF* & *A* &c. & dans ce sens, ce sera cette partie qui causera toute la poussée; la moitié *CG* agira pour écarter le corps *PFCS*, (composé du pié-droit *PB* & du voussoir *EC*, comme je l'ai insinué d'abord) & alors il suffira pour calculer cette poussée de n'avoir égard qu'à la moitié de la Voûte depuis le point d'apui *P*, jusqu'au sommet *DG*, puisque l'on concevra la même chose pour l'autre moitié.

FIG. 7.

Considérant le voussoir supérieur *FD*, comme n'ayant aucune liaison avec le reste de la maçonnerie, la poussée qui se fera à l'égard du point d'apui *P*, sera la plus grande qu'il est possible; puisque dans une Voûte il n'arrive jamais que les voussoirs agissent aussi puissamment qu'ils feroient si leurs joints étoient extrêmement polis, sans trouver d'obstacle de la part du mortier ni du frotement: par conséquent si l'on cherche à proportionner la résistance du piédroit *PB* à cette plus grande poussée, on donnera à la puissance *résistante* une force un peu au-dessus de celle qu'il lui faudroit effectivement pour soûtenir l'effort du voussoir *FD*, dans le cas où il seroit lié avec le reste de la Voûte; ainsi cette suposition ne pouvant que contribuer à la fermeté des piés-droits, il s'ensuit que considérer ici les choses dans la rigueur de la Théorie, c'est leur donner tout l'avantage qu'on peut désirer dans la pratique.

Cela posé si l'on éleve une perpendiculaire *LO* sur le milieu du joint *FC*, cette perpendiculaire exprimera la direction de la puissance qui soûtiendroit l'effort que fait le voussoir *FD*, sur le plan incliné *FA**; de même si sur le milieu du joint *GD* on éleve une autre perpendiculaire *HW*, elle exprimera aussi la direction de la puissance qui soûtiendroit l'effort que feroit le voussoir contre le Plan verticale *GA*: enfin si du point *X*, (que je supose le centre

* Art. 1.

B ij

de gravité du vouſſoir) on abaiſſe une perpendiculaire XY à l'horiſon, elle exprimera la direction, ſuivant laquelle ce vouſſoir tend au centre de la Terre, * par conſéquent nous avons ici trois puiſſances, qui dans l'état d'équilibre ſeront exprimées par les trois côtés du triangle rectangle ALK, * car le côté LK, étant perpendiculaire ſur la direction XY exprimera la péſanteur abſoluë du vouſſoir FD; de même le côté LA étant perpendiculaire ſur la direction LO de la puiſſance O, il exprimera la force de cette puiſſance pour ſoûtenir la pouſſée qui ſe fait ſur le joint FC; enfin la direction HW de la puiſſance W, étant perpendiculaire ſur la ligne GA, le côté KA exprimera l'effort de cette puiſſance; mais comme elle n'entre point ici dans le calcul, nous en ferons abſtraction à l'avenir, pour ne conſidérer que la ſeule puiſſance O, dont le bras de lévier ſera exprimé par la perpendiculaire PO, tiré du point d'appui P ſur la direction LO; prévenu de tout ceci, je ne crois pas qu'on rencontre aucune difficulté à bien entendre les propoſitions qui vont faire l'objet de ce Chapitre.

* Art. 9.
* Art. 2. & 3.

PROPOSITION PREMIÈRE.

PROBLÈME.

Trouver l'épaiſſeur qu'il faut donner aux piés-droits des Voûtes en plain ceintre, pour être en équilibre par leur réſiſtance avec la pouſſée qu'ils ont à ſoûtenir.

FIG. 7.

11. Ayant mené par le point L milieu de FC, la ligne MK paralelle à ZA, & prolongé PZ juſqu'en M, & abaiſſé la perpendiculaire LV ſur AB, nous nommerons LK, ou KA, a; LA, b; BV, c; ZP, d; ZB ou PS, y; ainſi ML ou MN, ſera $y + c$, & MP ſera $a + d$, par conſéquent NP ſera $a + d - c - y$; & ſi l'on ſuppoſe $a + d - c = f$, l'on aura $f - y$, pour la valeur de NP: la ſuperficie de chaque vouſſoir CG & CE, ſera nommée m; enfin ſi du centre de gravité Q, du vouſſoir CE, l'on abaiſſe la perpendiculaire QR, ſur la baſe PS, RS ſera nommé g; par conſéquent PR ſera $y - g$.

Cela poſé, la première choſe qu'il faut chercher eſt l'expreſſion du bras de lévier PO; pour cela conſidérés que les triangles LKA & NOP, ſont ſemblables, puiſqu'ils ſont rectangles & izocelles, & que par conſéquent $LA (b). LK (a) :: NP (f - y.) PO \frac{(af - ay)}{b}$.

D'un autre côté remarquez que la péſanteur abſoluë du vouſſoir ED

LIVRE II. DE LA MECANIQUE DES VOUTES. 13

est à l'effort que soûtient le joint FC, ou la puissance O, comme LK est à LA, * ou bien, $ab :: nm . \frac{bnn}{a}$: ainsi multipliant $\frac{bnn}{a}$ (qui est l'expression de la puissance O) par son bras de lévier PO, l'on aura $nnf - nny$ pour la poussée de la Voûte par raport au point d'apui P; & comme nous voulons mettre cette poussée en équilibre avec la résistance du pié-droit joint au voussoir EC, il faut multiplier la superficie du rectangle PB qui est dy, par le bras de lévier PT ($\frac{y}{2}$) moitié de PS pour avoir $\frac{dyy}{2}$; & comme nous avons encore le voussoir EC, dont la ligne de direction QR, tirée du centre de gravité perpendiculaire sur PS marque que PR ($y - g$) est le bras de lévier qui répond à l'action de ce voussoir, il faut donc multiplier nn par $y - g$ pour avoir $nny - nng$, qui étant ajoûté avec $\frac{dyy}{2}$, donnera une expression égale à la puissance résistante ; par conséquent l'on a cette équation $nnf - nny = \frac{dyy}{2} + nny - nng$, d'où faisant passer du premier membre dans le second, le terme où se trouvera l'inconnu, & du second dans le premier, le terme où l'inconnu ne se trouve point, l'on aura après avoir multiplié par 2 & divisé par d, $\frac{2nnf + 2nng}{d} = yy + \frac{4nny}{d}$, qui est une équation dont il sera aisé d'avoir la valeur de l'inconnu, en ajoutant à chaque membre le quarré de la moitié du coëficient du second terme, afin de rendre le second membre un quarré parfait ; & alors il viendra $\frac{2nnf + 2nng}{d} + \frac{4n^4}{dd}$ $= yy + \frac{4nny}{d} + \frac{4n^4}{dd}$, dont extrayant la racine quarrée & dégageant l'inconnu, il vient $\frac{\sqrt{2nnf + 2nng}}{d} + \frac{4n^4}{dd} - \frac{2nn}{d} = y$.

* Art. 4.

APLICATION.

Quand on est une fois parvenu à trouver une expression qui donne la valeur de l'inconnu, il n'y a plus qu'à faire par les nombres ce que la derniere équation nous a indiqué, cependant comme les calculs, tout aisés qu'ils sont, pourroient embarrasser ceux qui n'en ont point l'habitude, je vais comme dans le Livre précédent en détailler les opérations.

Nous suposerons que le rayon AB est de 12 pieds; que le rayon

AE est de 15 : par conséquent la Voûte en aura 3 d'épaisseur : ainsi AL (b) sera de 13 pieds 6 pouces, LK ou KA (a) de 9 pieds 10 pouces, & BV (c) sera de 2 pieds 2 pouces ; nous suposerons aussi que ZP (d) ou la hauteur des piés-droits est de 15 pieds, & que RS (g) est d'un pied ; & selon toutes ces supositions $a + d - c = f$ sera de 22 pieds 2 pouces : de sorte que $f + g$ sera 23 pieds 2 pouces ; or comme il ne nous reste plus que de connoître nn, il n'y a qu'à chercher la superficie des deux cercles qui auroient pour rayons AC & AF ; c'est-à-dire, 12 & 15 pieds, ôter la plus petite de la plus grande, & prendre la huitiéme partie de la différence qu'on trouvera d'environ 32 pieds, qui sera la valeur de nn ; c'est-à-dire, de chaque voussoir CG ou CE. Présentement que l'on connoît la valeur de toutes les lettres, il ne s'agit plus que de faire les mêmes opétations que celles qui sont indiquées dans l'équation $\frac{\sqrt{2nnf + 2nng}}{d} + \frac{4nn4}{dd} - \frac{2nn}{d} = y$, dans laquelle je remarque que $f + g$ est multiplié par $2nn$. Or comme $f + g$ vaut 23 pieds 2 pouces, & nn, 23 pieds dont le *double* est 64, je multiplie donc 64 par 23 pieds 2 pouces, & je divise le produit par la valeur de d, qui est 15, & le quotient donne 98 pieds 10 pouces : ensuite je remarque que le troisiéme terme de mon équation est le quarré de $\frac{2nn}{d}$; c'est-à-dire, de 64 divisé par 15, qui donne 18, qui étant ajoûté avec 98 pieds 10 pouces, l'on aura 116 pieds 10 pouces, dont il faut extraire la racine quarrée que l'on trouvera de 10 pieds 9 pouces 7 lignes ; mais comme l'on voit dans l'équation qu'il faut ôter de cette racine $\frac{2nn}{d}$, il faudra donc soustraire sa valeur, c'est-à-dire, 4 pieds 3 pouces de 10 pieds 9 pouces 7 lignes, & la différence qui est 6 pieds 6 pouces 7 lignes, sera la valeur de y ; c'est-à-dire, l'épaisseur PS qu'il faudra donner aux piés-droits de la Voûte dont il s'agit pour être en équilibre avec la poussée.

On prendra garde que l'épaisseur que l'on vient de trouver n'est pas celle que je prétend qu'il faut donner au pié-droit d'une Voûte qui auroit les mêmes dimensions que celle qu'on a suposé ici, puisqu'après avoir trouvé le point d'équilibre, il faut comme on l'a dit plusieurs fois dans le Livre précedent, mettre toûjours la puissance résistante au-dessus de la poussée, afin d'agir en toute sûreté, ce qui se fera en donnant au pié-droit 5 ou 6 pouces d'épaisseur de plus que n'en demande le calcul, ou bien en ajoûtant des contreforts comme nous en ferons mention ailleurs.

Remarque première.

12. Quand on a trouvé une expression Algebrique qui marque la pouſſée d'une Voûte, il eſt facile de réſoudre pluſieurs cas qu'on peut propoſer au ſujet des Bâtimens dans leſquels on doit faire des Voûtes, en voici un autres qui ſe rencontre fort ſouvent. Fig. 8.

On a deſſein de faire une Voûte *ELM* élevée ſur des piés-droits *EA* & *MN*, & l'on veut faire au-deſſus de la Voûte un Bâtiment, ſoit pour la couvrir contre les injures du tems, ou pour y pratiquer quelque logement, ainſi qu'on le fait au-deſſus du paſſage des Portes des Villes; pour cela on ſera obligé d'élever à droit & à gauche deux pignons *IG* & *OP* ſur les piés-droits, qui étant chargés de ces deux nouveaux corps de Maçonnerie, n'auront pas beſoin de tant d'épaiſſeur que s'ils n'avoient que leur hauteur naturelle; on demande donc (étant prévenu de la hauteur *IF* & de l'épaiſſeur *IK*, que doivent avoir les murs qu'on veut élever en même tems que les piés-droits) Qu'elle doit être l'épaiſſeur *AB*, pour que le tout ſoit en équilibre?

Nous ſupoſerons pour plus de facilité que le mur *IG* ſera élevé ſur le milieu du pié-droit; enſorte que les centres de gravité *H* & *Q* des deux murs *IG* & *DB* ſoient dans la même ligne *HC* qui tombe ſur le milieu de *AB*, & que la Voûte dont il eſt queſtion, a les mêmes dimenſions que cy-devant, & nommée par les mêmes Lettres : cela poſé, il eſt certain que ſi on ne faiſoit pas mention comme dans la figure précédente du mur *IG*, la réſiſtance du pié-droit ſeroit exprimée par $\frac{dyy}{2} + nny - nng$; mais comme il faut y ajoûter le poids de ce mur, multiplié par le bras de lèvier *AC*, ſi on nomme *IF*, h; & *IK*, r; l'on aura donc $\frac{dyy}{2} + nny + \frac{hry}{2} - nng$ pour la réſiſtance d'un pié-droit de la Voûte qui devant être en équilibre avec la pouſſée, par conſéquent cette équation $\frac{ddy}{2} + nny + \frac{hry}{2} - nng = nnf - nny$, qui ne differe de celle que nous avons vû ci-devant que du ſeul terme $\frac{hry}{2}$; c'eſt pourquoi faiſant les mêmes choſes qu'on a déja faite pour dégager l'inconnu, & pour en avoir la valeur en nombre; l'on trouvera en déterminant les dimenſions h & r; combien il faudra donner de moins à l'épaiſſeur des piés-droits que dans le cas précédent.

Remarque seconde.

13. Nous venons de suposer que *l'extradose* de la Voûte sur laquelle nous avons operé, étoit circulaire parce qu'il s'en rencontre qui ont cette figure; mais comme dans les Places de Guerre les Voûtes des souterrains & celles des Magasins à poudre ont toûjours leurs extradoses terminés en *dos d'âne*, pour l'écoulement des eaux de pluye, & pour qu'elles résistent mieux en tems de Siége au choc des bombes, il est bon de nous arrêter ici un moment pour faire voir qu'on trouvera l'épaisseur des piés-droits de ces sortes de Voûtes de la même maniere que dans le Problème précédent.

FIG. 10.

Prenant pour exemple le Profil d'un Magasin à Poudre, il faut être prévenu que pour mettre ces sortes d'édifices à l'épreuve de la Bombe, on donne ordinairement à la Voûte 3 pieds d'épaisseur au milieu des reins; c'est-à-dire, qu'ayant divisé le quart de cercle BD, en deux également au point C, on prolonge le rayon AC, jusqu'en F, ensorte que CF, soit de 3 pieds: & afin de bien diriger les pantes GH, & GI, on les fait perpendiculaires sur le rayon AF, & alors elles forment un angle droit HGI, au sommet, qui est l'angle qui convient le mieux pour ne point rendre le Magasin trop élevé ni trop écrasé.

Cela posé si l'on supose le rayon AB, de 12 pieds; la ligne AF, de 15; & la hauteur du pié-droit ZP aussi de 15, nous aurons les mêmes lignes que ci-devant, & chacune sera exprimée par les mêmes lettres & les mêmes nombres, & il n'y aura que les deux parties égales $CFGD$ & $CFHB$ de la Voûte qui seront differentes, étant beaucoup plus considérables : ce qui changera la valeur de m.

Les triangles LKA & NOP, étant ensemble l'on aura $LA\,(b)$ $LK\,(a)$ :: $NP\,(f-y)$. $PO\,(\frac{af-ay}{b})$ & comme la partie $CFGD$ de la Voûte agit toûjours sur le joint FC ou sur la puissance O, dont la direction OL est perpendiculaire sur le milieu du joint FC, l'expression de cette puissance sera encore $\frac{nnb}{4}$, laquelle étant multipliée par son bras de lévier PO, il vient $nnf - nny$ pour la poussée de la Voûte par raport au point d'apui P.

D'un autre côté la résistance du pié-droit sera le produit de sa superficie par la moitié de la base PS, qui donne $\frac{dyy}{2}$, à quoi ajoûtant le produit de la superficie de la partie $CFHB$ par son bras de lévier $PR\,(y-g)$ l'on aura $\frac{dyy}{2} + nny - nng$ pour l'expression de la puissance

LIVRE II. DE LA MECANIQUE DES VOUTES. 17

puissance résistante ; par conséquent cette équation $nnf - nny = \frac{dyy}{2} + nny - nng$, qui étant la même que celle qu'on a trouvé dans la proposition précédente, se réduira à $\frac{\sqrt{2nnf + 2nng}}{d} + \frac{4n^4}{dd}$ $- \frac{2nn}{d} = y$, qui donnera la valeur de l'inconnu en suivant ce qui a été enseigné dans l'aplication.

On remarquera comme je l'ai déja dit qu'il faudra chercher une nouvelle valeur de *nn*, ce qui est bien aisé ; car comme l'on connoît les côtés *AF* & *FG*, du triangle rectangle *FGA*, aussi-bien que le rayon *AC*, on n'aura qu'à retrancher le secteur *ACD*, du triangle, la difference sera la valeur de la partie *CFGD*, ou de *nn*, que l'on trouvera de 56 pieds.

On prendra garde aussi que la partie *FHBC*, de la Voûte qui est unie avec le pié-droit étant d'une figure différente que dans le Probléme précédent, le centre de gravité *Q*, ne sera point dans la même position par raport à la base *PS*, puisque la ligne *RS*, sera nécessairement plus grande que dans la figure 7. ce qui fait que la valeur de *g*, ne peut être d'un pied comme nous l'avons suposé ci-devant ; aussi l'ai-je estimé de 18 pouces : or si l'on a egard à tout ce que je viens de dire, on trouvera en faisant le calcul numerique, que l'épaisseur *PS*, des piés-droits doit être de 7 pied 8 pouces 6 lignes dans l'état d'équilibre.

Remarque troisiéme.

14. Mais si l'on avoit une Voûte *BDH*, dont le dessus fut terminé par un Plan horizontal *QX*, il est constant que prolongeant les rayons *AC* & *AY*, (qui divisent les quarts de cercles *DB* & *DH*, en deux également jusqu'à la rencontre de la ligne *QX*) la partie superieure *CWIYD*, de la Voûte exercera toute la poussée que doivent soûtenir les piés-droits : or voulant savoir l'épaisseur qu'il faut leur donner, je prolonge *SB* jusqu'en *R*, & considere le rectangle *PQRS*, comme le pié-droit qui répond au Voussoir *CWGD*; mais dira-t'on ; ce voussoir anticipe sur le pié-droit de tout le triangle *FWR*, par conséquent le pié-droit a plus de superficie qu'il ne devroit avoir : cela est vrai ; mais aussi je compte de faire abstraction du triangle mixte *BFC*, qui apartient naturellement au pié-droit, afin d'éviter les petites circonstances qui pourroient rendre le Problème embarrassant; ainsi pour le ramener à la proposition pré-

Fig. 11.

C

cédente, je prends la partie CF égale à DG, & j'éléve sur son milieu L la perpendiculaire LO, pour marquer la direction de la puissance O, & je tire les lignes MK & LV comme ci-devant, & les nomme aussi-bien que les autres par les mêmes lettres dont on s'est déja servies excepté MP que nous nommerons f: cela posé, remarquez que les triangles semblables LKA & PON donne LA (b). LK (a) :: PN ($f - c - y$). PO ($\frac{af - ac - ay}{b}$), & que la pésanteur absoluë du voussoir CWGD (nn) est encore à la poussée, ou si l'on veut à l'effort de la puissance O, comme LK (a) est à LA (b); ce qui donne toûjours $\frac{nnb}{a}$ pour l'expression de cette puissance, qui étant multipliée par son bras de lévier PO, l'on aura $fnn - cnn - ynn$, pour le produit qui doit être égal dans l'état d'équilibre à la pésanteur du pié-droit PQRS, multiplié par son bras de lévier PT; ainsi ayant nommé QP, d; & PS, y; l'on aura $\frac{dyy}{2}$ pour la résistance du pié-droit, par conséquent cette équation $fnn - cnn - ynn = \frac{dyy}{2}$, qui étant multiplié par 2, & divisé par d, donne $2fnn - 2cnn = yy + \frac{2nny}{d}$, de laquelle dégageant l'inconnu, il vient $\sqrt{\frac{2fnn - 2cnn}{d} + \frac{n^4}{dd}} - \frac{nn}{d} = y$.

Si l'on supose présentement le rayon AB de 12 pieds; GD, de 3; BS, de 15; QP (d) sera de 30; LK ou LV (a) sera de 9 pieds 10 pouces; MP (f) de 24 pieds 10 pouces; BV (c) de 2 pieds 2 pouces; & nn sera de 5,6 pieds: or si l'on fait toutes les opérations qui sont indiquées dans la derniere équation, l'on trouvera que l'épaisseur PS du pié-droit, c'est-à-dire y, doit être de 7 pieds 6 pouces, pour être en équilibre avec la poussée de la Voûte.

15. Je suis bien-aise de faire observer ici en passant que toutes les fois que nous avons multiplié l'expression de la puissance O, c'est-à-dire $\frac{nnb}{a}$ par son bras de lévier PO ($\frac{af - ac - ay}{b}$) les lettres a & b, se sont évanouïes, n'étant resté pour le produit que $fnn - cnn - ynn$, qui n'est autre chose que celui de $f - c - y$ par nn; or comme $f - c - y$, est l'expression de l'hipotenuse NP du triangle rectangle PON, & nn la superficie du voussoir CWGD l'on peut donc tirer cette conséquence qui est que " toutes les fois que
„ le triangle LKO sera semblable au triangle PON, on n'aura qu'à
„ multiplier l'expression de la pésanteur absoluë du voussoir par celle

Livre II. de la Mecanique des Voutes, 19
„ de l'hipotenuse *NP*; pour avoir la poussée de la Voûte par raport
„ au point d'apui *P*, *sans être obligé de faire aucune analogie ; c'est ce*
que nous suivrons à l'avenir pour abreger les opérations ; mais " l'on fera
„ attention que ceci n'a lieu que quand il est question d'une Voûte
„ en plein ceintre.

Remarque quatriéme.

16. L'on remarquera encore que (si l'on vouloit construire un
édifice où l'on seroit obligé de faire plusieurs Voûtes les unes sur PLANCH.
les autres soûtenuës par les mêmes piés-droits) il n'y auroit pas plus 3.
de difficulté à trouver l'épaisseur de ses piés-droits, que l'on n'en Fig. 2.
a eu dans les cas précédens ; il arrivera seulement que les calculs
seront un peu plus composés, comme on en va juger.

Si l'on considere le profil répresenté par la Figure 2. l'on verra
qu'on y supose deux étages : le premier qui est couvert par deux
Voûtes de même grandeur, pourra être pris si l'on veut pour un
soûterrain ; au-dessus duquel est un magasin qui compose le second
étage; & comme ce magasin est couvert par une Voûte qui est soûtenuë par les mêmes piés-droits que celle du soûterrain, la poussée des
deux Voûtes répondra au même point d'apui *P* ; par conséquent si
on divise les quarts de cercles *BD* & *WQ* en deux également, &
qu'on éleve aux points *L* & *X*, les perpendiculaires *LO* & *XE*, elles
répresenteront comme à l'ordinaire la direction des puissances qui
soûtiendroient en équilibre la poussée des voussoirs *LG* & *XQ* ; par
conséquent si du point d'apui *P* l'on abaisse sur ces directions les
perpendiculaires *PO* & *PE*, l'on aura d'une part le triangle *LKA* semblable à *PON*, & de l'autre le triangle *XIS* semblable à *PEH* ; or
pour avoir la poussée des deux voussoirs *LG* & *XQ*, on n'aura qu'à
multiplier la superficie du premier *LG* par l'hipotenuse *NP* du triangle rectangle *PON*, & celle du second *XQ* par l'hipotenuse *PH*
du triangle *PEH*, & ajoûter ces deux produits ensemble ; ainsi nommant *LV* ou *MZ*, *a*; *BV*, *c*; *ZP*, *d*; *MP* sera $a+d$; & *ZB* étant
toûjours *y*, *ML** ou *MN* sera $y+c$; par conséquent *NP* sera $a+d$ * Art. 15.
$-c-y$; & si l'on supose pour abreger $a+d-c=f$, *NP* sera
$f-y$ qui étant multiplié par *nn* superficie du voussoir *LG*, l'on aura
$nnf-nny$ pour le premier produit (c'est-à-dire) pour l'expression
de la poussée de la Voûte superieure, de même si on nomme *WY*
b; & *RP*:*h*; *RX* ou *RH* sera $y+b$, par conséquent *HP* sera $h-b$
$-y$, Et suposant encore pour abreger $h-b=p$ *HP* sera $p-y$
qui étant multiplié par la superficie du voussoir *XQ* que nous nommerons *qq*, l'on aura $pqq-qqy$ pour le second produit, ou si l'on

C ij

veut pour la pouſſée de la Voûte inférieure, qui étant ajoûtée avec celle de la ſuperieure, il viendra $nnf - nny + pqq - qqy$ pour la pouſſée que ſoûtient le pié-droit PB: & comme la réſiſtance du pié-droit jointe au vouſſoir ZLB, eſt exprimée comme ci-devant par $\frac{ddy}{2} - nny - nng$ (car nous faiſons abſtraction de la partie XW de la Voûte du ſoûterrain, parce que cette partie ſe trouve preſque entierement enclavée dans le pié-droit) l'on aura donc cette équation $nnf - nny + pqq - qqy = \frac{dyy}{2} + nny - nng$; d'où faiſant paſſer dans le ſecond membre les termes où ſe trouvent l'inconnu, & du ſecond dans le premier ceux ou l'inconnu ne ſe trouve point, l'on aura $nnf + \frac{nng + pqq}{d} = \frac{yy}{2} + \frac{2nny + qqy}{d}$ après avoir diviſé par d; & ſi l'on ſupoſe $\frac{2nn + qq}{d} = r$, mettant r à la place de ſa valeur multipliant toute l'équation par 2, & faiſant du ſecond membre un quarré parfait, l'on aura $2nng + 2nnf + 2pqq + rr = yy + 2ry + rr$, d'où dégageant l'inconnu il vient enfin $\sqrt{2nng + 2nnf + 2pqq + rr} - r = y$, qui donne en terme connu la valeur de y; ainſi l'on n'aura qu'à déterminer ſi l'on veut les dimenſions de la figure pour avoir la valeur des lettres & enſuite faire avec les nombres les mêmes opérations que celles qui ſont indiquées dans l'équation, & l'on trouvera l'épaiſſeur qu'il faut donner aux piés-droits pour être en équilibre avec la pouſſée des deux Voûtes.

Quand les Voûtes ſont couvertes par une ſurface horiſontale ſervant de rez-de-Chauſſée à l'étage qui eſt au-deſſus, il n'eſt pas néceſſaire d'avoir égard aux poids des terres ou des autres matériaux qu'on met au-deſſus des reins pour remplir les vuides ; car comme ces matériaux agiſſent dans un ſens perpendiculaire, ils font un effort qui diminuë en quelque façon la pouſſée puiſqu'ils aident les piés-droits à y réſiſter : ainſi il ſuffira de conſidérer la Voûte pour en avoir les piés-droits, comme s'il n'étoit pas queſtion de cette nouvelle charge, c'eſt pourquoi je n'en ai pas fait mention dans les calculs précédens.

Remarque cinquième.

PLANCH. 5.
FIG. 1.

Il ſe fait quelquefois des Voûtes dont *l'impoſte* ſaille au-delà du mur, & alors cette Voûte eſt nommée *encorbeillement*, parce qu'elle eſt portée par des corbeaux de Pierre : telle eſt la Voûte en plain

LIVRE II. DE LA MECANIQUE DES VOUTES. 21

ceintre BDH, qui repose sur les corbeaux BE & HX, dont la saillie EB & HX est à peu-près égale à l'épaisseur de la Voûte : comme cette construction n'est guére solide, je me garderai bien de la proposer pour modele principalement dans les ouvrages de Fortifications, où il faut que les Voûtes soient d'une certaine épaisseur & solidément établies : mon dessein est seulement de montrer qu'elle a beaucoup moins de poussée, que si elle reposoit directement sur les piés-droits comme à l'ordinaire, & qu'on peut la mettre en usage dans les bâtimens civils, quand on veut voûter quelqu'endroit dont les murs qui doivent servir de piés-droits, se trouvent tous faits mais trop foibles parce qu'ils peuvent avoir été bâtis anciennement sans qu'on ait eu en vûë de leur faire porter une Voûte.

Or pour juger de combien cet encorbeillement soulage les piés-droits, nous tirerons les lignes comme à l'ordinaire & nous nommerons CV, c; ZC ou PS, y; ZP, d; MP, f; SR, g; ainsi ML ou MN sera $y + c$; & par conséquent NP sera $f - c - y$, & comme nous suposons, que la superficie de chaque voussoir LGD ou LCB est toûjours exprimée par nn il s'ensuit par l'article 15. que multipliant nn par NP ($f - c - y$) on aura $fnn - cnn - nny$, pour la poussée de la Voûte ; d'un autre côté la résistance des piés-droits sera toûjours $\frac{dyy}{2}$, à quoi ajoûtant celle du voussoir CLB qui est le produit de nn par le bras de lévier PR ($y + g$) l'on aura cette équation $fnn - cnn - nny = \frac{dyy}{2} + ynn + gnn$, ou bien $\frac{2fnn - 2cnn - 2gnn}{d} = yy + \frac{4nny}{d}$ après avoir fait la réduction, multiplié par 2 & divisé par d, or si l'on change le second membre en un quarré parfait & qu'on dégage ensuite l'inconnu il viendra $\sqrt{\frac{2fnn - 2cnn - 2gnn}{d} + \frac{4n^4}{dd}} - \frac{2nn}{d} = y$.

Pour connoître la valeur de l'inconnu, nous suposerons que le rayon AB est de 12 pieds, que la Voûte en a trois d'épaisseur, que les piés-droits ont 15 pieds de hauteur, & que la ligne SR (g) est de 2 pieds, ainsi on trouvera que MP (f) vaut 24 pieds 10 pouces & que EV (c) vaut 5 pieds 2 pouces ; or puisqu'on a la valeur de toutes les lettres qui se trouvent dans le premier membre de l'équation précédente, on trouvera en faisant les opérations qui y sont indiquées, que l'épaisseur des piés-droits doit être de 5 pieds 5 pouces ; & comme nous avons vû dans l'art. 11. que les piés-droits d'une Voûte qui auroit les mêmes dimensions que celle-ci sans être soûtenuë par des corbeaux, devoit avoir 6 pieds 6 pouces 7 lignes d'épaiſſeur, il s'enſuit que l'encorbeillement donnera 1 pied 1 pouce 7 lignes pour la différence de l'épaiſſeur des piés-droits.

On fera attention (quand on fait des Voûtes par encorbeillement) de charger les piés-droits d'une bonne maçonnerie *IT* pour maintenir ſolidement la queuë des pierres qui compoſent les corbeaux, afin d'avoir un contre-poids qui faſſe équilibre à celui de la Voûte.

PROPOSITION SECONDE.

PROBLE'ME.

Trouver quelle épaiſſeur il faut donner aux piés-droits d'une Voûte lorſque ces piés-droits auront un talud déterminé.

17. Nous avons ſupoſé juſqu'ici que les piés-droits des Voûtes étoient élevés à plomb des deux côtés, parce qu'il n'arrive guére qu'on les faſſe autrement; cependant ſi on ſe rapelle ce qui a été dit dans le premier Livre, l'on verra que leur donnant un peu de talud du côté opoſé à la pouſſée, on pourra avec moins de Maçonnerie les mettre en état de ſoûtenir la pouſſée de la Voûte & c'eſt ce que l'on ſe propoſe d'expliquer ici afin de ne rien négliger de tout ce qui peut interreſſer le ſujet que je traite.

Pour trouver l'épaiſſeur *ZB* ou *PS* du pié-droit *PB* auquel on ſe propoſe de donner un talud exprimé par *FZ* ou *PX*, je tire toutes les lignes qu'on a tirées dans les Figures précédentes, & je nomme *KA* ou *MF*, a; *FZ* ou *PX*, b; *BV*, c; *ZX* ou *FP*, d *ZB*, y; ainſi *FV* ou *ML* ou *MN* ſera $b + c + y$; & *MP* $a + d$, par conſéquent *NP* ſera $a + d - b - c - y$; & ſupoſant $a + d - b - c = f$, *NP* ſera $f - y$; or comme les triangles *LKA* & *PON* ſont ſemblables, multipliant $f - y$ par nn; c'eſt-à-dire par la ſuperficie du vouſſoir *LGD*, on aura $nnf - nny$ pour l'expreſſion de la pouſſée de la Voûte par raport au point d'apui *P*.

Preſentement pour avoir celle de la réſiſtance du pié-droit, je conſidére que la ſuperficie du triangle rectangle *PZX* eſt $\frac{bd}{2}$ & que ſi la ligne *PY* eſt les deux tiers de *PX*, le point *Y* ſera celui ou on pourra réünir la ſuperficie du triangle; ainſi multipliant $\frac{bd}{a}$ par $\frac{2b}{3}$, l'on aura après la réduction $\frac{bbd}{3}$ pour le produit de la ſuperficie du

FIG. 3.

LIVRE II. DE LA MECANIQUE DES VOUTES.

triangle par le bras de lévier PY, je multiplie de même la superficie du rectangle $XZBS$ (dy) par le bras de lévier PT ($b + \frac{y}{2}$) pour avoir $bdy + \frac{dyy}{2}$: enfin comme le centre de gravité Q du voussoir ELB répond au point R, je multiplie sa superficie nn par le bras de lévier PR; c'est-à-dire par $b + y - g$ (car je suppose toûjours $RS = g$) & le produit donne $bnn + ynn - gnn$; or ajoûtant ensemble ces trois produits, l'on aura la résistance du pié-droit, par conséquent cette équation $fnn - nny = \frac{bbd}{3} + bdy + \frac{dyy}{2} + bnn + nny - gnn$, ou bien $\frac{fnn - bnn + gnn}{d} + \frac{bb}{3} = \frac{yy}{2} + \frac{2nny}{d} + by$, (après avoir divisé par d, & fait passer dans les mêmes membres les termes où se trouvent l'inconnu.) Or si l'on suppose $\frac{2nn}{d} + b = p$, & qu'on mette p à la place de sa valeur, on pourra du second membre en faire un quarré parfait & dégager l'inconnu comme à l'ordinaire pour avoir cette derniere équation $\frac{\sqrt{2fnn + 2gnn - 2bnn}}{d} - \frac{2bb}{3} + pp - p = y$.

APLICATION.

Suposant la hauteur du pié-droit FP, (d) de 15 pieds, & son talud que EZ (b) de 3, KA (a) sera de 9 pieds 10 pouces, BV (c) de 2 pieds 2 pouces, ainsi $a + d - b - c$ c'est-à-dire f sera de 19 pieds 8 pouces, & la superficie du voussoir LGD de 32 pieds; or pour avoir la valeur de p qui est la seule lettre qui nous reste à connoître, je me rapelle qu'on a suposé $\frac{2nnd}{d} + b = p$, & comme $\frac{2nn}{d}$ vaut 4 pieds 3 pouces, & b 3 pieds; p vaudra donc 7 pieds 3 pouces; ainsi ayant la valeur de toutes les lettres, je fais avec les nombres les mêmes opérations qui sont indiquées dans l'équation $\frac{\sqrt{2fnn + 2gnn - 2bnn}}{d} - \frac{2bb}{3} + pp - p = y$; & je trouve que y où si l'on veut l'épaisseur de ZB est de 3 pieds 9 pouces 3 lignes; c'est-à-dire que si l'on donne 3 pieds de talud au pié-droit & 3 pieds 9 pouces 3 lignes d'épaisseur au sommet, ils seront en équilibre par leur résistance avec la poussée de la Voûte.

Remarque premiere.

18. Pour juger combien il faudroit moins de Maçonnerie pour les piés-droits de la Voûte que nous venons de calculer, que pour ceux du premier Plobléme, il n'y a qu'à comparer l'épaisseur du Profil de l'un, avec celle du Profil de l'autre, puisqu'ils ont la même hauteur : pour cela j'ajoûte les lignes ZB & Ps ensemble; c'est-à-dire 3 pieds 9 pouces 3 lignes, & 6 pieds 9 pouces 3 lignes, & prens la moitié de la somme qui est de 5 pieds 3 pouces 3 lignes pour l'épaisseur réduite, qui étant comparé avec 6 pieds 6 pouces 7 lignes, épaisseur des piés-droits du premier Probléme, la différence sera d'un pied trois pouces 4 lignes : ce qui fait voir qu'en donnant au pié-droit un talud tel que nous l'avons supofé, on employera environ un cinquiéme moins de Maçonnerie, que si l'on avoit fait ces piés-droits à plomb des deux côtés.

Remarque seconde.

19. Quand on a trouvé, comme dans le premier Probléme l'épaisseur qu'il faut donner aux piés-droits d'une Voûte, pour être en équilibre avec la pousfée, on peut sans augmenter la dépense mettre la résistance des piés-droits beaucoup au-dessus de la poussée afin d'être sur que quelque chose qui arrive, les piés-droits demeureront inébranlables : pour cela il ne faut que diminuer un peu l'épaisseur des piés-droits au sommet & augmenter celle de la base de la même quantité ; par exemple si l'on a trouvé qu'il falloit 7 pieds d'épaisseur aux piés-droits, on en donnera 6 au sommet & 8 à la base.

Les murs qui sont exposés à l'injure de l'air, & qui ont un talud étant plus sujets à être dégradés que ceux qui n'en ont point, on ne manquera pas de dire que dans la pratique on fera peu d'attention à l'avantage que je prétend en tirer : l'on prendra là-dessus le parti qu'on jugera à propos, ce que l'on vient d'enseigner n'en sera pas moins vrai.

PROPOSITION

Livre II. de la Mecanique des Voûtes. 25

PROPOSITION TROISIE'ME.

PROBLE'ME.

Trouver l'épaiſſeur qu'il faut donner aux piés-droits des Voûtes lorſque ces piés-droits ſont accompagnés de contreforts.

Je ſupoſe qu'il eſt queſtion de conſtruire une Voûte dont les piés-droits doivent être ſoûtenus par des contreforts ; que l'on eſt convenu de la longueur & de l'épaiſſeur de ces contreforts, auſſi-bien que de la diſtance des uns aux autres, & qu'il n'eſt plus queſtion que de ſavoir l'épaiſſeur qu'il faudra donner aux piés-droits, afin qu'étant aidés des contreforts, le tout ſoit en équilibre avec la pouſſée. Si l'on conſidére la Figure cinquiéme, l'on verra que le point d'apui qui ſoûtient tous les efforts de la pouſſée de la Voûte n'eſt plus comme ci-devant à l'endroit T de la baſe des piés-droits ; mais bien à l'extrêmité P de la queuë des contreforts $TPQC$; ce qui montre que la perpendiculaire PO, abaiſſée ſur la direction LO de la puiſſance, exprime le bras de lévier qui répond à cette puiſſance, cela poſé ayant tiré les autres lignes comme à l'ordinaire, nous nommerons KA ou MZ, a ; ZC ou PT, b ; BV, c ; CT, d ; CB ou TS y ; ainſi ML ou MN, ſera $b+c+y$; & MP, $a+d$; par conſéquent NP, $a+d-b-c-y$, ou bien $f-y$ en ſupoſant $a+d-b-c=f$. FIG. 4. & 5.

Comme le triangle PON eſt ſemblable à LKA, il s'enſuit que multipliant la ſuperficie du vouſſoir LGD (nn) par NP ($f-y$) on aura $fnn - ynn$ pour l'expreſſion de la pouſſée de la Voûte : * preſentement pour avoir celle de réſiſtance des piés-droits & des contreforts, je conſidére que les contreforts, tels que ceux dont on ſe ſert pour ſoûtenir les Voûtes, ont toûjours leur ſommet QC, terminé en pante, pour faciliter l'écoulement des eaux de pluye ; c'eſt pourquoi j'abaiſſe la perpendiculaire QH ſur CT, & diviſe CH en deux également au point I, afin d'avoir la ligne IT, que nous nommerons h ; qui étant multiplié par PT (b), l'on aura bd pour la ſuperficie de la coupe du contrefort $PQCT$, que nous ſupoſerons réüni au point T milieu de PT (comme ſi cette coupe étoit un rectangle) afin d'éviter les petits détails auſquels on ſeroit aſſujeti, ſi l'on vouloit examiner les choſes dans toute leur préciſion ; ainſi multipliant bh par PT ($\frac{b}{2}$) on aura $\frac{bbh}{2}$ pour le produit du poids 4 par ſon bras de lévier. *Art. 15.

D

Car nous fupofons que la bafe des contreforts eſt rectangulaire ; mais comme il faut avoir égard au raport de l'épaiſſeur des contreforts à leur diſtance, nous fupoſerons que ce raport eſt comme 1 à 2 ; c'eſt-à-dire par exemple, que ſi les contreforts ont trois pieds d'épaiſſeur, ils feront à 6 de diſtance ; ainſi comme ils occupent un tiers de l'eſpace qui regne derriere les piés-droits, il faudra donc diviſer $\frac{bbh}{2}$ par trois, afin d'avoir $\frac{bbh}{6}$ pour la réſiſtance des contreforts, comme on l'a expliqué dans l'article 46 du premier Livre.

Delà je paſſe aux piés-droits YB, dont la ſuperficie, ou ſi l'on veut le poids 5, eſt dy, qui étant multiplié par ſon bras de lévier PX ($b + \frac{y}{2}$) l'on aura $bdy + \frac{dyy}{2}$; enfin je multiplie la ſuperficie du vouſſoir CFB (nn), c'eſt-à-dire, le poids 6, par ſon bras de lévier PR ($b + y - g$) & le produit donne $nnb + nny - nng$, qui étant ajoûté avec les deux précédens, on aura l'expreſſion de la puiſſance réſiſtante, qui étant comparée avec celle qui agit, donne cette équation dans l'état d'équilibre : $nnf - nny = \frac{bbh}{6} + bdy + \frac{dyy}{2} + nnb + nny - nng$, laquelle étant réduite, il vient $\frac{nnf + nng - nnb}{d} - \frac{bbh}{6d} = \frac{yy}{2} + \frac{2nny}{d} + by$; & ſupoſant $\frac{2nn}{d} + b = p$; on mettra p à la place de ſa valeur pour changer le ſecond membre en un quarré parfait, & dégager l'inconnu, afin d'avoir cette derniere équation
$$\frac{\sqrt{2nnf + 2nng - 2nnb}}{d} - \frac{bbh}{3d} + pp - p = y,$$ qui donne ce que l'on demande.

APLICATION.

Supoſant le rayon AB de 12 pieds ; AF de 15 ; KA (a) ſera toûjours de 9 pieds 10 pouces, BV (c) de 2 pieds 2 pouces, & le vouſſoir LGD (nn) de 56 pieds quarrés ; d'un autre côté nous fupoſerons que la longueur PY (b) des contreforts eſt de 5 pieds ; que la hauteur ZP (d) des piés-droits eſt encore de 15 pieds ; & que CH eſt égal à HQ ; par conſéquent IY ſera de 12 pied 6 pouces. On trouvera auſſi que f eſt de 17 pieds 8 pouces, & p de 12 pieds 6 pouces : cela poſé, ſi l'on fait avec la valeur des lettres les opérations qui ſont marquées dans l'équation
$$\frac{\sqrt{2nnf - 2nng - 2nnb}}{d} - \frac{bbh}{3d} + pp - p = y,$$ l'on trouvera que l'épaiſſeur YS des piés-droits doit être de 3 pieds 1 pouce 5 lignes,

Livre II. de la Mecanique des Voutes.

pour qu'aidés des contreforts ils foient en équilibre avec la pouffée de la Voûte.

Remarque premiere.

21. Pour connoître l'épargne qu'on peut faire fur la Maçonnerie, quand on employe des contreforts, il faut fe reffouvenir que dans l'Article 13. nous avons trouvé qu'il falloit donner 7 pieds 8 pouces 6 lignes d'épaiffeur aux piés-droits d'une Voûte femblable à celle-ci pour être en équilibre avec la pouffée; ainfi cette dimenfion étant multipliée par la hauteur 15 des piés-droits, le produit fera 115 pieds 7 pouces 6 lignes pour l'eftimation des mêmes piés-droits: prefentement fi on multiplie auffi l'épaiffeur que nous venons de trouver; c'eft-à-dire, 3 pieds 1 pouce 5 lignes, par 15, l'on trouvera environ 47 pieds 6 pouces pour l'eftimation des piés-droits YB; mais comme il faut auffi faire celle des contreforts, je multiplie leur hauteur réduite IY, qui eft 12 pieds 6 pouces, par la longueur PY, de 5 pieds, & je prens le tiers du produit à caufe que les contreforts n'occupent qu'un tiers de l'efpace qui regne derriere les piés-droits, & il vient 20 pieds 10 pouces, que j'ajoûte avec 47 pieds 6 pouces, pour avoir 68 pieds 4 pouces, qui étant comparés avec 115 pieds 7 pouces 6 lignes, la différence eft 47 pieds 3 pouces 6 lignes: ce qui fait voir qu'on employera environ deux cinquième moins de Maçonnerie, en ajoûtant des contreforts tels que nous venons de les fupofer, qu'il n'en auroit fallu en n'en faifant point: par conféquent fi au lieu de donner 5 pieds de longueur aux contreforts, on leur en donnoit 5 pieds & demi, la réfiftance des piés-droits feroit beaucoup au-deffus de la pouffée de la Voûte, & on épargneroit encore bien de la Maçonnerie; ou fi l'on veut on pourroit laiffer les contreforts comme ils font, & donner 3 pieds & demi d'épaiffeur aux piés-droits: ce qui reviendra à peu-près au même.

Remarque feconde.

22. On obfervera en paffant qu'en reglant la diftance des contreforts, on ne doit pas trop les éloigner ni leur donner trop de longueur, crainte d'affoiblir l'épaiffeur des piés-droits, fi l'on vouloit confidérer le tout dans l'état d'équilibre; puifqu'il faut avoir égard à la liaifon des matériaux qui ne doivent point dans la pratique être regardés comme abfolument indiffolubles: je veux dire (par exemple) que fi l'on s'apercevoit que pour avoir donné trop de longueur aux contreforts, la valeur de y ne fut point fuffifante pour rendre

D ij

les piés-droits d'une épaisseur raisonnable, desorte qu'on pourroit craindre que la poussée de la Voûte fit souffler la Maçonnerie entre-deux contreforts, il vaudroit mieux diminuer la longueur des contreforts afin que les piés-droits en devinssent plus épais ; par la même raison il est plus à propos de partager la Maçonnerie qu'on destine à soûtenir les piés-droits en multipliant les contreforts, que d'en mettre une moindre quantité, & les faire plus épais ; je veux dire par exemple que si l'on vouloit soûtenir une Voûte par des contreforts, dont la Maçonnerie occupât un tiers de l'espace qui regne entre les piés-droits & la queuë des contreforts, au lieu de faire les contreforts de 6 pieds d'épaisseur & de 12 pieds de distance de l'une à l'autre, il vaudroit beaucoup mieux ne leur donner que 3 pieds d'épaisseur, & les mettre à six pieds de distance ; parce que plus les piés-droits auront de points d'apui, & plus l'ouvrage sera solide ; l'on sent bien que je veux parler des contreforts qui sont apliqués aux ouvrages de Fortifications ; car je n'ignore pas que quand il s'agit de quelqu'autre édifice, où il faut que la décoration & la solidité soient de concert (comme par exemple aux Eglises) il n'est pas toûjours libre de déterminer la distance des contreforts, puisqu'il faut avoir égard à la largeur des croisées qui sont pratiquées entre-deux, & aux endroits de la Voûte qui doivent être arboutés préférablement à d'autres, parce que dans ces sortes d'édifices les Voûtes n'agissent point par tout également, leur poussée se réünissant à certains points, qui indiquent d'eux-même la position des contreforts.

Remarque troisiéme.

23. On peut encore remarquer que la poussée d'une Voûte augmente ou diminuë selon que le point d'apui P, est éloigné du point S, extrêmité de la perpendiculaire BS ; car si l'on se rapelle que cette poussée dépend du produit de la pésanteur rélative du voussoir LGD par la perpendiculaire PO, l'on verra que plus le point d'apui P sera éloigné de S, plus la perpendiculaire PO sera racourcie ; ainsi plus la base des piés-droits aura de largeur & moins il faudra de résistance pour soûtenir la poussée : que s'il arrivoit que le point d'apui P fut tellement éloigné de S que la ligne de direction LO passât pour le point P, c'est-à-dire, que les points O & P fussent confondus, alors l'action du voussoir LGD ne feroit aucun effet sur le pié-droit : car la ligne MP deviendroit zéro, & zéro multiplié par nn, ne peut donner que zéro.

LIVRE II. DE LA MECANIQUE DES VOUTES.

Remarque quatriéme.

24. Puisque tous les points d'apui qui soûtiennent la poussée d'une Voûte se rencontrent positivement sous la queuë des contreforts, on voit qu'en construisant les fondemens on ne sauroit les faire trop solides en ces endroits-là ; c'est pourquoi je voudrois qu'ils fussent composés des plus gros quartiers de pierres posées sur deux rangs de madriers, quand même le terrain sur lequel on voudroit asseoir la Fondation paroîtroit ferme ; puisqu'il n'y a point à douter que la Voûte, si elle est massive, ne cause par sa poussée quelque affaissement à l'extrêmité des contreforts : il paroit même que pour plus de sûreté on ne feroit pas mal de faire les fondemens des contreforts d'un pied & demi ou deux pieds plus longs que les contreforts mêmes, donnant aussi beaucoup de retraite sur les côtés, afin d'avoir de grands ampâtemens, qui allongent le bras de lévier & fortifient le point d'apui. J'ai vû un Magasin à poudre dont la Voûte s'est fenduë des deux côtés au milieu des reins depuis un pignon jusqu'à l'autre, peu de tems après avoir été bâti, quoique les dimensions des piés-droits & des contreforts fussent beaucoup au-dessus de celles qu'il auroit falu pour en soûtenir la poussée & que la Maçonnerie fut fort bonne ; ayant examiné de quelle part cela pouvoit provenir, je me suis aperçû que le terrain au-dessus des fondemens de la queuë des contreforts avoit fléchi, au lieu que cela ne seroit pas arrivé si l'on avoit mis deux ou trois bons madriers l'un sur l'autre pour assurer le point d'apui.

Les Ingenieurs qui ont beaucoup d'experience sentiront mieux que personne la conséquence de cette remarque, non-seulement au sujet des contreforts ; mais encore pour tous les autres fondemens qui doivent servir de point d'apui : aussi voit-on que M. de Vauban en fortifiant le neuf Brisack a assuré le bord des fondemens de tous les revêtemens de Maçonnerie par un rang de madriers qui regne le long du pourtour de chaque ouvrage.

CHAPITRE TROISIÉME.

De la maniere de trouver l'épaisseur des piés-droits des Voûtes surbaissées en tiers-points, en plate-Bande & celles des culées des Ponts de Maçonnerie.

JE crois avoir suffisamment expliqué les Voûtes en plein ceintre dans le Chapitre précédent pour n'en plus faire mention ; c'est pourquoi je vais examiner dans celui-ci celles que l'on nomme *surbaissées* ou *Elliptiques*, les autres qu'on apelle *Gothiques*, ou en *tiers-points*, enfin celles que l'on nomme *plate-bande*, parce qu'elles ne font aucune courbure sensible étant plates comme un *plat-fond*. Cependant comme les Voûtes surbaissées dont nous allons parler seront suposées parfaitement Elliptiques, & non point tracées par des portions de cercle comme font la plûpart des Ouvriers, il est bon avant toutes choses de prévenir le lecteur de quelque propriété des Sections Coniques, ausquels nous serons obligé d'avoir recours, afin de ne rien suposer dont on n'aperçoive sur le champ les raisons ; ainsi on fera bien de s'apliquer à ce qui suit.

Principes tirés des Sections Coniques.

PLAN. 5.
FIG. 7.

25. Il est démontré dans les Sections Coniques que si l'on méne une ordonnée GH au grand axe AB d'une Ellipse, le rectangle compris sous AG & GB est au quarré de GH, comme le quarré de AF est au quarré de FD : ainsi nommant AF, a ; FD, b ; GF, x ; GH, y ; on aura $aa - xx$. yy :: aa. bb.

Second principe.

V. le C.
art. 436.

26. Il est aussi démontré que si l'on fait FI troisiéme proportionnelle à FG & à FA, tirant la ligne HI, elle sera tengente au point H, ce qui donne $FI = \frac{aa}{x}$, d'où l'on tire $IG = \frac{aa - xx}{x}$.

LIVRE II. DE LA MECANIQUE DES VOUTES. 31

Troisiéme Principe.

27. Si au point H, où une tengente HI, touche l'Ellipse on éleve une perpendiculaire HK qui aille rencontrer l'axe AB au point K, je dis que FG est à GK comme le quarré de AF est au quarré de FD, ou ce qui revient au même, comme le rectangle de AG par GB est au quarré GH.

Pour le prouver considerés que les triangles IGH & GHK, sont semblables, par conséquent $IG\ (\frac{aa-xx}{x})$, $GH\ (yy)$ :: GH (y); $GK\ \frac{(yy)}{\frac{aa-xx}{x}}$; ou ce qui est la même chose $\frac{yyx}{aa-xx}$; comme nous avons l'expression de KG, il n'est donc question que de prouver que $GF\ (x)$ est a $GK\ (\frac{yyx}{aa-xx})$ comme le rectangle de AG par GB $(aa-xx)$ est au quarré de $GH\ (yy)$, ce qui est bien évident, puisque le produit des extrémes & celui des moyens donnent l'un & l'autre yyx; car on remarquera que c'est multiplier le second terme yyx par $aa-xx$ que de ne le pas diviser par la même quantité.

Comme les propriétés de l'Ellipse sont toûjours les mêmes soit que la tengente aille rencontrer le grand axe AB prolongé, ou le petit axe DE aussi prolongé, l'on verra par une démonstration semblable à la précédente, que si la perpendiculaire élevée sur la tengente IO alloit rencontrer le petit axe ED au point L, l'on auroit encore le quarré de EF est au quarré de AF comme la coupée MF est à la ligne ML.

COROLLAIRE PREMIER.

28. Il suit du premier principe que quand on connoîtra les deux diamêtres AB & ED d'une Ellipse, & la distance du centre F au point G où on aura menée une ordonnée GH, qu'on connoîtra toûjours la valeur de cette ordonnée en nombre, en disant si le quarré du demi diamêtre AF donne tant pour le quarré du diamêtre FD, que donnera la différence du quarré de AF au quarré FG, pour le quarré GH que l'on cherche? lequel étant trouvé, on n'aura qu'à en extraire la racine quarrée, qui sera la perpendiculaire GH.

COROLLAIRE SECOND.

29. Il suit aussi du troisiéme principe que si on avoit besoin de

connoître la valeur de la partie *ML*, comprise entre l'ordonnée *HM* & la perpendiculaire *HL* élevée à l'extrémité de la tangente *IH*, on n'aura qu'à dire si le quarré *EF* donne le quarré *FB*, que donnera la ligne *FM* pour la valeur de la ligne *ML*; ce qu'on trouvera en faisant la régle.

Remarque.

Fig. 6.

30. Comme l'on ne parvient avec le secours de l'Algebre à la connoissance des grandeurs que l'on cherche, que par le moyen de celles que l'on connoît déja, il faut nécessairement pour déterminer l'épaisseur des piés-droits qui soutiennent les Voûtes Elliptiques, connoître certaines lignes qu'on ne peut avoir que mécaniquement (c'est-à-dire) en traçant une demi Ellipse semblable à celle dont on veut faire la Voûte ; & comme les Ellipses en pareil cas ne sauroient être trop grandes, afin d'avoir ce que l'on demande avec plus de précision; voici comme on s'y prendra.

Ayant tracé sur le parquet d'une Chambre ou sur une grande Table une ligne *AB* de 5 à 6 pieds de longueur, pour servir de grand axe, on la divisera en deux également au point *D*, & à ce point on élevera la perpendiculaire *DC* dont la longueur doit avoir le même raport avec la ligne *AB*, que la hauteur de la Voûte dans œuvre qu'on se propose de faire, aura avec sa largeur: ensuite il faut tirer les lignes *CE* & *EF*, ensorte quelles soient chacune égales à la moitié du grand axe *AB*, afin d'avoir les points *E* & *F*, qui seront les foyers de l'Ellipse : après cela, l'on aura de la ficelle bien fine & bien unie ou un cordon de soye, & on prendra dans cette ficelle une longueur qui soit parfaitement égale à l'axe *AB*, on attachera les deux extrémités de cette longueur aux points *E* & *F*, & on se servira d'un poinçon pour tenir la ficelle tenduë, avec lequel on tracera en même tems la courbe *AGHB* en allant du point *A* au point *C*, & du point *C* au point *B*; car l'on entend bien que cette ficelle doit glisser autour du poinçon *G*, & quelle doit être toûjours également tenduë : cette maniere de tracer l'Ellipse est la plus commode que je sache ; j'ay jugé à propos de la raporter ici, quoiqu'elle soit assés connuë ; mais ce n'est point un mal de rendre les choses présentes quand on rencontre les occasions d'en faire usage.

Fig. 6.

L'Ellipse étant tracée, il faut faire une échelle & avoir égard à la quantité des pieds qu'on veut donner de largeur à la Voûte; si c'est par exemple 24 pieds, je divise la ligne *AB* en quatre parties égales & une de ces parties étant divisée en pieds, pouces & lignes, on connoîtra la valeur des lignes qu'on sera obligé de tracer dans

l'Ellipse

LIVRE II. DE LA MECANIQUE DES VOUTES. 33

l'Ellipse. Par exemple si on avoit quelque raison pour abaisser du point H, pris sur la courbe la perpendiculaire HI, à l'axe AB, on pourra avec l'échelle trouver la valeur de la coupée DI, & de l'ordonnée IH, en pieds pouces & lignes aussi exactement qu'on peut le désirer dans la pratique. Nous allons faire usage de tout ceci.

PROPOSITION PREMIERE.

PROBLE'ME.

Trouver l'épaisseur qu'il faut donner aux piés-droits d'une Voûte Elliptique.

31. Comme la poussée d'une Voûte se fait toûjours selon les directions des tangentes menées à la courbe qu'elle forme il faut commencer par diviser le quart d'Ellipse BD, en deux également au point L, pour mener à ce point la tangente LO, & sur l'extrêmité L, la perpendiculaire LA, qui étant prolongée jusqu'en F, partagera comme à l'ordinaire la demi Voûte en deux parties à peu-près égales, alors la ligne FA, pourra être regardée comme le plan incliné sur lequel agit le voussoir $FGDL$, & la ligne OL, comme la direction de la puissance qui seroit en équilibre avec l'action du même voussoir; on sera peut-être surpris que cette direction ne soit pas perpendiculaire sur le milieu du joint FL, comme dans les problémes précédents; mais comme il falloit necessairement qu'elle répondit au point L, pour avoir les lignes LK, LV, KA, nous avons été obligé d'en user ainsi afin d'agir avec plus de précision ; mais nous y aurons égard dans l'application ; ainsi suposant les autres lignes tirées comme ci-devant, nous nommerons LK, a; KA, b; LA, c; BV, d; BS, f; MP, g; ZB, y; & le voussoir CG, ou CE, nn.

Cela posé je considere que les triangles LKA, & LMN, étant semblables donnent $AK(b)$, $LK(a)$ :: $LM(y+d)$, $MN(\frac{ay+ad}{b})$ par conséquent NP sera $\frac{gb-ad-ay}{b}$, & comme les triangles LKA & NOP, sont encore semblables on aura aussi $LA(c)$, $AK(b)$ :: NP ($\frac{gb-ad-ay}{b}$), $PO(\frac{gb-ad-ay}{c}$) qui donne l'expression du

Fig. 8.

E

bras de lévier *PO*, presentement pour avoir l'expression de la puissance *O*, je considere que la pesanteur absoluë du voussoir *LGD*, est à son effort sur le joint *FL*, comme *LK* (*a*) est à *LA* (*c*), & qu'ainsi il faudra multiplier $\frac{cnn}{a}$ par le bras de lévier *PO*, qui donne $\frac{gbnn}{a}$ — *nnd* — *nny* pour l'expression de la poussée de la Voûte par raport au point d'apui *P*, d'un autre côté pour avoir celle de la résistance du pié-droit *PB*, jointe au voussoir *FB*, je multiplie le rectangle *PB* (*fy*) par *PT* ($\frac{y}{2}$) & la superficie du voussoir *FB* (*nn*) · par le bras de lévier *PS* (*y*) ; (car je supose que la ligne de direction tirée du centre de gravité *Q*, tombe à peu-près au point *S*, ce voussoir étant beaucoup plus incliné que dans la Voûte en plein ceintre) ainsi ajoûtant ces deux produits ensemble pour les comparer avec la poussée de la Voûte, il vient cette équation $\frac{gbnn}{a}$ — *dnn* — *nny* = $\frac{fyy}{2}$ + *nny*, laquelle étant réduite, divisée par *f*, & multipliée par 2, il vient $\frac{2gbnn}{af}$ — $\frac{2dnn}{f}$ = *yy* — $\frac{4nny}{f}$: or changeant le second membre en un quarré parfait, & dégageant l'inconnu, on aura $\frac{2gbnn}{af}$ — $\frac{2dnn}{f}$ + $\frac{4n^4}{ff}$ — $\frac{2nn}{f}$ = *y*, qui donne ce que l'on cherche.

APLICATION.

FIG. 8.

Pour raporter le Probleme précédent à la pratique, il faut commencer par tracer une grande Ellipse comme on l'a enseigné dans l'Article 36. Ensorte que les deux demi axes soient dans la raison des lignes *HB* & *HD*; par exemple si la largeur de la Voûte dans œuvre étoit de 24 pieds, & que la hauteur *DH*, fut les deux tiers de cette même largeur, *BH* seroit de 12 pieds, & *DH* de huit ; or divisant un quart de cette Ellipse en deux également, on abbaissera du point de division une perpendiculaire comme *LV*, dont il sera aisé de connoître la valeur par le moyen de l'échelle aussi-bien que de la ligne *VH* ou *LK*, ayant donc fait moi-même ce que je viens de dire, j'ai trouvé que *LV* ou *KH*, étoit de 6 pieds 3 pouces, & que *LK* ou *VH*, étoit de 7 pieds 6 pouces, & comme il faloit aussi connoître *KA*, j'ai dit selon l'Article 29. comme le quarré de *DH* est au quarré de *HB*, de même la ligne *KH* est à la ligne *KA*, que j'ai trouvé de 14 pieds 9 lignes.

Livre II. de la Mecanique des Voutes. 35

La Voûte étant fupoſée de 3 pieds d'épaiſſeur, pour avoir la fu- perficie des vouſſoirs FD ou FB, j'ai cherché celle de la grande & la petite Ellipſe, * & ayant retranché l'une de l'autre, j'ai pris la huitiéme partie de la difference qui m'a donné 27 pieds; ainſi ſu- poſant la hauteur du pié-droit de 15 pieds, on aura la valeur de toutes les lettres qui ſe trouvent dans l'équation précedente, puiſ- que LK (a) ſera de 7 pieds 6 pouces, KA (b) de 14 pieds 9 lignes, BV (d) de 4 pieds 6 pouces, ZP (f) de 15 pieds, MP (g) de 21 pieds 3 pouces; à quoi il faut ajoûter la moitié de l'épaiſſeur de la Voûte pour avoir 22 pieds 9 pouces, & CG (nn) de 27 pieds, ainſi ayant fait les mêmes operations avec les nombres que celles qui ſont indiquées dans la derniere équation, j'ai trouvé que y c'eſt- à-dire l'épaiſſeur des piés-droits devoit être de 8 pieds 8 pouces.

*V. le C. art. 574.

La tangente LO donnant un bras de lévier OP plus court que ſi la li- gne de direction de la puiſſance étoit perpendiculaire ſur le milieu du joint FL, comme eſt par exemple CX, j'ai augmenté la valeur de la ligne MP, de la moitié de l'épaiſſeur de la Voûte, afin que le bras de lévier PO, ſe trouvant allongé de la ligne XO égal à CL, cette ſolution répondit à peu- près aux autres précédentes.

Remarque premiere.

32. On voit que les Voûtes ſurbaiſſées ont plus de pouſſée que celles qui ſont en plein ceintre; car comme l'angle OLV formé par la ligne de direction OL & la perpendiculaire LV, eſt plus grand que dans les profils précedents, il arrive que le bras de lévier PO, ſe trouve alongé ce qui doit augmenter la force de la puiſſance agiſſante, or comme plus le demi axe DH, ſera petit eû égard à l'autre HB, plus le bras de lévier PO augmentera: il s'enſuit que plus une Voûte eſt ſurbaiſſée & plus elle a de pouſſée.

Plan. 5. Fig. 8.

Remarque ſeconde.

33. Il eſt bon d'obſerver auſſi que les vouſſoirs qui compoſent une Voûte ſurbaiſſée devant avoir neceſſairement pluſieurs centres, cette Voûte n'eſt pas à beaucoup près, ſi forte que celle en plein ceintre, parce que dans cette derniere, l'effort de tous les vouſ- ſoirs ſe réüniſſant à un ſeul point, ils ſe fortifient mutuellement, & ſont capables de mieux ſoûtenir l'action de quelque grand far- deau ou de quelque choc violent, comme ſeroit celui des bom- bes; ainſi quand il eſt queſtion des ſoûterains qu'on veut mettre à

E ij

l'épreuve, il n'y a point de Voûte qui convienne mieux que celle en plein ceintre.

PROPOSITION SECONDE.

PROBLÊME.

Trouver quelle épaisseur il faut donner aux piés-droits des Voûtes en tiers points pour être en équilibre avec la poussée des mêmes Voûtes.

PLANCH. 6.
FIG. 1.

34. L'on sait que la Voûte en tiers-point ou Gothique, étant formée par deux arcs de cercle égaux, cette Voûte doit avoir nécessairement deux centres dont la position dépend de l'élévation qu'on veut lui donner : par exemple si la ligne BI, détermine la largeur de la Voûte, les centres peuvent-être aux points B & I, ou à quelqu'autres points G & H, également éloignés du milieu A : quand on prend les points B & I pour centre, la largeur BI, devient le raïon avec lequel on décrit les deux arcs, & alors la Voûte est aussi élevée qu'on a coûtume de la faire quand il s'agit d'une Eglise où de quelque bâtiment civil ; mais s'il est question d'un Magasin qu'on veut mettre à l'épreuve de la bombe, on se garde bien de lui donner tant d'élévation, parce qu'elle seroit trop foible. La maniere la plus convenable est de diviser les lignes AI & AB, en deux parties égales aux points H & G pour avoir les centres servant à décrire les arcs BD & DI; ainsi supposant que la Voûte sur laquelle nous allons opérer, ait été tracée de cette maniere, on divisera l'arc BCD en deux également au point C, ensuite on tirera les raïons HF, HT, la corde BD, & les autres lignes comme à l'ordinaire.

Ayant nommé $LK\ a$; $KQ\ b$; $LQ\ c$; $BV\ d$; $ZP\ f$; $MP\ g$; $ZB\ y$; ML sera $y + d$; cela posé, remarquez que les triangles LKQ & LMN étant semblables, l'on aura $KQ\ (b)$, $KL\ (a) :: LM\ (d+y)$ $MN\ (\frac{ad + ay}{b})$, ainsi la ligne NP sera $\frac{bg - ad - ay}{b}$: & comme le triangle LKQ est aussi semblable à NOP, on aura encore $LQ\ (c)$, $KQ\ (b) :: NP\ (\frac{bg - ad - ay}{b})$, $PO\ (\frac{bg - ad - ay}{c})$.

Présentement faites attention que dans le triangle rectangle LKQ le côté LK, peut exprimer la pesanteur absoluë du voussoir

LIVRE II. DE LA MECANIQUE DES VOUTES. 37

LDT, puisque la ligne de direction tirée de son centre de gravité est coupée en angle droit par ce côté ; de même la ligne de direction OL de la puissance O, étant perpendiculaire sur le côté LQ, il exprimera le fort du voussoir sur le joint FC : ainsi nommant nn, la superficie de ce voussoir, son effort sera encore $\frac{cnn}{a}$, qui étant multiplié par le bras de lévier PO, l'on aura $\frac{bgnn}{a} - dnn - nny$, pour la poussée de la Voûte par raport au point d'apui P : d'un autre côté si l'on supose que la ligne de direction tirée du centre de gravité du voussoir LFB vient tomber au point S, afin de rendre le calcul plus simple, la résistance du pié-droit joint au voussoir qui lui répond, sera exprimée comme ci-devant par $\frac{fyy}{2} + nny$, qui étant comparé avec la poussée de la Voûte l'on aura dans l'état d'équilibre $\frac{bgnn}{a} - dnn - nny = \frac{fyy}{2} + nny$, d'où on tirera comme à l'ordinaire $\sqrt{\frac{2bgnn}{af} - \frac{2dnn}{f} + \frac{4n^4}{ff}} - \frac{2nn}{f} = y$.

APLICATION.

Pour raporter ce Probléme à la pratique, nous suposerons que la ligne BI est de 24 pieds : cela étant HB ou HD sera de 18 pieds, & AH de 6, ainsi dans le triangle rectangle ADH dont on connoît deux côtés, il sera aisé de connoître l'angle AHD, qu'on trouvera de 70 degrés 30 minutes, dont la moitié sera pour l'angle LHV du triangle rectangle LVH duquel l'on connoît le côté LH, car la Voûte aïant trois pieds d'épaisseur, ce côté sera de 19 pieds & demi ; ainsi comme nous avons un triangle rectangle dans lequel on connoît deux angles & un côté, on trouvera par le calcul ordinaire que LV est de 11 pieds 3 pouces, & VH d'environ 16 pieds, d'où retranchant AH de six, il en restera 10 pour VA, ou LK : ainsi connoissant un des côtés du triangle rectangle LKQ avec l'angle aigu LQK (puisqu'il est complement de l'angle AHQ) on trouvera que le côté KQ est à peu-près de 7 pieds, desorte que si l'on supose que la hauteur du pié-droit est encore de 15 pieds, on aura la valeur de toutes les lettres excepté nn ; car LA (a) sera de 10 pieds KQ (b) de 7, BV (d) de 2, ZP (f) de 15, à quoi ajoutant LV ou MZ, qu'on a trouvé de 11 pieds 3 pouces, on aura 26 pieds 3 pouces pour MP (g).

E iij

Comme il nous reste à trouver la valeur de *nn*, je cherche la superficie des cercles qui auroient pour raïon *HB* & *HE* ; c'est-à-dire 18 & 21 pieds, & après les avoir trouvé j'en prend la différence qui est de 368 pieds quarrés qui est la valeur de la couronne, dont la superficie du voussoir *LDT* fait partie. Or pour avoir cette partie, je dis, comme 360 degrés valeur de la circonférence du cercle est à 35 dégrés 15 minutes, valeur de l'arc *FT* ; ainsi 368 pieds différence de deux cercles, est à la superficie *CFTD*, qu'on trouvera de 35 pieds 9 pouces 4 lignes, faisant les opérations indiquées dans l'équation $\frac{2bgnn}{af} - \frac{2dnn}{f} + \frac{4n4}{ff} - \frac{2nn}{f} = y$. On trouvera que la valeur de *y* ; c'est-à-dire l'épaisseur des piés-droits, doit être de 5 pieds 3 pouces.

Quoique la perpendiculaire *AX* & le raïon *HT* se coupent au point *D* & forme l'angle *TDX*, qui comprend une petite espace qui rend le voussoir supérieur *LX* plus grand que l'inferieure *LEB*, je n'ai pas laissé que de les considérer égaux, parce que la différence est trop peu de chose pour y avoir égard dans la pratique.

Remarque premiere.

35. On remarquera que les Voûtes en tiers-points ont beaucoup moins de poussée que celles qui sont en plein ceintre, parce que la ligne de direction *OL* de la puissance qui soutiendroit le voussoir *LTD*, faisant un plus petit angle avec la verticale *LV*, que dans la Voûte en plein ceintre il faut necessairement que le bras de lévier *PO*, soit plus court que si la Voûte étoit moins élevée; tellement qu'on peut dire que plus le raïon *HB* de l'arc *BD* sera grand & moins il faudra donner d'épaisseur aux piés-droits.

Remarque seconde.

36. Si les Voûtes en tiers-points ou les surbaissées avoient leurs extradoses dirigées en pente, on trouvera toûjours l'épaisseur de leurs piés-droits comme on a fait dans l'Article 13. puisque les opérations ne differeront en rien de celles qu'on vient de voir dans les deux propositions précédentes, il n'y aura seulement que la seule expression *nn* du voussoir qui pourra valoir un plus grand nombre de pieds quarrés.

De même si on vouloit que les pieds-droits de ces deux espèces de Voûtes fussent accompagnés de contreforts, on suivra ce qui

Livre II. de la Mecanique des Voutes. 39

a été enseigné dans l'Article 20. n'ayant pas jugé à propos de répeter ce qui a été dit à ce sujet pour ne point ennuïer.

PROPOSITION TROISIE'ME.

Probléme.

Trouver l'épaisseur qu'il faut donner aux piés-droits qui soûtiendroient une Plate-Bande.

37. La premiere chose dont il faut être prévenu, est que pour avoir la coupe des clavaux qui doivent composer une plate-Bande, on trace un triangle équilaterale *ALF* sur la ligne *LF* qui exprime la largeur de la plate-Bande, ensuite on divise cette largeur en autant de parties égales, qu'on voit à peu-près qu'elle doit contenir de clavaux, & du point *A* comme centre on tire des lignes qui passent par chaque point de division, lesquelles allant rencontrer *GI*, marquent la figure & la grandeur des clavaux : ainsi suposant que la platte-bande *DEFL* ait été construite de la façon que je viens de dire, nous en prendrons la moitié *DCKL*, pour être considerée comme une seule pierre qui faisant l'effet d'un coin dont les faces seroient *DA* & *CA*, agit contre le point *L*, pour renverser le piédroit *MS*; c'est pourquoi il faut abbaisser au point *L* la perpendiculaire *LO* sur *DA*, pour avoir la ligne de direction de la puissance qui soûtiendroit l'effort de la demi platte-Bande *DK*, & alors la perpendiculaire *PO* sera comme à l'ordinaire le bras de lévier de cette puissance; pour en avoir l'expression nous nommerons *LK a*; par consequent *LA* sera 2 *a*, puisqu'à cause du triangle équilateral *LA* est double de *LK*, d'un autre côté *KA* sera nommé *b*; *LM y*; *MP f*; & la superficie *LDCK mn*; cela posé remarquez qu'à cause de l'angle droit *OLA*, les trois triangles *AKL*, *LMN*, *NOP*, sont semblables ainsi *KA* (*b*) *KL* (*a*) : : *LM* (*y*) *MN* ($\frac{ay}{b}$) par consequent *NP* sera $\frac{fb-ya}{b}$ d'où l'on tire *AL* (2 *a*) *AK* (*b*) : : *PN* ($\frac{fb-ay}{b}$). *PO* ($\frac{fb-ay}{2a}$).

Planch. 6e. Fig. 2.

Si l'on fait attention que la pesanteur absoluë de la demi plate-Bande *LDCK*, est à l'effort qu'elle fait contre le pié-droit comme *LK* est à *LA*, l'on verra que *LA* étant double de *LK*, l'effort que soûtient la puissance *O* doit être exprimée par 2*nn* : c'est pourquoi multipliant cette quantité par le bras de lévier PO, l'on aura (après la réduction) $\frac{bfnn}{a} - nny$, pour l'expression de la poussée de la plate-Bande par raport au point d'apui P, qui étant comparé à la résistance des piés-droits ; c'est-à-dire, à $\frac{fyy}{2}$ l'on aura $\frac{bfnn}{a} - nny = \frac{fyy}{2}$ dans l'état d'équilibre ; ou bien $\frac{2bnn}{a} = yy + \frac{2nny}{f}$ après a-voir multiplié par 2, & divisé par f : or si l'on change le second membre en un quarré parfait, & qu'on dégage ensuite l'inconnu il viendra $\frac{\sqrt{2bnn}}{a} + \frac{n4}{ff} - \frac{nn}{f} = y$.

APLICATION.

Suposant que la hauteur $LS(f)$ des piés-droits soit de 15 pieds que la largeur LF de la Voûte soit de 24, & son épaisseur CK de 3, on verra que $LK(a)$ est de 12 pieds, $KA(b)$ de 20 pieds 9 pouces 4 lignes, & la superficie $LDCK(nn)$ de 38 pieds 3 pouces quarrés, ainsi faisant les opérations qui sont indiquées dans la derniere équation, elles donneront 9 pieds 2 pouces pour la valeur de y ; c'est-à-dire pour l'épaisseur des piés-droits.

Remarque.

38. La plate-Bande est de toutes les Voûtes celle qu'il a le plus de poussée, & qui a le moins de force ; c'est pourquoi elle n'est pas d'usage pour les Fortifications, ne s'employant guère que dans les grands édifices & avec des dépenses considérables à cause des barres de fer dont ont se sert pour soulager les piés-droits, & pour lier les clavaux ensemble.

S'il s'agissoit de quelque Porte-Cochere, il faut pour empêcher que la Plate-Bande ne porte tout le poids du mur qui seroit élevé dessus, faire un arc de décharge qui soit appuyé sur les piés-droits.

PROPOSITION

LIVRE II. DE LA MECANIQUE DES VOUTES. 41

PROPOSITION QUATRIE'ME.

PROBLE'ME.

La péſanteur de la clef d'une Voûte en plain ceintre étant déterminée, on demande de combien il faut augmenter celle de chaque Vouſſoir pour qu'ils ſe ſoûtiennent tous d'eux-même en équilibre.

39. Nous avons fait voir dans l'article 1. que tous les vouſſoirs qui compoſent une Voûte avoient plus ou moins de pouſſée ſelon qu'ils étoient plus près ou plus éloignés de la clef, & que cette pouſſée allant toûjours en diminuant à meſure que les plans ſur leſquels ces vouſſoirs agiſſoient, étoient moins inclinés à l'horiſon les vouſſoirs ſuperieurs ne manqueroient pas d'écarter ceux qui ſont immediatement au-deſſous, s'ils n'étoient entretenus par du mortier; cependant comme ce ſeroit un avantage pour la ſolidité des édifices que tous les vouſſoirs qui compoſent une Voûte ne fiſſent pas plus d'effort les uns que les autres, juſqu'à pouvoir ſe ſoûtenir d'euxmême par leur propre poids, ſans le ſecours d'aucune matiere étrangere, Mr de la Hire a cherché de combien il faloit augmenter leur péſanteur au-deſſus de celle de la clef, pour gagner par leurs propres poids la force qu'ils avoient de moins par leur ſituation, & comme ce Probléme eſt aſſés curieux, j'ai crû qu'on ſeroit bien aiſe que je le raportaſſe ici.

FIG. 3. & 4.

Ayant une Voûte en plain ceintre *ABC*, compoſée de pluſieurs vouſſoirs égaux, ſi par le ſommet B de la clef, on tire la ligne *BO* perpendiculaire au rayon *GB*, qu'on prolonge juſqu'à la rencontre de *BO*, tous les rayons qui répondent aux lits des vouſſoirs *P*, *Q*, *R*, *S*, &c. Je dis que tous ces vouſſoirs ſeront en équilibre ſi leur péſanteur abſoluë eſt exprimée par les lignes *HK*, *KL*, *LM*, *MN*, &c.

Pour le prouver, remarquez que les trois puiſſances qui appartiennent au vouſſoir *P*, ſont exprimées par les côtés du triangle *GHK*, que celles qui apartiennent au vouſſoir *Q*, le ſont par ceux du triangle *GKL*; ainſi des autres vouſſoirs *R* & *S*, dont les puiſſances ſeront toûjours repreſentées par les côtés des triangles où ils ſont renfermés, puiſque les directions de ces puiſſances ſeront perpendiculaires aux côtés des triangles ou à leurs parties prolongées: or ſi la peſanteur du vouſſoir *P* eſt exprimée par la ligne *HK*, & celle du vouſſoir *Q* par la ligne *KL*, il eſt certain qu'ils ſeront en équilibre, puiſque la ligne *KG* qui eſt un côté commun aux trian-

PLANCH. 6. FIG. 3.

F

gles qui apartiennent aux voussoirs *P* & *Q*, exprime en même tems la force avec laquelle le voussoir *P* pousse le voussoir *Q*, & celle avec laquelle le premier est repoussé par le second ; de même si la pésanteur du voussoir *R* est exprimée par *LM*, il sera aussi en équilibre avec le voussoir *Q*, le supérieur poussant l'inferieur avec la même force dont il est repoussé, puisque cette force est exprimée de part & d'autre par la ligne *GL* qui est aussi un côté commun aux triangles qui apartiennent aux voussoirs *Q* & *R*. Enfin si la pésanteur du voussoir *S* est exprimée par *MN*, l'on verra par un semblable raisonnement qu'il sera en équilibre avec le voussoir *P*, puisque ces deux voussoirs agiront l'un sur l'autre avec la même force *GM* : à l'égard du voussoir *T* qui répond au pié-droit, sa pésanteur ne peut pas être déterminée, les lignes *BO* & *GC* étant paralleles ne se rencontreront jamais, ce qui montre que ce voussoir doit être d'une pésanteur infinie pour résister à l'effort de tous les autres dans le cas où il pourroit glisser sur un plan infiniement poli ; mais comme dans la pratique il n'est pas question de ces sortes de plans & qu'au contraire il se rencontre toûjours beaucoup de frotement, il suffit de donner à ce voussoir le plus de pésanteur qu'il est possible.

L'on remarquera que les differentes pésanteurs des voussoirs peuvent être exprimées par la difference des tangentes des angles que font les joints en commençant au milieu de la clef, puisque les lignes *KL*, *LM*, *MN*, qui expriment la pésanteur des voussoirs *P*, *Q*, *R*, *S*, marquent la difference des tangentes des angles *BGK*, *BGL*, *BGM* & *BGN*. Or comme on a la valeur de tous ces angles, par la division qu'on a faite du demi cercle, il s'ensuit qu'ayant leur tangentes dans les tables des Sinus, si l'on en prend les differences, l'on aura des nombres qui exprimeront les raports de la pésanteur des voussoirs ; ainsi connoissant la pésanteur de la clef, on pourra (par la regle de proportion) connoître celle de chaque voussoir afin de voir combien il faudra les faire plus longs les uns que les autres ; c'est-à-dire, combien il faudra leur donner plus de queuë pour qu'ils fassent à peu-près le même effort. Je dis à peu-près ; car comme on employe ordinairement du mortier pour les entretenir, il n'est pas necessaire d'observer une proportion bien exacte dans le raport de leur pésanteur, il suffit seulement d'y avoir égard quand on veut faire des édifices solides.

PROPOSITION CINQUIEME.

PROBLÈME.

Trouver quelle est la courbe qui conviendroit de donner à une Voûte, pour que tous les voussoirs étant égaux en pésanteur, soient en équilibre.

40. Si l'on tire sur un plan vertical une ligne *AB* paralelle à l'hori- FIG. 7. son, & qu'à deux points *C* & *D*, pris dans cette ligne, l'on attache les extrêmités d'une chaine composée de petits couplets & qu'on leur laisse la liberté de prendre la situation qui leur convient, je dis qu'ils composeront tous ensemble une courbe *CFD*, dont la figure represente celle qu'il faudroit donner à une Voûte, pour que tous les voussoirs soient en équilibre quoiqu'égaux en pésanteur.

Si l'on divise la ligne *CD* en deux parties égales au point *E* & qu'on abaisse la perpendiculaire *EF*, il est constant qu'elle ira rencontrer le point *F* qui sera le plus bas de la courbe ; car, à cause de la flexibilité de la chaine & l'uniformité qu'on supose dans les couplets, la partie *CF* sera égale à la partie *DF*, elles auront toutes deux la même figure, & tous les points pris dans la longueur *CF* & *DF*, à une égale distance des extremités *C* & *D*, se trouveront également situés par raport à la perpendiculaire *EF*, par conséquent cette chaine forme une courbe réguliere, qui a pour axe *EF*. Or tous les couplets qui composent cette chaine étant suposés égaux en grandeur & en pésanteur, se maintiendront en équilibre entr'eux, & tendront chacun en particulier au centre de la terre par des lignes de directions, qui étant tirées de leur centre de gravité peuvent être regardées comme perpendiculaires à l'horison: & si l'on attribuë à chacun de ces couplets une pésanteur égale ; mais incomparablement au-dessus de celle qu'ils ont naturellement, ils se soûtiendront toûjours dans le même état où ils étoient auparavant, n'y ayant point de raison pour que l'un détourne l'autre de la direction vers laquelle sa pésanteur le faisoit tendre ; mais si l'on faisoit ensorte que les couplets se trouvassent tellement unis les uns aux autres qu'ils ne composassent qu'un seul corps incapable d'aucune flexibilité, il ne leur arriveroit rien de particulier, sinon d'être obligé de garder la situation où ils étoient les uns par raport aux autres, de quelque sens qu'on veuille mettre la chaine, & tant qu'elle sera attachée aux points C & D, il lui sera indifférent que tous les couplets soient unis ou non, qu'on augmente leur pésanteur, ou qu'on la laisse comme elle étoit en premier lieu : on pourroit même suspendre des poids égaux au bas de chacun, sans que cela causât aucun changement à la courbe CFD.

Fig. 8. Prevenu de cela, on sçait qu'on ne dérange rien dans l'équilibre des puissances en changeant seulement leur direction en sens contraire : ainsi dans la supposition que tous les couplets sont unis à ne pouvoir se déranger de la figure curviligne qu'ils composent tous ensemble, si l'on fait tourner la chaine CFD sur la ligne CD comme sur un axe pour prendre la situation oposée ; mais toûjours verticale CFD, tous les couplets gardant entr'eux la même situation qu'ils avoient auparavant, tendront au centre de la terre selon les mêmes lignes de direction, & soit qu'on augmente leur pésanteur ou non, pourvû que cette augmentation soit la même, ils se maintiendront toûjours en équilibre, & ils ne feront pas plus d'effort pour tomber que s'ils n'étoient point entretenus par quelque cause qui les empêche de se déranger.

Fig. 5. Suposant presentement que la courbe CFD represente l'intradose d'une Voûte ABC, qui soit par tout d'une égale épaisseur, & qu'à la place des couplets on imagine des Voussoirs fort petits qui ayent la même pésanteur & dont les lignes de directions tirées de leur centre de gravité seroient les mêmes que celles des couplets, ces voussoirs demeureront en équilibre ainsi que l'étoient ces couplets, desorte que s'ils sont bien unis les uns contre les autres par un ciment qui les réduise tous à ne faire qu'un seul corps, ils composeront ensemble la Voûte ABC, dont toutes les parties seront en équilibre.

Si l'on vouloit faire usage de cette courbe, je crois qu'on seroit obligé de raprocher ses deux extrêmités G & H, afin qu'elles soient disposées comme EA & FC, & non pas comme EG & FH, qui ne conviendroit pas dans l'execution, à cause que la naissance de la Voûte feroit un *Jarret* avec le pié-droit, ce qui choqueroit la vûë, il est bon de profiter de ce que la théorie peut enseigner ; mais quand il s'agit de la pratique, on peut sans scrupule ne la pas suivre exactement pour raporter les choses à l'usage. On trouvera dans le second tome de l'analise du R. P. Reyneau l'équation de la chainette & la maniere de la tracer, c'est pourquoi je n'en parle point ici.

LIVRE II. DE LA MECANIQUE DES VOUTES. 45

APLICATION.

Si l'on vouloit conftruire une Voûte naturelle dont la largeur & la hauteur fuffent données, il faut fur une furface verticale tracer une ligne CD égale à la largeur de la Voûte, abaiffer du milieu de cette ligne une perpendiculaire EF, égale à la hauteur qu'on veut lui donner, enfuite attacher l'extrêmité d'une chaine au point C, & porter l'autre extrêmité vers D, de maniere qu'en augmentant ou diminuant la chaine fon propre poids la faffe paffer par le point F, lorfqu'elle fera arrêtée aux endroits C & D; après cela on pourra avec un crayon que l'on conduira tout du long de la chaine (fans pourtant la faire vaciller) tracer une courbe, & là-deffus on pourra établir la figure du faux ceintre de la Voûte, la coupe des vouffoirs & le refte.

FIG. 7.

Je crois que ceux qui font dans l'ufage de faire conftruire des Voûtes fans y prendre garde de fi près, ne feront pas grand cas des deux propofitions précedentes, auffi ne les ai-je raportées que pour les curieux qui voyent toûjours avec plaifir ce qui peut avoir raport à leur métier ; ce n'eft pas qu'on n'en puiffe faire ufage, puifque la premiere nous aprend que pour rendre des Voûtes folides, il eft bon d'en fortifier les reins le plus qu'il fera poffible, & particulierement vers les piés-droits afin de donner, pour ainfi dire, un contre-poids à la pouffée des vouffoirs fuperieurs.

PROPOSITION SIXIE'ME.

PROBLE'ME.

Trouver l'épaiffeur qu'il faut donner aux Culées des Ponts de Maçonnerie.

41. La maniere de régler l'épaiffeur des Culées des Ponts, eft un Probléme qui apartient à ce livre-ci ; car les Ponts font compofés d'Arches, & les Arches ne font autre chofe que des Voûtes : auffi fa folution dépend-t'elle des régles que nous venons d'enfeigner, ou pour mieux dire elle n'en eft qu'une répetition accompagnée de quelque circonftance particuliere aux Ponts de Maçonnerie.

On fupofe qu'il eft queftion d'un Pont compofé d'une feule Arche en plain ceintre comme dans la figure 6. dont l'épaiffeur GD eft

F iij

déterminée de même que le diametre *BI* & la hauteur *BS* depuis la derniere retraite des fondemens jusqu'à la naissance de l'Arche, & qu'il s'agit de sçavoir l'épaisseur *PS* ou *MQ*, qu'il faut donner à la Culée *MS* pour qu'elle soit en équilibre avec la poussée qu'elle doit soûtenir. Cela posé on saura que les Culées d'un Pont peuvent-être construites de deux manieres : la premiere est de faire un corps de Maçonnerie comme *SZ* dans la 9. figure, dont la hauteur *ZP* ou *BS* ne surpasse point la naissance de l'Arche : la seconde est d'élever la Culée jusques vers le milieu des reins de l'Arche afin de les rendre capables de mieux soûtenir l'effort de la partie superieure, comme dans la figure 6. à laquelle nous nous attacherons uniquement comme la plus conforme à l'usage.

FIG. 6. & 9.

Ayant divisé le quart de cercle *BD* en deux également au point *C*, on tirera le rayon *AF* : on divisera aussi la ligne *FC* en deux également au point *L* par lequel on menera *MK* paralele au diametre *BI* qui déterminera la hauteur de la Culée, on prolongera la ligne *SB* jusqu'au point *Q* de la circonférence, & on tirera le rayon *AQ* & les autres lignes *LO*, *LV* & *OP*; comme à l'ordinaire.

Pour réduire en équation la poussée de l'Arche & la résistance des Culées, nous nommerons *LK* ou *KA*, a; *BV*, c; *MP*, d; *SY*, g; *PS*, y; la superficie *CFGD* nn; & la partie *BQFC*, hh; ainsi *MN* ou *ML* sera $c+y$; & *NP* sera $d-c-y$; & si l'on supose $d-c=f$, *NP* sera $f-y$.

L'on sait par l'Article 14. que multipliant la superficie *CFGD* (nn) par l'hipotenuse *NP* ($f-y$) du triangle rectangle *NOP*, lorsqu'il s'agit d'une Voûte ou d'une Arche en plain ceintre, que le produit donne une expression égale à la puissance qui soûtiendroit la poussée de la partie *CFGD*, ainsi cette poussée sera $nnf-nny$, qu'il faut mettre en équilibre avec la résistance du pié-droit *PMQS*, joint à la partie *BQFS*; c'est-à-dire avec dy & hh, multipliés par le bras de lévier *PT* ($\frac{y}{2}$) & *PY* ($y+g$) dont les extrêmités *T* & *Y* répondent aux lignes de directions tirées de leur centre de gravité ; c'est-à-dire, avec $\frac{dyy}{2}$ & $hhy+hhg$, qui donnent cette équation $fnn-nny=\frac{dyy}{2}+hhy+hhg$, d'où faisant passer dans le même membre les termes où se trouvent l'inconnu, & dans l'autre ceux où l'inconnu ne se trouve point, l'on aura après avoir divisé par d, $\frac{fnn+ghh}{d}=\frac{yy}{2}+\frac{nny+hhy}{d}$ & si l'on supose $\frac{nn+hh}{d}=p$, &

LIVRE II. DE LA MECANIQUE DES VOUTES.   47

qu'on mette p à la place de sa valeur multipliant toute l'équation par 2, on pourra du second membre en faire un quarré parfait en ajoûtant pp de part & d'autre afin d'avoir $\frac{2fnn + 2ghh}{d} + pp = yy + 2py + pp$, dont extrayant la racine & dégageant l'inconnu, l'on aura enfin $\frac{\sqrt{2fnn - 2ghh}}{d} + pp - p = y$, qui donne ce que l'on cherche.

APLICATION.

Pour avoir la valeur de l'inconnu, nous suposerons le diamètre BI de 72 pieds, l'épaisseur DG de 6, & la hauteur BS de 12, ainsi la ligne AL sera de 36, & l'on trouvera que $BV(c)$ est de 8 pieds 5 pouces, & LV de 27 pieds 7 pouces, par conséquent $MP(d)$ sera de 39 pieds 7 pouces : & comme nous avons suposé $d - c = f$, f sera donc de 31 pieds 2 pouces ; on trouvera aussi que la partie $CFGD(nn)$ est de 184 pieds quarrés.

Comme nous avons aussi besoin de la figure $BQFC$, remarquez que la ligne BQ est moyenne proportionnelle entre les parties EB & BH, du diamètre EH ; ainsi multipliant leur valeur ; c'est-à-dire, 6 pieds par 78, on trouvera en extrayant la racine quarrée du produit 21 pieds 6 pouces 6 lignes, pour la perpendiculaire BQ, par le moyen de laquelle on aura la superficie du triangle ABQ, qui est de 389 pieds 3 pouces ; or cherchant aussi la valeur du secteur EAQ qui est de 477 pieds 3 pouces, on en retranchera celle du triangle ABQ, la difference sera 88 pieds, pour le secment EBQ, qui étant aussi retranché de 184 pieds, valeur de $EFCB$, la difference sera 96 pieds pour la partie $BQFC$, par conséquent sa valeur de hh. D'un autre côté le centre de gravité de cette partie étant au point X, l'on verra que la perpendiculaire XY, vient tomber environ à 2 pieds 9 pouces du point S, enfin comme nous avons suposé $\frac{nn + hh}{d} = p$, l'on trouvera que p vaut à-peu-près 7 pieds 1 pouce, ainsi comme toutes les lettres du premier membre de l'équation $\frac{2fnn - 2ghh}{d} + pp - p = y$, viennent d'être déterminées en nombre, si l'on fait les mêmes opérations qui s'y trouvent indiquées, l'on trouvera que y ou si l'on veut l'épaisseur PS de la Culée doit être de 11 pieds pour soûtenir en équilibre la poussée de la partie de l'Arche qui lui répond.

Remarque premiere.

42. On pourra se dispenser dans la pratique d'avoir égard à la partie BQF, qui rend ce Probléme assés composé, & n'avoir attention qu'au voussoir $CFGD$ & à la Culée MS, alors l'équation sera beaucoup plus simple, puisque dans l'état d'équilibre, on aura $fnn - nny = \frac{dyy}{2}$ qui étant réduit, donne après avoir dégagé l'inconnu $\frac{\sqrt{2fnn}}{d} + \frac{n^4}{dd} - \frac{nn}{d} = y$, dont le calcul numerique n'est pas long, puisque pour avoir la valeur de toutes les lettres, on n'aura seulement qu'à chercher celle des lignes LV, VB, & la superficie de la partie $CFGD$; il est vrai que l'épaisseur de la Culée sera un peu plus forte qu'elle ne devroit être pour un parfait équilibre, puisqu'ayant calculé cette derniere équation, j'ai trouvé qu'elle donnoit 13 pieds 2 pouces 8 lignes, au lieu de 11 pieds, pour la valeur de y; mais comme ce n'est pas l'équilibre que l'on cherche; puisqu'il faut toûjours mettre la puissance résistante au-dessus de l'agissante, il vaut beaucoup mieux comme je l'ai déja dit, faire abstraction de la partie $BQFC$, pour trouver plus facilement l'épaisseur que l'on demande & être plus assuré de la solidité de l'ouvrage.

Remarque seconde.

43. En cherchant l'épaisseur qu'il falloit donner aux Culées, nous n'avons point eu égard au poids dont l'Arche pouvoit être chargée au-delà du sien propre, de la part des materiaux qui doivent composer la Chaussée & des Voitures qui passeront dessus, parce que je laisse à la discretion de ceux qui sont chargés de l'execution de ces sortes d'ouvrages, d'en augmenter l'épaisseur autant qu'ils le jugeront à propos: je crois que si on l'augmentoit d'un sixiéme de ce que donne le calcul, que c'est la plus grande augmentation qu'on puisse faire; c'est-à-dire, qu'au lieu de 13 pieds 2 pouces 8 lignes, il faudroit lui donner environ 15 pieds & demi.

Remarque troisiéme.

44. Nous avons suposé un Pont d'une seule Arche, parce que quand il y en auroit davantage, ce ne seroit jamais que la poussée de la premiere & de la derniere que l'on considereroit pour leur oposer

LIVRE II. DE LA MECANIQUE DES VOUTES, 49

opofer des Culées, puifque les autres qui font comprifes entre celles-ci fe foûtiennent mutuellement en équilibre fur les piles qui les portent, à moins que ces Arches ne foient beaucoup plus grandes que celles des extrêmités du Pont; car alors il pourroit arriver que la pouffée des petites Arches feroit augmentée par celle des autres plus grande.

Remarque quatriéme.

45. Quand on fait des Arches d'une grandeur extraordinaire, & qu'on eft obligé de donner une épaiffeur confiderable aux Culées, on peut pour diminuer une trop grande quantité de Maçonnerie, donner beaucoup de talud aux extrêmités de la Culée, comme un tiers ou un quart de la hauteur, ou y faire des contreforts comme on l'a enfeigné dans les Articles 17. & 20.

Remarque cinquiéme.

46. Si au lieu d'une Arche en plain ceintre on en avoit une furbaiffée, on trouvera l'épaiffeur qu'il faut donner aux Culées en fuivant ce qui a été enfeigné dans les Articles 30. & 31. puifque fi l'on en excepte quelque particularité qu'il y a ici, & qui ne fe trouve pas dans les Voûtes, tout le refte eft la même chofe.

PROPOSITION SEPTIE'ME.

PROBLEME.

Trouver quelle eft la portée des Vouffoirs depuis leur intrados, jufqu'à leur extrados & quelle doit être la largeur des piles pour toute forte de grandeur d'Arche.

47. Dans tous les Edifices où il eft queftion de Voûte, il doit regner une certaine proportion dans les dimenfions de leur parties d'où dépend toute la folidité; par exemple nous venons de voir au fujet des Ponts, qu'il falloit qu'il y eût un raport d'égalité entre la réfiftance des Culées & la pouffée des Arches; mais comme ces Arches peuvent être de differente grandeur, il faut abfolument que leur épaiffeur foit proportionnée à leur ouverture, afin que celle qui auroit 12 ou 15 toifes réfifte auffi-bien au poids des materiaux & des voitures dont elle pourra être chargée, qu'une autre qui n'auroit que 12 ou 15

G

pieds; mais la solution de ce Probléme dépend plûtôt de l'intelligence de ceux qui font travailler, que de la Géometrie, c'est pourquoi il semble que le meilleur parti est de s'en raporter à l'experience; c'est-à-dire d'examiner avec attention les anciens monumens de cette espece, afin qu'ayant reconnu la qualité des pierres qu'on y a employé, la longueur des voussoirs à plusieurs grandeurs d'Arches differentes, on soit en état de calculer une table qui puisse servir dans tous les cas qu'on peut rencontrer. C'est ce que Mr Gautier a fait, nul n'étoit plus capable que lui de remplir un pareil dessein: il a vû & fait la description des plus beaux Ponts qui ont été bâtis en France, tant par les anciens que par les modernes, ainsi il me suffira de raporter la table qu'il a calculée pour la portée des voussoirs, on verra qu'il a eû égard aux pierres dures & à celles qui ne le seroient pas afin qu'on ait recours à la colomne dont la pierre auroit quelque raport avec celle qu'on veut employer. Ceux qui n'ont pas une grande connoissance des travaux, seront peut-être surpris de voir dans la colomne où l'on supose la pierre tendre des voussoirs de 8 & même de 9 pieds de longueur, par la difficulté qu'il y auroit d'avoir des pierres d'un si grand apareil; aussi ne prétend on pas que ces voussoirs soient absolument composés d'une seule pierre, puisque quand on n'en a pas d'assés grandes on les allonge pour faire ce qu'on apelle des *voussoirs sans fin* C'est ainsi qu'on en a usé pour construire le Pont Royal des Thuilleries à Paris.

La largeur que l'on doit donner aux Piles des Ponts par raport à l'ouverture des Arches, est encore une difficulté sur laquelle les Architectes ne s'accordent point, & que la Geometrie paroît ne pouvoir entreprendre puisqu'elle dépend absolument de la consistance de la pierre: car comme il s'agit de rendre les Piles assés fortes pour soûtenir le poids des Arches, & tout ce qu'elles peuvent porter, il n'y a pas de doute que la Pile qui n'auroit qu'une mediocre largeur & qui seroit construite de bonne & grande Pierre de Taille ne soûtienne plûtôt une Arche de 15 toises d'ouverture, qu'une autre Pile qui auroit deux fois plus de largeur; mais qui n'auroit que le parement de Pierre dure & le dedans rempli de mauvais moîlon n'en soûtiendroit une de huit toises. Cependant il est de conséquence de se servir de bonne Pierre pour n'être pas contraint de donner une trop grande largeur aux Piles, parce que si le lit de la Rivierre sur laquelle on veut faire un Pont est resserré, il est à craindre que le courant de l'eau se trouvant gêné, ne renverse le Pont dans le tems des grandes inondations, comme cela arrive assés souvent. Un autre inconvenient encore des Piles trop larges; c'est que leurs avant-becs présentent des grandes faces qui donnent beaucoup de prises aux glaces quand la Riviere charie, & les chocs violens qui surviennent alors peuvent mettre le Pont en danger, comme cela est arrivé au Pont Marie à Paris. Mais pour suivre une regle qui détermine la largeur des Piles, je crois que celle qui convient mieux est de leur donner la cinquiéme partie de la largeur des Arches; c'est-à-dire, par exemple que si l'on a un Pont composé de cinq Arches, & que celle du milieu ait 60 pieds d'ouverture, les Piles qui la soûtiendront doivent en avoir 12 de largeur; que si les Arches collaterales ont chacun à droit & à gauche 50 pieds d'ouverture, les Piles qui leur répondront en auront 10. Il ne faut pourtant pas suivre si constamment cette proportion, qu'on ne s'en écarte quand il se rencontrera quelque circonstance qui pourroit obliger de donner aux Piles plus ou moins de largeur, selon que la bonne ou mauvaise qualité des materiaux l'exigeroit.

Je crois qu'il est à propos de dire que les Arches des Ponts doivent toûjours être en nombre impair, afin qu'il s'en trouve une grande au milieu qui laisse un passage libre au courant de l'eau, & que cette Arche étant plus élevée facilite le passage des Bateaux chargés.

Voilà ce que je m'étois proposé de dire ici sur les Ponts pour faire mention seulement de quelques régles generales qui avoient raport aux Voûtes; car comme leur construction demande des connoissances bien au-delà de celles qu'il faut pour les Edifices ordinaires, nous reprendrons ce sujet dans l'Architecture Ydrolique afin de satisfaire ceux qui ont un interêt particulier de s'en instruire.

Voici la table dont je viens de parler, où l'on observera que la premiere & la quatriéme colomne comprennent l'ouverture des Arches, qui vont toûjours en augmentant selon la suite des nombres naturels.

LA SCIENCE DES INGENIEURS

TABLE
POUR CONNOISTRE LA PORTE'E DES VOUSSOIRS
depuis leur intrados à leur extrados pour toute sorte de grandeur d'Arche.

Ouverture des Arch.	Voussoirs de Pierres dures.			Voussoirs de Pierres tendres.			Ouverture des Arches	Voussoirs de Pierres dures.			Voussoirs de Pierres tendres.		
pieds.	pieds.	pou.	lig.	pieds.	pou.	lig.	pieds.	pieds.	pou.	lig.	pieds.	pou.	lig.
1	1	0	6	1	6	0	28	2	2	0	2	11	6
2	1	1	0	1	7	2	29	2	2	6	2	11	9
3	1	1	6	1	8	4	30	2	3	0	3	0	0
4	1	2	0	1	9	6	31	2	3	6	3	0	10
5	1	2	6	1	10	8	32	2	4	0	3	1	8
6	1	3	0	2	0	0	33	2	4	6	3	2	6
7	1	3	6	2	0	8	34	2	5	0	3	3	0
8	1	4	0	2	1	6	35	2	5	6	3	3	10
9	1	4	6	2	2	3	36	2	6	0	3	4	0
10	1	5	0	2	3	0	37	2	6	6	3	4	6
11	1	5	6	2	4	0	38	2	7	0	3	5	0
12	1	6	0	2	4	6	39	2	7	6	3	5	6
13	1	6	6	2	5	0	40	2	8	0	3	8	0
14	1	7	0	2	6	0	41	2	8	10	3	8	10
15	1	7	6	2	6	9	42	2	9	8	3	9	8
16	1	8	0	2	7	0	43	2	10	6	3	10	6
17	1	8	6	2	8	0	44	2	11	4	3	11	4
18	1	9	0	2	9	0	45	3	0	0	4	0	0
19	1	9	6	2	9	3	46	3	0	10	4	0	10
20	1	10	0	2	9	6	47	3	1	8	4	1	8
21	1	10	6	2	9	9	48	3	2	6	4	2	6
22	1	11	0	2	10	0	49	3	3	4	4	3	0
23	1	11	6	2	10	3	50	3	4	0	4	3	10
24	2	0	0	2	10	6	51	3	4	10	4	4	8
25	2	0	6	2	10	9	52	3	5	8	4	5	6
26	2	1	0	2	11	0	53	3	6	6	4	6	4
27	2	1	6	2	11	3	54	3	7	4	4	7	2

LIVRE II. DE LA MECANIQUE DES VOUTES.
SUITE DE LA TABLE.

Ouverture des Arch.	Voussoirs de Pierres dures.			Voussoirs de Pierres tendres.			Ouverture des Arches	Voussoirs de Pierres dures.			Voussoirs de Pierres tendres.		
pieds.	pieds.	pou.	lig.	pieds.	pou.	lig.	pieds.	pieds.	pou.	lig.	pieds.	pou.	lig.
55	3	8	0	4	8	0	88	5	10	6	6	10	3
56	3	8	10	4	8	10	89	5	11	4	6	11	2
57	3	9	8	4	9	7	90	6	0	0	7	0	0
58	3	10	6	4	10	3	91	6	0	10	7	0	10
59	3	11	4	4	11	2	92	6	1	8	7	1	8
60	4	0	0	5	0	0	93	6	2	6	7	2	6
61	4	0	10	5	0	10	94	6	3	4	7	3	0
62	4	1	8	5	1	8	95	6	4	0	7	3	10
63	4	2	6	5	2	6	96	6	4	10	7	4	8
64	4	3	4	5	3	0	97	6	5	8	7	5	6
65	4	4	0	5	3	10	98	6	6	6	7	6	4
66	4	4	10	5	4	8	99	6	7	4	7	7	2
67	4	5	8	5	5	6	100	6	8	0	7	8	0
68	4	6	6	5	6	4	101	6	8	10	7	8	10
69	4	7	0	5	7	2	102	6	9	8	7	9	7
70	4	7	6	5	8	0	103	6	10	6	7	10	3
71	4	8	10	5	8	10	104	6	11	4	7	11	2
72	4	9	8	5	9	7	105	7	0	0	8	0	0
73	4	10	6	5	10	3	106	7	0	10	8	0	10
74	4	11	4	5	11	2	107	7	1	8	8	1	8
75	5	0	0	6	0	0	108	7	2	6	8	2	6
76	5	0	10	6	0	10	109	7	3	4	8	3	0
77	5	1	8	6	1	8	110	7	4	0	8	3	10
78	5	2	6	6	2	6	111	7	4	10	8	4	8
79	5	3	4	6	3	0	112	7	5	8	8	5	6
80	5	4	0	6	3	10	113	7	6	6	8	6	4
81	5	4	10	6	4	8	114	7	7	4	8	7	2
82	5	5	8	6	5	6	115	7	8	0	8	8	0
83	5	6	6	6	6	4	116	7	8	10	8	8	10
84	5	7	4	6	7	2	117	7	9	8	8	9	7
85	5	8	0	6	8	0	118	7	10	6	8	10	3
86	5	8	10	6	8	10	119	7	11	4	8	11	2
87	5	9	8	6	9	7	120	8	0	0	9	0	0

CHAPITRE QUATRIE'ME.

Qui comprend des régles pour trouver l'épaisseur des piés-droits des Voûtes de toute sorte d'espece, par le seul calcul des nombres pour l'intelligence de ceux qui ne savent pas l'Algebre.

48. JE me suis engagé au commencement de ce second Livre de donner des régles pour trouver l'épaisseur des piés-droits des Voûtes, afin de se passer du calcul Algebrique & contribuer à la satisfaction des personnes qui quoique très-habiles, d'ailleurs dans l'Architecture Militaire ou Civile, ne s'y sont point apliquées. Quand on écrit pour le public & qu'il s'agit d'un ouvrage comme celui-ci, il faut autant qu'il est possible faire ensorte d'être entendu de tout le monde, principalement de ceux qui se contentent de savoir la pratique des choses, & qui veulent bien s'en raporter à la bonne foy d'un Auteur: soûmission qu'il faut avoir necessairement quand on ne peut en juger par soi-même; car comme il est un infinité de sujets qu'on ne peut comprendre sans des connoissances préliminaires, il ne dépend pas toûjours de lui de se rendre intelligible à ceux qui ignorent le langage dont il est obligé de se servir: ce qui fait qu'avec les expressions les plus claires, il n'en paroît pas moins obscur. Mais j'espere qu'il viendra un tems ou les Geomêtres, les Phisiciens, les Ingenieurs & les Architectes penseront à peu-près de même; il y a 80 ans qu'on savoit à peine ce que c'étoit que l'Algebre, aujourd'hui il y a peu de personnes qui se mêlent de science qui n'en sachent assés pour s'en servir utilement, & je ne doute point qu'à l'avenir on ne l'aprenne aussi communément que l'Arithmetique.

Pour remplir parfaitement le dessein que je me suis proposé dans ce Chapitre, je n'y suposerai rien de ce qui a été dit dans les précédens. Je ferai comme si je commençois seulement à parler des Voûtes, ce qui m'obligera à des répétitions indispensables. Mais comme je ne parle pas à ceux qui pourront se passer de ce que je vais dire, ils auroient mauvaise grace de s'en plaindre, d'autant plus qu'ils ne seront peut-être pas fâchés de faire usage des pratiques dont il va être question pour se dispenser d'un calcul plus composé; car il est à propos que l'on sache que les opérations que

LIVRE II. DE LA MECANIQUE DES VOUTES. 55

l'on va faire, m'ont été fournies par les formules Algebriques que l'on a vû à la fin de chaque Proposition du 2 & 3 Chapitre & que je n'aurois pû imaginer sans leur secours ; cependant les calculs en sont plus courts que ceux que l'on a vû dans les Aplications des mêmes Chapitres, parce que j'en ai suprimé quelque circonstance dont on pouvoit se passer, & en cela je me suis un peu relaché de cette grande précision que l'on exige en matiere de Géometrie ; mais toûjours en faveur de la pratique ; c'est-à-dire, en faveur de la solidité de l'édifice que l'on voudroit construire, puisque les épaisseurs des piés-droits que nous allons trouver auront deux ou trois pouces de plus que n'auroient données les régles les plus exactes.

PROPOSITION PREMIERE.

PROBLÊME.

Trouver l'épaisseur des piés-droits d'une Voûte en plain-ceintre, pour être en équilibre avec la poussée qu'ils ont à soûtenir.

49. Quand on veut connoître l'épaisseur qu'il faut donner aux piés-droits d'une Voûte de telle figure qu'elle puisse être, soit en plain Ceintre, Elliptique, en tiers-point, &c. Il faut d'abord être prévenu de quatre choses essentielles ; la premiere la largeur & la hauteur de la Voûte dans œuvre ; la seconde l'épaisseur de cette Voûte à l'endroit des reins ; la troisiéme sa figure exterieure ; & la quatriéme la hauteur des piés-droits, ensuite il suffit de savoir un peu de Geométrie pratique & la racine quarrée pour trouver le reste comme on le va voir dans les exemples suivans.

Premier Exemple.

50. On propose une Voûte en plain ceintre, dont l'extrados seroit PLAN. 4. circulaire comme dans la figure 7. qu'il faut considerer sans se mettre FIG. 7. en peine de la signification des lignes dont nous ne ferons pas mention ; on supose que la hauteur BS des piés-droits est de 15 pieds, le raïon AB de 12 & l'épaisseur de la Voûte de 3 pieds, par conséquent le raïon AE ou AF sera de 15. Cela posé pour trouver l'épaisseur PS des pieds-droits, il faut se proposer quatre opérations.

Pour la premiere, il faut chercher la superficie des deux cercles qui auroient pour raïon AB & AE ; (c'est-à-dire 12 & 15 pieds) prendre le quart de leur difference, (& l'on aura 64 pieds quarrés) qu'il faut diviser par la hauteur du pié-droit; (c'est-à-dire par 15) & le quotien donnera 4 pieds 3 pouces 4 lignes, que nous nommerons premier terme.

Pour la seconde, il faut ajoûter au raïon AC la moitié de l'épaisseur de la Voûte pour avoir la ligne AL de (13 pieds & demi) qu'il faut quarrer & prendre la moitié du produit; (c'est-à-dire 91 pieds 1 pouce 6 lignes) & en extraire la racine quarrée (qu'on trouvera de 9 pieds 10 pouces) qu'on ajoûtera à la hauteur du pié-droit & l'on aura 24 pieds 10 pouces que nous nommerons deuxième terme.

Pour la troisième, il faut ajoûter ensemble le premier & le second terme; (c'est-à-dire 4 pieds 3 pouces 4 ligne & 24 pieds 10 pouces, pour avoir 29 pieds 1 pouce 4 lignes,) qu'on multipliera par le premier (4 pieds 3 pouces 4 lignes) & le produit donnera 124 pieds 6 pouces 4 lignes, pour la valeur du troisième terme.

Enfin pour la quatrième opération, il faut extraire la racine quarrée du 3 terme, (j'entends de 124 pieds 6 pouces 4 lignes) qui est à peu-près 11 pieds 1 pouce 8 lignes) & en souftraire la valeur du premier; (c'est-à-dire 4 pieds 3 pouces 4 lignes,) la différence qui est 6 pieds 10 pouces 4 lignes, sera l'épaisseur qu'il faut donner aux piés-droits.

Second Exemple.

PLANCH. 4. FIG. 10.

51. Si l'on avoit une Voûte en plain ceintre, dont l'extrados au lieu d'être circulaire, fut terminée par deux plans GH & GI, comme dans la figure 10. l'on trouvera l'épaisseur de ses piés-droits en faisant encore quatre opérations semblables aux précédentes, puisqu'il n'y aura que la premiere qui sera un peu differente à cause que la Voûte n'est pas la même que cy-devant.

Suposant le raïon AB de 12 pieds, la hauteur BS des piés-droits de 15, l'épaisseur FC de 3 dans le milieu des reins, & que l'angle HGI soit droit, on aura le quarré AFGW, dont le côté AF sera de de 15 pieds.

Cela posé, pour la premiere opération il faut chercher la superficie du quarré GFAW, & en retrancher le quart de cercle CA, &c. diviser la différence (qui sera 112 pieds) par la hauteur BS des piés-droits; (c'est-à-dire par 15 pieds) & le quotien donnera 7 pieds 5 pouces 7 lignes, pour la valeur du premier terme.

La seconde opération, se fera en ajoûtant la moitié de l'épaisseur de la Voûte FC au raïon AB pour avoir la ligne LA (de 13 pieds

LIVRE II. DE LA MECANIQUE DES VOUTES. 57

pieds & demi) qu'il faudra quarrer, prendre la moitié du produit, dont on extraira la racine (qui fera de 9 pieds 10 pouces) qu'on ajoûtera à la hauteur du pié-droit, pour avoir 24 pieds 10 pouces, valeur du fecond terme.

Pour la troifiéme opération, il faut ajoûter le premier terme (7 pieds 5 pouces 7 lignes) au fecond (24 pieds 10 pouces) mul-multiplier leur fomme (qui eft 32 pieds 3 pouces 7 lignes,) par le premier (7 pieds 5 pouces 7 lignes,) & le produit fera 241 pieds 1 pouce 3 lignes, pour le troifiéme terme.

Enfin pour la quatriéme opération, on extraira la racine quarrée du troifiéme terme (241 pieds 1 pouce 3 lignes & on trouvera qu'elle eft de 15 pieds 6 pouces 2 lignes,) d'où il faut fouftraire la valeur du premier terme, (7 pieds 5 pouces 7 lignes,) la diffe-rence fera 8 pieds 7 lignes pour l'épaiffeur qu'il faut donner aux piés-droits.

Remarque.

52. Je viens de fupofer que l'angle *HGI* étoit droit; mais s'il étoit obtus ou aigus, il faudroit encore chercher la fuperficie du quadrilataire *AFGW*, & en retrancher toûjours le quart de cercle *CA*, &c. car tel que puiffe être ce quadrilataire, on aura fans doute l'épaiffeur *GB* au fommet de la Voûte, par conféquent la ligne *GA*, & l'autre *AF*, auffi-bien que l'angle *FAG*, qui fuffiront pour con-noître le refte.

Troifiéme Exemple.

53. Si le deffus de la Voûte étoit terminé par une plate-forme, PLANCH. comme dans la figure 11. il fuffira de connoître l'épaiffeur *GD* de 4. cette Voûte à l'endroit de la clef, le raïon *AB*, & la hauteur *BS* FIG. 11. des piés-droits pour avoir l'épaiffeur *PS*, en faifant encore quatre opérations.

Pour la premiere, il faut quarrer la ligne *GA* compofée du raïon & de l'épaiffeur de la Voûte, du produit en fouftraire le quart de cercle *CAT*, & divifer la difference par la hauteur des piés-droits, afin d'avoir le premier terme; à l'égard des trois autres opérations comme elles font toutes femblables à celles des deux exemples pré-cedens, il eft inutile de les repeter.

H

PROPOSITION SECONDE.

PROBLÊME.

Trouver l'épaisseur qu'il faut donner aux piés-droits des Voûtes Elliptiques ou surbaissées.

54. Pour avoir une parfaite intelligence de ce Problême, je conseille à ceux qui ne se sont point apliqués au Chapitre précédent, de lire avec attention l'Article 30. où il est parlé de la maniere de tracer une Ellipse, ce qui leur suffira pour me suivre.

PLANCH. 5.
FIG. 8.

Ayant une Voûte Elliptique comme dans la figure 8. dont on connoît les demi axe *BH* & *HD*, on commencera par diviser le quart d'Ellipse *BD* en deux également au point *L*, duquel on abaissera sur *DH* & *HB* les perpendiculaires *LK* & *LV*, dont on cherchera la valeur avec le secours de l'échelle; & supposant que *BH* soit de 12 pieds & *HD* de 8, on trouvera que *LK* ou *VH* est de 7 pieds 6 pouces, & *LV* ou *KH* de 6 pieds 3 pouces; & faisant la hauteur *BS* du pié-droit de 15 pieds, comme à l'ordinaire, il faut pour en avoir l'épaisseur se proposer cinq opérations.

Pour la premiere, il faut dire, comme le quarré de *DH* (de 64 pieds) est au quarré de *BH* (de 144,) ainsi la ligne *KH* (de 6 pieds 3 pouces) est à la ligne *KA*, qu'on trouvera de 14. pieds 9 lignes, qui est le premier terme dont nous avons besoin.

Pour la seconde opération, il faut chercher la superficie des deux Ellipses, dont la premiere auroit pour demi axe *BH* & *HD*, (de 12 pieds & de 8,) & la seconde pour demi axe *HE* & *HG*, (de 15 & de 4, parce qu'on supose que la Voûte a encore 3 pieds d'épaisseur,) on retranchera la petite Ellipse de la grande, & on prendra le quart de la différence (que l'on trouvera de 54 pieds) qu'il faut diviser par la hauteur du pié-droit, le quotien sera 3 pieds 2 pouces 4 lignes, pour le second terme.

Pour la troisiéme opération, il faut ajoûter la ligne *LV* (qu'on a trouvé de 6 pieds 3 pouces) à la hauteur du pié-droit, (pour avoir 21 pieds 3 pouces) qu'il faut multiplier par le premier terme (14 pieds 9 pouces) & diviser le produit par la valeur de *LK* (qui est de 7 pieds 6 pouces,) le quotient sera d'environ 41 pieds 10 pouces pour le troisiéme terme.

A l'égard de la quatriéme, il faut ajoûter le second terme au

LIVRE II. DE LA MECANIQUE DES VOUTES.   59

troisiéme (pour avoir 41 pieds 10 pouces ,) qu'on multipliera par la valeur du second ; (c'est-à-dire par 3 pieds 2 pouces,) & le produit sera à peu-près 144, pour le quatriéme terme.

Enfin la cinquiéme opération se fera en extrayant la racine quarrée du quatriéme terme, (ce qui sera de 12 pieds) de laquelle il faut souftraire le second, (3 pieds 2 pouces 4 lignes,) & la différence donnera 8 pieds 9 pouces 8 lignes, pour l'épaiffeur des piés-droits.

Remarque.

55. Si l'extrados de la Voûte au lieu d'être Elliptique, étoit terminé par deux plans 5. 6. & 5. 4. comme on le pratique aux Magafins à Poudre & aux soûterains, il faudroit au lieu de suivre ce qui est dit dans la seconde opération, chercher la superficie du quadrilataire AF 5. 3. (formé par l'angle F 5. 3. & les deux lignes AF & A 3. qui ont été tirées des point L & 2 milieux des quarts d'Ellipses DB & D 7. au point A que l'on a trouvé par la premiere opération,) en souftraire la figure mixtiligne ALD 2. & diviser le reftant par la hauteur du pié-droit afin d'avoir un quotien qui donnera le second terme : quant aux autres opérations elles sont les mêmes que celles dont nous venons de parler.   FIG. 8.

PROPOSITION TROISIE'ME.

PROBLE'ME.

Trouver l'épaiffeur qu'il faut donner aux piés-droits des Voûtes en tiers-points.

56. Ayant une Voûte en tiers-point dont on veut connoître l'épaiffeur des piés-droits, il faut savoir d'abord à qu'elle diftance les centres G & H, qui ont servi à décrire les deux arcs de la Voûte, font du point A milieu de BI, leur position étant arbitraire dépendant du plus ou moins d'élévation qu'on veut donner à la Voûte, il faut savoir comme on les a déterminé & toûjours dans la ligne BI ; car s'ils étoient au-deffus ou au-deffous comme je l'ai vû dans quelque ouvrage affés mal conçû, la Voûte seroit très-deffectueuse, parce que son imposte feroit un jarret avec le pié-droit, & auroit beaucoup moins de force pour résister au choc des Bombes, si on la conftruisoit pour couvrir un Magafin à Poudre où quelqu'autre Edi-   PLANCH. 6. FIG. 1.

H ij

fice Militaire. Nous suposerons donc qu'ils sont dans le milieu des lignes BA & AI, qui étant chacune de 12 pieds HB ou HD, sera de 18 & HA de 6. de l'autre côté faisant la Voûte de 3 pieds d'épaisseur, & donnant encore 15 pieds à la hauteur BS des piés-droits, on trouvera le reste en suivant les cinq opérations que voici.

Pour la premiere opération, il faut chercher par la trigonométrie l'angle AHD du triangle rectangle DAH, duquel on connoît les deux côtés DH & HA, (& on trouvera qu'il est de 70 degrés 30 minutes.)

Pour la seconde, il faut chercher la superficie des deux cercles qui auroient pour raïon HB & HE (de 18 & de 21 pieds,) en prendre la différence (qu'on trouvera de 368 pieds quarrés,) ensuite dire, comme 360 degrés est à la valeur de l'angle DHB (de 70 degrés 30 minutes, que l'on a trouvé dans l'opération précédente,) ainsi la différence des deux cercles (368) est à un quatriéme terme (qu'on trouvera de 71 pieds 6 pouces 8 lignes) qu'il faut diviser par la hauteur (15) des piés-droits, & le quotien sera 4 pieds 9 pouces 3 lignes, pour le premier terme.

Pour la troisiéme, on tirera la ligne HF par le milieu C de l'arc BD (qui donnera 35 degrés 15 minutes pour l'angle LHV, par la premiere opération) & du point L milieu de FC, on abaissera la perpendiculaire LV, on aura le triangle rectangle LVH, duquel on connoît les angles & le côté HL (de 19 pieds & demi,) ainsi par les calculs ordinaires on trouvera 11 pieds 3 pouces pour le côté LV & 16 pieds pour l'autre VH ; & pour ne pas confondre ces deux grandeurs dans les calculs suivans, nous nommerons 11 pieds 3 pouces, second terme & 16 pieds, troisiéme terme.

Pour la quatriéme opération, il faut ajoûter le second terme (11 pieds 3 pouces) à la hauteur du pié-droit (& l'on aura 26 pieds 3 pouces,) qu'on multipliera par le second terme même ; (c'est-à-dire par 11 pieds 3 pouces,) diviser le produit (295 pieds 4 pouces,) par le troisiéme (j'entends par 16 pieds,) ajoûter le quotien (18 pieds 5 pouces 6 lignes) au premier terme, (4 pieds 9 pouces 3 ligne) & multiplier la somme (qui est 23 pieds 2 pouces 2 lignes) par le premier terme (4 pieds 9 pouces 3 lignes,) le produit sera environ (110 pieds 9 pouces 9 lignes) pour le quatriéme terme.

Enfin pour la cinquiéme opération, on extraira la racine quarrée du quatriéme terme ; (c'est-à-dire de 110 pieds 9 pouces 9 lignes, qu'on trouvera d'environ 10 pieds 6 pouces 2 lignes) d'où il faut souftraire le premier terme, (4 pieds 9 pouces 3 lignes,) la diffe-

LIVRE II. DE LA MECANIQUE DES VOUTES.   61
rence sera 5 pieds 8 pouces 11 lignes, qui est l'épaisseur qu'il faut donner aux piés-droits.

Remarque.

57. Si l'extrados de la Voûte au lieu d'être curviligne comme nous le venons de supposer, étoit terminé par deux plans 5. 4. & 5. 6. Il faudroit dans la seconde opération chercher la valeur du quadrilataire *QF* 5. 3. (formé par l'angle *F* 5. 3. & les deux lignes *QF* & *Q* 3, qui ont été tirées des centres *G* & *H*, pour diviser les arcs *DB* & *DI* en deux également) en retrancher la figure mixtiligne *QCD* 2, & diviser le restant par la hauteur du pié-droit, le quotient sera le premier terme. A l'égard des autres opérations, elles doivent être de même que les précédentes.

PROPOSITION QUATRIEME.

PROBLEME.

Trouver l'épaisseur qu'il faut donner à des piés-droits qui soûtiendroient une plate-Bande.

58. La plate-Bande est une espece de Voûte qui a la figure d'un plat-Fond; son usage le plus ordinaire est d'être employée dans les grands édifices, où il y a des peristiles comme au vieux Louvre à Paris, ou bien on s'en sert aux Portes-Cocheres, & alors comme cette Voûte a beaucoup de poussée, on peut pour la soulager du poids qu'elle auroit à porter, faire un arc de décharge comme je l'ai dit ailleurs. Mr Abeille Ingenieur du Canal de Picardie, à imaginé une construction de plate-Bande fort ingenieuse, la coupe des Clavaux en est singuliere, & contribuë beaucoup à diminuer la poussée que les piés-droits auroient à soûtenir, j'en aurois volontiers fait la description si elle étoit venuë à ma connoissance avant que les planches de ce second Livre fussent gravées.

PLANCH. 6.
FIG. 2.

Quand on veut construire une plate-Bande *LDEF*, on décrit sur la ligne *LF* qui en doit déterminer l'étenduë, un triangle équilateral *LAF*, dont le point *A* sert de centre pour trouver la coupe des Clavaux, ainsi les lignes *LD* & *EF*, (qui ne sont autre chose que les côtés du triangle prolongé,) marquent les joints des deux derniers Clavaux qui s'apuyent sur les coussinets, desorte que c'est le Trapeze *LDEF*, qui cause la poussée que les piés-droits ont à soûtenir : or si l'on supose la ligne *LF* de 24 pieds, l'épaisseur *CK* de 3, & la hau-

H iij

teur LS des piés-droits de 15, il faut pour en trouver l'épaisseur, se proposer quatre opérations.

La premiere, est de chercher la valeur de la perpendiculaire AK par le moyen du triangle LAK, dont le côté LA étant double de LK, l'un sera de 12, & l'autre de 24, qui donneront 20 pieds 9 pouces 4 lignes pour KA, que nous nommerons premier terme.

La deuxiéme, est de chercher la superficie du Trapeze $LDCK$, (que l'on trouvera d'environ 38 pieds 3 pouces,) qu'il faut diviser par la hauteur du pié-droit (qui est de 15) & l'on aura 2 pieds 6 pouces 7 lignes, pour le second terme.

Pour la troisiéme, il faut diviser la valeur de la ligne AK; (c'est-à-dire 20 pieds 9 pouces 4 lignes,) par le quart de la largeur LF de la plate-Bande (qui est 6) multiplier le quotien (3 pieds 5 pouces 6 lignes,) par la superficie du Trapeze $LDCK$ (que l'on a trouvé dans la seconde opération de 38 pieds 3 pouces) & le produit sera 2 pieds 3 pouces 4 lignes, pour le troisiéme terme.

Enfin pour la quatriéme opération, il faut quarrer le 2e terme (2 pieds 6 pouces 7 lignes) & ajoûter le produit (6 pieds 5 pouces 9 lignes) au troisiéme, (2 pieds 3 pouces 4 lignes) de la somme (qui est 138 pieds 9 pouces 1 ligne) extraire la racine quarrée (qui sera de 11 pieds 9 pouces 4 lignes,) de laquelle retranchant la valeur du second terme, (j'entends 2 pieds 6 pouces 7 lignes) la difference 9 pieds 2 pouces 9 lignes, sera l'épaisseur qu'il faut donner aux piés-droits pour soûtenir la poussée de la plate-Bande dans l'état d'équilibre.

Remarque.

58. Quoique les régles que nous venons d'enseigner dans les quatre Problémes précédens, ayent donné un peu plus d'épaisseur qu'il ne faloit aux piés-droits pour être en équilibre avec la poussée qu'ils avoient à soûtenir, on prendra garde que cette petite augmentation ne suffit pas dans la pratique où il faut que la puissance résistante, soit toûjours beaucoup au-dessus de celle qui agit afin que l'ouvrage en soit plus solide; c'est pourquoi il est à propos d'en augmenter l'épaisseur d'un sixiéme de ce qu'on aura trouvé par le calcul; ou bien si on l'aime mieux, on pourra sans y faire aucune augmentation fortifier les piés-droits par des contreforts, qui est le parti le plus convenable & le plus conforme à l'usage, du moins quand il s'agit des ouvrages qui ont raport à la Fortification, étant les seuls que j'ai envisagé. Car j'aurois pû dans les Chapitres précédens aussi-bien que dans celui-ci parler de la construction des Voûtes des Eglises

Livre II. de la Mecanique des Voutes. 63

& de celles des autres Edifices qui demandent de la légereté & une certaine hardieſſe, peut-être même que les idées que j'ai là-deſſus pourroient meriter l'attention des Curieux, principalement des Architectes : mais je n'ai pas voulu m'écarter de mon ſujet, ni trop m'étendre ſur ce qui auroit pû me diſtraire des autres parties qui doivent compoſer la ſuite de mon ouvrage.

Je ne dirai rien non plus de la maniere de déterminer la longueur des contreforts par raport à leur épaiſſeur & leur diſtance, parce que je n'aurois pû le faire que par des opérations très compoſées ; mais comme on peut s'en paſſer, puiſque les perſonnes qui ſont dans l'uſage de faire travailler ont ordinairement aſſés de connoiſſance pour prendre d'eux-mêmes de juſtes meſures, les quatre propoſitions précédentes leur ſuffiront.

PROPOSITION CINQUIE'ME.

Probléme.

Trouver l'épaiſſeur qu'il faut donner aux Culées des Ponts de Maçonnerie pour ſoûtenir en équilibre la pouſſée des Arches.

59. Voulant faire un Pont compoſé d'une Arche en plain-ceintre Planch. *BDI*, il faut élever ſur le ceintre *A* la perpendiculaire *AG* & diviſer 6. le quart de cercle *BD* en deux également par le raïon *AF*, enſuite Fig. 6. mener la ligne *MK* paralele à *EA*; enſorte qu'elle paſſe par le point *L* milieu de l'épaiſſeur *FC* de l'Arche, & alors elle déterminera la hauteur la plus convenable qu'il faut donner à la Culée *MPSQ*. Or ſupoſant le raïon *AB* de 36 pieds, l'épaiſſeur *FC* ou *GD* de 6 & la hauteur *BS* de 12, on trouvera l'épaiſſeur *PS* de la Culée en faiſant les quatres opérations ſuivantes.

Pour la premiere, il faut quarrer la ligne *AL* (de 39 pieds) prendre la moitié du produit & en extraire la racine (qu'on trouvera de 27 pieds 7 pouces) pour avoir la valeur de chaque côté *LV* ou *VA* du triangle rectangle *LAV*, & l'on aura en même tems la partie *BV* (de 8 pieds 5 pouces qu'il faut écrire à part, parce qu'on en aura beſoin dans la troiſiéme opération,) enſuite ajoûter enſemble les lignes *LV* & *BS*, pour avoir la hauteur *MP* de la Culée de 39 pieds 7 pouces, qui ſera le premier terme.

Pour la ſeconde, il faut chercher la valeur des deux cercles des raïons *AD* & *AG* ; (c'eſt-à-dire, de 36 & de 42 pieds,) en prendre la différence, & la huitiéme partie de cette différence (qu'on trouvera de 184 pieds quarrés,) qu'il faut divifer par le premier terme (j'entends par 39 pieds 7 pouces) & le quotien donnera 4 pieds 7 pouces 9 lignes, pour le fecond terme.

Pour la troifiéme, il faut fouftraire la partie *BV* (de 8 pieds 5 pouces qu'on a trouvé dans la premiere opération) du premier terme (39 pieds 7 pouces,) la différence (31 pieds 2 pouces) doubler & l'on aura 62 pieds 4 pouces, pour le troifiéme terme.

Enfin pour la quatriéme, il faut ajoûter le fecond terme (4 pieds 7 pouces 9 lignes.) au troifiéme (62 pieds 4 pouces, pour avoir 66 pieds 11 pouces 9 lignes) qu'on multipliera par le fecond terme & extraire la racine quarrée du produit (311 pieds qu'on trouvera de 17 pieds 7 pouces 9 lignes,) de laquelle retranchant le fecond (4 pieds 7 pouces 9 lignes) la différence fera 13 pieds, pour l'épaiffeur de la Culée, & fi on l'augmente d'une fixiéme, fuivant la remarque précédente, il faudra lui donner 15 pieds 2 pouces pour mieux foûtenir le poids de la Chauffée du Pont & les Voitures qui pafferont deffus.

Remarque.

Quoique les calculs précédens foient bien aifés, j'en aurois volontiers difpenfé ceux qui n'en ont pas l'habitude, fi j'avois pû donner des Tables pour trouver l'épaiffeur des piés-droits des Voûtes dans toute forte de cas; mais c'eft ce qui ne m'a pas parû poffible à caufe que les Edifices où on les employe, font fujets à une infinité de circonftances différentes, foit de la part de leur figure, ou de leur folidité, felon les ufages aufquels on les deftine, & fi l'on favoit ce qu'il m'en a coûté pour réduire la Théorie aux pratiques que je viens d'enfeigner, l'on conviendroit que tout bien confideré on n'a pas lieu d'être mécontent de moi, puifque j'ai fait tout ce qui étoit en mon pouvoir pour m'accommoder aux différens genies de mes Lecteurs, comme on s'en apercevra encore mieux dans la fuite.

LA SCIENCE DES INGENIEURS
DANS LA CONDUITE DES TRAVAUX DE FORTIFICATION.

LIVRE TROISIE'ME.

Qui comprend la connoissance des Matériaux, leur proprieté leur détail, & la maniere de les mettre en œuvre.

VANT de parler de la Construction des Ouvrages de Fortification, qui vont faire le principal objet de ce Livre, il est à propos de donner la connoissance des matériaux necessaires à leur execution, afin qu'on en sache distinguer les bonnes & mauvaises qualitez. Il y a un enchaînement de détails qui font la principale partie de l'Art de bâtir, & qu'on se propose de bien développer ici : Ils paroîtront peut-être grossiers & peu importans à ceux qui n'ont jamais fait travailler, cependant si l'on fait réflexion que pour executer un projet, il faut dresser des Devis

A

qui expliquent les qualitez des matériaux dont il faudra se servir, & la maniere de les employer, l'on verra la necessité d'être bien instruit des sujets qui font l'objet des Chapitres suivans.

CHAPITRE PREMIER.

Où l'on fait voir les proprietez des differentes sortes de Pierres dont on se sert pour bâtir.

LA Piérre tenant le premier rang parmi les matériaux que nous nous proposons de décrire, il convient de commencer par en expliquer la nature, on en distingue de deux qualitez differentes, l'une dure & l'autre tendre, celle qui est dure est sans difficulté la meilleure, il s'en rencontre pourtant quelquefois de tendre qui résiste mieux à la gelée que l'autre; mais comme cela n'est pas ordinaire, on ne doit pas y compter; car comme les parties de la Pierre dure ont leur pores plus condensez que celle de la tendre, elles doivent être capables d'une plus grande résistance, soit aux injures du tems ou au courant des Eaux dans les Edifices Aquatiques : mais pour bien connoître la nature de la Pierre, il est à propos de rendre raison pourquoi celle qui est dure aussi-bien que la tendre est sujette à la gelée qui la fend & la fait tomber par éclat.

Dans l'assemblage des parties qui composent la Pierre, il y a des pores imperceptibles remplis d'eau & d'humidité, qui venant à s'enfler dans le tems des gelées, fait effort dans ces pores pour occuper un plus grand espace que celui où elle est resserrée, & la Pierre ne pouvant résister à cet effort, se fend & tombe en destruction; ainsi plus la Pierre est composée de parties argilleuses & grasses, & plus elle doit participer de l'humidité, & par conséquent être sujette à la gelée.

Ce n'est pas seulement la gelée qui détruit la Pierre, on croit que la Lune l'altere, ce qui peut arriver pour les Pierres d'une certaine espece, dont les rayons de la Lune peuvent dissoudre les parties les moins compactes : en ce cas on pourroit croire que ces rayons sont humides & que venant à s'introduire dans les pores de la Pierre, ils sont cause de la séparation de ces parties, qui tombant insensiblement en parcelles, la fait paroître moulinée; il en sera au reste tout ce que l'on voudra; mais ce qui me réjoüit, c'est que si la Lune mange ou mouline les Pierres, la Terre qui doit être une

Livre III. de la Theorie de la Maçonnerie. 3
bien plus grande Lune, a bien sa revanche, & les Pierres de la haut sans doute n'ont pas beau jeu.

Dans les endroits où l'on se propose de bâtir, on pourra juger de la qualité de la Pierre des Carrieres des environs, par l'examen de celle dont on aura construit quelques anciens édifices; mais si l'on vouloit en employer d'une nouvelle Carriere, dont on n'eût pas encore fait usage, il faudroit en prendre quelques quartiers, tirez de differens endroits de la Carriere, qu'on exposera sur une terre humide, pour lui laisser essuyer la gelée d'une partie de l'hyver, & s'ils résistent dans cette situation, on pourra s'assurer qu'elle est bonne; on peut encore avoir recours à diverses observations, pour connoître si elle est d'un bon usage, par exemple on se méfiera de celles qui sont de couleur d'un jaune foncé, parce que souvent cette couleur ne vient qu'à cause que la Pierre est grasse, ou n'a pas encore jetté son eau de Carriere; de celles où l'on apercevra des veines brunes ou rouges, & qui ont une grosseur considérable de *bouzin* ou dont les parties ne sont pas assez serrées pour résister aux empreintes qu'on voudroit faire dessus en les frapant avec une baguette, de celles qui sont si grasses qu'elles paroissent mouliner & qui s'écaillent trop facilement & se réduisent en feüille, dès qu'on les frape avec le marteau; de celles enfin qui sont trop fraîchement tirées des Carrieres & qu'on ne peut gueres employer seurement quand même elles n'auroient pas les deffauts que nous venons de remarquer, qu'après les avoir exposées un hyver à la gelée. Mais si l'on est pressé il faudra au moins les mettre en œuvre à la fin du Printems, afin que les chaleurs de l'Eté fassent évaporer l'humidité qu'elles renferment pour être ensuite à l'épreuve des plus rudes saisons.

On jugera de la bonté de la Pierre si elle est bien pleine, d'une couleur égale, sans veine, d'un grain fin & uni, si les éclats s'y coupent net & rendent quelque son.

Quand on employe la Pierre, il faut faire ensorte de la poser sur son lit, je veux dire de la même façon qu'elle étoit placée dans la Carriere, parce que selon cette situation elle est capable de résister autant qu'il lui est possible au poids des gros fardeaux dont elle sera chargée, au lieu que posée d'un autre sens elle s'éclate & n'a pas à beaucoup près autant de force; la plûpart des bons Ouvriers connoissent d'un coup d'œil le lit de la Pierre; mais à moins qu'on y prenne garde, ils ne s'asujettissent pas toûjours à la poser comme il faut.

Quand on construit quelque Edifice, où on est obligé de se ser-

A ij

vir des Pierres de differente qualité, il faut prendre garde d'employer la meilleure, la plus dure, & celle qui resiste le mieux à la gelée, aux endroits qui sont exposez à l'air, reservant celle qu'on soupçonnera n'être pas si bonne, pour les placer dans les fondemens & aux endroits couverts.

Dans les Carrieres la Pierre s'y trouve ordinairement disposée par bancs, dont l'épaisseur change selon les lieux & la nature de la Pierre, par exemple celle d'Arcüeil proche Paris, porte depuis douze jusqu'à quinze pouces de banc. Il y a d'autres Carrieres aux environs de la même Ville, dont les bancs ont jusqu'à deux pieds & demi, & trois pieds ; mais sans nous arrester davantage là-dessus, il suffit de dire que quand on fait bâtir dans un Pays, où l'on n'a point une parfaite connoissance de toutes ces particularitez, il faudra s'en instruire sur les lieux, afin de pouvoir circonstancier dans le Devis, de quelle Carriere les Pierres devront être tirées, afin qu'elles conviennent à l'Ouvrage que l'on a dessein d'executer.

Quand la Pierre que l'on veut mettre en œuvre, est composée d'assez gros quartiers, pour être taillée de telle figure que l'on veut, on la nomme *Pierre de taille* : à l'égard de celle dont on ne fait qu'ôter le boussin & qu'on équarit grossierement pour être employée au remplissage des gros murs, & dans les fondemens, on l'appelle *moilon*, que l'on tire des Carrieres, dont les bancs n'ont pas assez de hauteur pour pouvoir être taillées & employées au parement.

Il s'employe aux environs de Paris un moilon qu'on nomme Pierre de *Meuliere*, qui est fort dure & fort poreuse, & qui fait une Maçonnerie excellente, parce que le mortier s'y attache mieux qu'à toute autre sorte de Pierres, & c'est par cette raison que la Brique quand elle est bonne, vaut mieux pour l'union de la Maçonnerie, que la plûpart des Pierres dures, parce que le mortier s'insinuë dans ses pores & s'y attache fortement.

On se sert encore pour les fondemens d'une autre espece de Pierre plus dure que le moilon, qu'on nomme *libage*, elle se tire du ciel des Carrieres, on l'employe brute ne pouvant être taillée proprement à cause quelle est toûjours d'une forme irréguliere.

Le *Grès* qui est un espece de Roche, se trouve presque toûjours à découvert, & c'est ce qui contribuë à sa dureté ; car en general toutes les Pierres qu'on trouve sans creuser beaucoup en terre, sont plus solides que celles que l'on tire du fond des Carrieres ; & c'est à quoi les anciens s'attachoient beaucoup, puisque pour rendre leurs Edifices d'une plus longue durée, ils se servoient de Pierres provenant des entamures des Carrieres qu'on découvroit ;

on distingue de deux sortes de Grès, le dur & le tendre ; le dur n'est bon que pour paver les ruës & les grands chemins, le tendre se coupe & se débite comme les Pierres ordinaires, on l'employe au soubassement des gros murs, principalement pour ceux qui sont baignez des eaux, son deffaut est de ne pas faire une bonne liaison c'est pourquoi on fait des hachures dans les joints pour que le mortier si acroche mieux, ces joints se remplissent en dehors avec du ciment, parce qu'il s'attache mieux à la Pierre dure que le mortier ordinaire.

CHAPITRE DEUXIE'ME.

Où l'on considere les qualitez de la Brique & la maniere de la fabriquer.

LA Brique étant une espece de Pierre artificielle, dont l'usage est très fréquent dans les Constructions des Edifices, particulierement pour les Fortifications, nous en allons faire le détail, qui quoique grossier en apparence, ne laisse pas d'être utile à sçavoir, à ceux qui ont la conduite des travaux, pour qui les moindres choses ne doivent pas être indifferentes, quand elles peuvent contribuer à la perfection de leur métier.

Pour bien choisir une terre propre à faire de la Brique, il faut qu'elle soit grasse & forte, de couleur blanchâtre, ou grisâtre, sans qu'il s'y rencontre des petits cailloux ni gravier ; il y en a aussi de la rouge qui peut servir au même usage ; mais elle n'est pas des meilleures, parce que les Briques sont sujettes à se feüilleter & à se réduire en poudre à la gelée ; mais sans prendre garde scrupuleusement à la couleur, on jugera qu'une terre est bonne pour faire de la Brique, si après une petite pluye, on s'aperçoit qu'en marchant dessus elle s'attache aux souliers, & s'y amasse en grosse quantité, sans qu'elle s'en détache aisément ; ou si en ayant pétri dans les mains, on ne peut la diviser qu'avec peine.

Après avoir choisi une espace de terre convenable, on la fait foüiller avec la houë, & ayant reconnu qu'elle est également bonne par tout, on attend le tems de la pluye, parce qu'en étant bien imbibée, on la corroye ensuite avec la houë & le rabot, après quoi on la laisse reposer pendant quelque tems, au bout duquel on recommence la même chose, ce que l'on fait quatre ou cinq fois à diverses reprises : on commence ordinairement la préparation des terres dans le mois de Mars ; mais il vaudroit mieux la faire dans l'hyver, parce que les petites gelées sont excellentes pour les bien corroyer : le veritable tems pour faire la Brique est pendant les mois de May & de Juin, parce que dans cette saison elle a tout le tems de seicher, pour être ensuite plus propre à mettre au Four ; car il faut autant qu'il se peut éviter la saison trop avancée, les Briques faites alors, n'étant pas si bonnes à beaucoup près que celles qui sont faites en Eté.

Ce n'est pas assez d'avoir insinué ce qui peut contribuer à faire des bonnes Briques, il faut encore discerner les bonnes & mauvaises qualitez de celles qui se trouvent en Magasin, puisque c'est de là que dépend la durée de l'ouvrage qu'on veut exécuter : Vitruve raporte que de son tems dans la fameuse Ville d'Utique, le Magistrat pour empêcher toute mal-façon, ne permettoit pas qu'on en employât pour aucun Edifice, qu'il ne les eût visitées auparavant & donné son approbation : on s'aperçoit bien que cette sage police n'est plus d'usage parmi nous, puisqu'à la confusion de la plûpart des Entrepreneurs, l'on voit tous les jours des Bâtimens menacer ruine, avant pour ainsi dire d'être achevez.

La Brique qui est d'une couleur jaune, aprochant un peu d'un rouge pâle est bonne, parce qu'ordinairement elle a été faite d'une terre grasse, comme est celle dont nous venons de parler. On connoîtra encore la bonne Brique au son, car celle dont il sera le plus net sera préférable aux autres dont le son est sourd : Il arrive assez souvent que des Briques faites d'une bonne terre, & préparées également, sont de differentes couleurs, & par conséquent de differentes qualitez, & cela se distingue surtout quand on en voit qui sont plus rouges les unes que les autres, qui n'en sont pas pour cela meilleures, mais au contraire, puisqu'elle sont d'une très-mauvaise qualité, parce qu'elles ont été placées dans le Four à des endroits où le feu n'a pas eû assez de force pour les cuire, ce qui fait qu'elles ne résistent pas à la gelée ni au poids dont elles sont chargées, se cassant & se réduisant en poudre facilement.

Enfin la preuve la plus sûre pour connoître la bonté de la Brique, quand il s'agit de quelque Ouvrage d'importance, dont on peut differer l'execution d'une année, c'est de coucher celles que l'on veut employer, sur la terre pendant l'hyver pour y essuyer la gelée parce qu'alors celles qui y auront résisté sans se feüilleter, & ausquelles il ne sera arrivé aucune alteration considerable, pourront être mises en œuvre en toute sûreté.

Livre III. de la Theorie de la Maçonnerie. 7

La grandeur ordinaire des Briques eſt de 8 ou 9 pouces de longueur ſur 4 ou 4 & demi de largeur & 2 d'épaiſſeur, ces dimenſions ſont le plus en uſage parce qu'elles rendent les Briques fort commodes pour être miſes en œuvre.

Quand les Murs n'ont qu'une médiocre épaiſſeur, on les détermine par le nombre des Briques qu'il faut pour en marquer l'étenduë, tels ſont ceux de deux Brique, d'une Brique & demi, & d'une Brique, dont on ſe ſert pour les Murs mitoyens, ou pour ceux de clôture.

CHAPITRE TROISIE'ME.

Où l'on fait voir les qualitez de la Chaux & la maniere de l'éteindre.

LA Chaux pouvant être regardée comme l'ame de la Maçonnerie, il eſt de la derniere conſéquence d'être bien inſtruit de tout ce qui lui apartient, afin que dans l'uſage que l'on en fera, on parvienne à cette fin principale que l'on doit ſe propoſer en conſtruiſant les Bâtimens, qui eſt de faire enſorte que les matériaux ſoient ſi bien unis qu'ils ne paroiſſent plus compoſer qu'une ſeule Pierre.

La Chaux eſt une Pierre calcinée qui ſe détrempe avec de l'eau & du ſable, pour en compoſer le mortier: pour faire de la bonne Chaux, il faut ſe ſervir de Pierres très-dures, peſantes & blanches, & de toutes celles qu'on peut employer, il n'y en a point qui en faſſe de meilleure que le marbre, quand on eſt à portée d'en avoir comme dans le Pays où il eſt commun: la Pierre tirée de frais ou nouvellement eſt meilleure à faire la Chaux que la ramaſſée, & particulierement celle des Carrieres humides & à l'ombre, que celles qui ſont plus ſeiches: les Cailloux qui ſe rencontrent ſur les Montagnes, ou dans les Rivieres & les Torens, auſſi-bien que certaines Pierres ſpongieuſes & dures qui ſe trouvent quelques fois dans les Campagnes, font une très-bonne Chaux, & l'ouvrage en eſt fort blanc & poli; ce qui fait qu'on s'en ſert ordinairement au crépiſſage des Murs: il y a une Pierre jaunâtre qui ſe tire aux environs de Boulogne en France, qui fait auſſi une Chaux excellente, & qui eſt la plus eſtimée de toutes celles qu'on peut employer en Picardie & en Artois, où communément elle n'eſt pas trop bonne, parce qu'on la fait avec du moilon tendre & blanc, qui ne differe gueres de la craye, qui eſt la plus mauvaiſe qualité qu'une Pierre puiſſe avoir pour faire de la Chaux.

Le Charbon de terre vaut beaucoup mieux pour cuire la Chaux que le bois, car non-ſeulement la cuiſſon en eſt plus prompte; mais c'eſt qu'il rend la Chaux plus graſſe & plus onctueuſe.

Quand la Chaux eſt tirée du Fourneau, il faut pour la bien éteindre prendre garde que les Ouvriers y mettent la quantité d'eau néceſſaire, car le trop peu la brûle & la trop grande quantité la noye, le mieux eſt de la jetter à diverſes repriſes.

L'on connoît ſelon Phylbert Delorme que la Chaux eſt bonne, lorſqu'elle eſt bien cuite, blanche & graſſe, qu'elle n'eſt pas éventée & ſonne comme un pot de terre quand on la frape, qu'étant moüillée ſa fumée paroît épaiſſe & lorſqu'en la détrempant elle ſe lie au rabot.

Selon ce même Architecte, la maniere de la bien détremper pour faire d'excellent mortier, eſt d'en amaſſer dans une Foſſe telle quantité qu'on en aura beſoin, puis la couvrir également partout de bon ſable environ un pied ou deux d'épaiſſeur, enſuite jetter de l'eau pardeſſus ſuffiſamment pour faire que le ſable en ſoit bien abreuvé, afin que la Chaux qui eſt deſſous ſe puiſſe fuſer & diſſoudre ſans ſe brûler, ce qui arriveroit ſi on ne lui donnoit pas d'eau ſuffiſamment; ſi l'on s'aperçoit que le ſable ſe fende en quelqu'endroit, & faſſe paſſage à la fumée, il faut auſſi-tôt recouvrir les crevaſſes, & moyennant cette préparation, elle ſe convertira en une maſſe de graiſſe, laquelle étant entamée au bout de deux ou trois ans reſſemblera à un fromage de crême; cette matiere ſera ſi graſſe & ſi glutineuſe qu'on n'en pourra tirer le rabot qu'avec peine, & ſera un mortier d'un excellent uſage pour les enduits des murailles & les Ouvrages de Stuc.

Vitruve remarque qu'il eſt néceſſaire que les Pierres de Chaux ſoient éteintes depuis long-tems, afin que s'il y a quelques morceaux qui ayent été moins cuits que les autres, ils puiſſent étant éteints à loiſir ſe détremper auſſi aiſément que les autres; car dans la Chaux qui eſt employée en ſortant du Fourneau, & devant qu'elle ſoit parfaitement éteinte, il reſte quantité de petites Pierres moins cuites qui font ſur l'ouvrage comme des puſtules; parce que venant à s'éteindre plus tard que le reſte de la Chaux, elles rompent l'enduit & le gâtent; il ajoûte auſſi que pour ſavoir ſi la Chaux eſt bien éteinte & ſuffiſamment détrempée, il faut y enfoncer un coûteau s'il rencontre des petites pierres, c'eſt une marque qu'elle n'eſt pas encore bien éteinte; de même ſi on le retire net, cela

ſignifiera

signifiera qu'elle n'eſt pas bien abreuvée, au lieu que ſi la Chaux s'y attache, on jugera qu'elle eſt graſſe, gluante & bien détrempée.

Il y a cependant une excellente qualité de Chaux qui ne ſe fuſe point, telle eſt celle de Metz & des environs, où il eſt arrivé que des gens qui n'en connoiſſoient pas la qualité, en avoient fuſé dans des trous bien couverts de ſable, & l'année ſuivante elle s'eſt trouvée auſſi dure que de la Pierre, il a falu la caſſer avec des coins de fer & l'employer comme du moïlon, pour éteindre cette Chaux, on la couvre de tout le ſable qui doit entrer dans le mortier ; & l'on jette avec la main, de l'eau deſſus en arroſant & cela à pluſieurs repriſes, cette Chaux s'éteint ſans qu'il ſorte de fumée au-dehors, elle fait un ſi bon mortier, qu'à Metz preſque toutes les Caves en ſont faites ſans autre mélange que de gros gravier de Riviere, il n'y entre ni Pierre ni Brique, & cela fait un maſtic ſi dur, que les picques les mieux acerées n'y peuvent mordre, lorſque ce mortier a fait corps.

Dans toutes les obſervations qu'on a faites ſur la Chaux, on a connu que plus elle eſt vive, plus elle foiſonne quand on l'éteint, porte davantage de ſable, fait ſon mortier gras & bon, qu'étant gardée long-tems après avoir été éteinte, pourvû qu'elle ſoit dans des foſſes bien couvertes de ſable, meilleure elle eſt; c'eſt pourquoi les Romains ne vouloient pas qu'on en employât pour leurs Edifices, qu'elle ne fut éteinte depuis deux ou trois ans, on a remarqué encore que la Chaux en pouſſiere ne valoit rien, parce que ſon ſel ayant changé de nature & de vertu, elle n'avoit plus celle de faire corps dans la maçonnerie.

CHAPITRE QUATRIE'ME,

Où l'on explique les qualitez du Sable, de la Pozzolane & du Plâtre.

APrès avoir montré dans le Chapitre précédent, les qualitez de la Chaux ; nous en allons faire de même pour le Sable, afin qu'étant prévenus de tout ce qui regarde ces deux matieres, on ſache par leur mélange compoſer un bon mortier : il faut pouvoir être Maçon avant de devenir Architecte, & puiſqu'il faut néceſſairement paſſer par-là, je prie ceux qui verront les premiers Chapitres de ce Livre de ne point s'ennuyer de la ſterilité des ſujets qu'on y traite, ils doivent s'eſtimer fort heureux, d'en être quittes pour la lecture.

L'on diſtingue principalement deux ſortes de Sable, dont on peut ſe ſervir pour faire le mortier, l'un eſt le Sable de *Cave*, que l'on nomme ainſi pour faire entendre qu'on le trouve en foüillant dans la terre, l'autre s'apelle Sable de *Riviere*, parce qu'effectivement on le prend dans les lits des Rivieres & des Fleuves, le Sable de Cave ſe rencontre aſſez ſouvent ſans aprofondir beaucoup dans la Terre, où il forme preſque toûjours des bancs, dont l'étenduë & l'épaiſſeur changent ſelon la différence des lieux, qui lui donnent auſſi une couleur différente; mais comme la couleur ne décide rien ſur ſa bonne & mauvaiſe qualité, & qu'il eſt ſeulement queſtion du grain, il faut pour être d'un bon uſage, qu'il ne ſoit point gras ni terreux; c'eſt-à-dire, qu'il ne ſoit point mêlé avec de la terre; mais au contraire net; enſorte qu'en le frottant entre les doigts il raiſonne; celui qui eſt blanc eſt ordinairement le moins chargé de terre, & peut s'employer ſûrement ayant attention que le grain en ſoit d'une certaine groſſeur, *car quand il eſt par trop fin & preſque imperceptible, il ne fait point de corps avec la Chaux,* & le mortier qui en eſt compoſé ſe réduit par la ſuite en pouſſiere.

Le Sable de Riviere eſt à préférer à celui de Cave, parce qu'il eſt moins gras & beaucoup meilleur pour les enduits; ainſi quand on eſt à portée d'en avoir, il faut autant qu'il eſt poſſible ne pas le négliger, il eſt vray qu'il arrive aſſez ſouvent qu'en foüillant pour creuſer les fondemens, on en rencontre de Cave qu'on auroit tort de ne point employer, quand il eſt bon; parce que ſe trouvant tout porté ſur l'atelier, on évite la dépenſe de l'aller chercher ailleurs, & le tranſport de la vuidange des terres qu'il faudroit faire ſans cela; mais ce motif quoique puiſſant pour ceux qui aiment l'œconomie ne doit point prévaloir ſur le tort que l'on auroit d'employer dans le mortier, (comme on fait aſſez ſouvent) une terre jaune au lieu de Sable, parce que cette terre aura parû dure & ſabloneuſe.

Le Sable de Riviere ſe tire de leur lits avec des Dragues faites à cet uſage, celui qui eſt ſur le rivage n'eſt pas tout-à-fait ſi bon, étant ſujet à être mêlé & couvert de vazes, qui eſt une eſpece de terre graſſe qui s'y attache dans le tems des grandes eaux & des débordemens; cependant quand il s'en rencontre qui ne participe pas de ce mêlange, on peut s'éviter la peine de le pécher, ou bien ſi la ſuperficie du rivage eſt chargée de vazes, on en ſera quitte pour enlever une eſpece de croute qui s'y rencontre ordinairement, &

prendre le bon fable qui eſt deſſous, afin de l'avoir pur; il ſe trouve encore une eſpece de Sable apellé *gravier*, qui étant purgé de tout ce qui peut le rendre défectueux eſt auſſi d'un bon uſage; mais il eſt moins eſtimé que le Sable, parce qu'il n'eſt pas ſi menu, étant mêlé de petits cailloux qui ne s'incorporent pas bien avec la Chaux, & par conſéquent ne peut faire qu'un mortier peu propre à la liaiſon des Pierres, à cauſe de l'épaiſſeur & inégalité des joints; on peut pourtant s'en ſervir dans la conſtruction des fondemens & autres gros Ouvrages. Il ſe trouve ſur le bord de la Mer & dans les Terres, un Sable fort menu qu'on apelle *ſablon*, dont on ſe ſert quelques fois comme du Sable ordinaire; mais il n'eſt pas ſi bon, cependant il s'en rencontre d'excellent dans les marais, quand on voit qu'en marchant deſſus il en ſort de l'eau, ce qui lui a fait donner le nom de ſable *bouillant*.

Pour juger du ſable dont on eſt incertain, il faut en jetter dans un vaſe plein d'eau claire, & le broüiller enſuite avec la main, ſi l'on voit que l'eau devienne noire & bourbeuſe, c'eſt une marque qu'il eſt gras & terreux, ſi au contraire l'eau eſt preſque auſſi claire qu'auparavant, ou n'eſt devenuë qu'un peu trouble, on ſera convaincu que le ſable eſt pur & net.

Il ſe fait encore un mortier de deux eſpeces de poudre, la premiere eſt la *Pozzolane*, dont la couleur eſt rougeâtre, elle ſe trouve en Italie & au Pays de *Bayes*, cette poudre eſt très-bonne pour les Bâtimens, & rien au monde ne lie mieux les Pierres que le mortier qui en eſt fait non-ſeulement pour la maçonnerie des Edifices, qui s'élevent dans les lieux ſecs; mais particulierement pour ceux qui ſe fabriquent au fond de la Mer & dans les Eaux, faiſant corps peu après avoir été employé, parce qu'elle ſe durcit dans l'eau, comme nous l'expliquerons plus amplement ailleurs, je crois que cette poudre n'eſt autre choſe que la terre & le tuf qui ſont brûlez par les feux ſoûterains qui ſortent des montagnes, aux environs deſquels on la tire; & voici ce me ſemble la raiſon de ſon admirable propriété.

Comme la Thuille qui eſt une compoſition de terre, n'a point de vertu avant la cuiſſon pour agir avec la Chaux, & qu'après être cuite & réduite en poudre, elle fait un mortier excellent, de même la terre bitumineuſe qui ſe trouve au Royaume de Naples, étant brûlée par les feux ſoûterains, les petites parties qui en réſultent, & qu'on peut regarder comme une cendre, compoſent la poudre de Pozzolane qui doit par conſéquent participer des proprietez du ciment, d'ailleurs la nature du terrain peut y avoir auſſi beaucoup de part, aussi-bien que l'effet que produit le feu, il y a aparence que l'on nomme cette poudre Pozzolane, parce qu'elle se trouve dans le territoire de la Ville de *Pozzol*, si fameuse par ses grotes, & ses eaux minérales.

L'autre espece de poudre est faite d'une terre qui se trouve assez près du bas Rhin en Allemagne & aux environs de Cologne, on la cuit comme le Plâtre, ensuite on l'écrase avec des meules à Moulin pour la réduire en poudre, elle est si commune aux Pays-bas, qu'elle en a retenu le nom, la nommant *Terrasse de Hollande*, elle est de couleur grise, & lorsqu'elle est pure & qu'elle n'est point falcifiée, ce qui est assez rare, elle est excellente dans les Ouvrages qui sont baignez des eaux & résiste également à l'injure des saisons différentes, l'humidité & la sécheresse ne pouvant l'alterer, elle retient les Pierres & les autres matériaux ensemble avec une force & une fermeté inébranlable, ce qui fait qu'on l'employe en France & aux Pays bas dans la construction des Ouvrages aquatiques, par la difficulté d'avoir de la Pozzolane à juste prix: la *Cendrée de Tournay* est aussi merveilleuse, comme nous le ferons voir au Chap. suivant.

On se sert encore au lieu de sable, de certaine poudre artificielle d'un très-bon usage pour les Bâtimens, on fait piler des fragmens de pots & autres vases de Grais & des morceaux de *mache-fer*, provenans du Charbon de Terre brûlé dans les Forges, lesquels étant réduits en poudre, on y mêle une pareille quantité de Ciment de Pierre de meule de Moulin & de Chaux, dont on compose un mortier excellent qui résiste parfaitement à l'eau si les Ouvrages où on l'employe en sont baignez, comme sont les Ecluses, Ponts, Citernes, Réservoirs &c. On fait aussi un amas de Cailloux qui se trouvent dans les Campagnes, ou de *galets* qu'on prend sur le bord des fleuves qu'on met au Fourneau, & après les avoir fait rougir, on les retire, puis on les fait piler & réduire en poudre ce qui en fait une d'un aussi bon usage que la Terrasse d'Hollande.

Il nous reste encore à parler du *Plâtre*, qui est une matiere qui demanderoit elle seule une grande dissertation, si l'on vouloit entrer dans les causes physiques de ses proprietez; mais je me trouve malgré moi dans la necessité de passer sous silence bien des remarques curieuses qui grossiroient cet Ouvrage assez inutilement, j'ai tant de sujets différens à traiter, que j'aprehende en voulant m'arrêter sur certains objets abondans, qu'il ne m'échape d'ailleurs d'autres vûës plus utiles à la perfection du dessein que je veux remplir.

Le Plâtre se fait d'une Pierre de couleur grisâtre qui ne se trouve que dans certains Pays, particulierement aux environs de

Livre III. De la Construction des Travaux. 13

Paris, on la fait cuire au feu comme la Chaux ; mais elle en est bien différente, car la Chaux ne peut être employée sans le mélange de quelque autre matiere qui la soûtienne & lui donne plus de corps qu'elle n'en a naturellement, au lieu que le Plâtre s'employe tout pur, il suffit de l'abreuver avec de l'eau, & aussi-tôt on le met en œuvre, car il a cela de particulier, que s'il n'est pas employé sur le champ après l'avoir abreuvé, il se séche & ne peut plus s'apliquer contre d'autres corps, ni recevoir les differentes impressions qu'on veut lui donner pour faire des ornemens d'Architecture, comme sa principale qualité est de faire corps dans le moment qu'on le met en œuvre, Il n'y a point de matiere dont on puisse se servir plus utilement dans la construction des Bâtimens & sur laquelle on soit plus sujet a être trompé par ceux qui la débitent, tantôt le Plâtre sera mauvais pour être éventé, tantôt parce que la cuisson en aura été mal faite, ce qui arrive le plus souvent ; car comme celui qui étoit aux extrêmitez du Four, n'a pas eû un dégré de chaleur suffisant pour être calciné jusqu'à un certain point, il n'y a gueres que celui du milieu qui l'a été comme il faut, cependant quand la cuisson est faite, les Chau-fouriers le mélent tout ensemble, & quand il est en poudre, celui des extrêmitez du Four est confondu avec celui du milieu, ce dernier qui eût été excellent s'il avoit été employé à part, est alteré par le mélange qu'on en a fait, & ne vaut pas à beaucoup près ce qu'il étoit auparavant ; c'est pourquoi dans les Ouvrages de conséquence qui se font avec le Plâtre, il faudroit ne se servir que de celui qui a été dans le milieu du Four, & avoir pour cela des gens sur le lieu qui le choisissent, on en sera quitte s'il le faut à le payer davantage que celui qu'on vend dans les sacs ; je voudrois même plus, c'est que ne pouvant pas compter sur les Chau-fouriers on suivit la cuisson depuis le commencement jusqu'à la fin, pour avoir attention que les Pierres soyent bien rangées dans le Four ; ensorte que les unes ne soient pas absolument embrasées, comme sont celles qui sont près le foyer, tandis que les autres qui sont plus loin ne ressentent qu'à peine l'action du feu, qui faute de jour n'aura pû s'introduire à la ronde, d'ailleurs la bonne cuisson consiste aussi à ménager un dégré de chaleur qui peu à peu déseichant l'humidité de la pierre fasse évaporer le souffre qu'elle renferme & la purge des parties de terre dont elle peut être mêlée, prenant garde que la violence de la flame ne cause un déseichement absolu ; car comme il y a aparence que la vertu du Plâtre est causée par un sel, qui fait que ses parties s'accrochent les unes aux autres, dès que ce sel est trop déseiché, il n'y a plus de liaison,

& c'est ce que j'ai vû plusieurs fois remarquer à des Plâtriers, qui étoient étonnez de voir qu'ils ne pouvoient pas mettre en œuvre du Plâtre nouveau, dont ils croyoient être surs, parce qu'ils étoient convaincus qu'il n'y avoit aucun mélange.

 Quand la cuisson a été bien faite, il est facile de le connoître parce que pour lors le Plâtre a une certaine onctuosité & une graisse qui cole aux doigts quand on le manie, au contraire si elle a été mal faite, le Plâtre a de la rudesse & ne s'attache point comme l'autre, après cela toute bonne que puisse être cette cuisson, elle devient pour ainsi dire nulle, quand on veut employer du Plâtre qui a été gardé long-tems; car cette matiere ressemble aux liqueurs exquises, qui n'ont de saveur qu'autant qu'on a eû soin de ne pas laisser évaporer les esprits qui en font toute la bonté; si le Plâtre n'est pas bien renfermé dans des tonneaux, placez dans des lieux secs, il s'évente; c'est-à-dire, que le sel qui en fait toute la vertu s'évapore & il ne reste qu'une espece de cendre qui étant employée ne fait plus corps, ainsi l'état le plus convenable où l'on doit prendre le Plâtre, c'est de l'employer au sortir du Four quand on est à portée d'en user de la sorte: l'on remarquera encore que toutes les saisons ne sont pas propres pour le mettre en œuvre, si l'on s'en sert en Hyver, ou à la fin de l'Automne, les Ouvrages qui en sont faits sont de peu de durée, & sujets à tomber par éclats, parce qu'alors le froid saisit tout d'un coup le Plâtre, il glace l'humidité de l'eau avec laquelle il a été gâché, & l'esprit du Plâtre étant amorti il ne peut plus y avoir d'union, enfin quand on n'est point à portée de prendre toutes les mesures dont je viens de parler pour s'assurer de la bonté du Plâtre, on pourra au moins choisir le meilleur de celui qui se trouve en magasin, puisque pour le connoître il ne faut qu'en détremper un peu dans la main; celui qui se prendra le plus promptement sera à préferer à d'autre qui ne sera qu'une espece de Mortier sans consistance.

CHAPITRE CINQUIE'ME.

De la Composition du Mortier.

Nous avons dit en parlant de la Chaux dans le troisième Chapitre, qu'après l'avoir éteinte dans des bassins creusés en terre, il étoit à propos de la laisser reposer long-tems avant de la mêler

LIVRE III. DE LA CONSTRUCTION DES TRAVAUX. 15

avec le sable pour faire le mortier, parce qu'en effet rienne la rend meilleure que cette sage précaution ; mais comme il n'est guere possible d'en user ainsi à cause de l'impatience où l'on est d'executer un ouvrage aussi-tôt qu'il est projeté, je vais décrire la façon la plus ordinaire dont on prépare la Chaux afin de pouvoir faire du mortier incontinent après.

L'on fait un petit bassin en terre, auprès duquel on en creuse un autre plus grand & plus profond, on met dans le petit une certaine quantité de Chaux sur laquelle on jette de l'eau pour la broyer avec le rabot, & après qu'elle est devenuë liquide, on la fait couler dans le grand bassin où elle se prend ensuite comme un fromage blanc, c'est delà qu'on la tire pour la mêler avec le sable. Ce mélange se fait ordinairement de deux tiers de sable sur un tiers de Chaux mesurée vive, ou de trois cinquiéme de sable, sur deux cinquiéme de Chaux, selon qu'elle foisonne plus ou moins ; car quand elle est grasse & faite de bons Cailloux, on peut mettre jusqu'à trois quart de sable sur un quart de Chaux : ce qui n'est pourtant pas ordinaire, parce qu'il est rare d'avoir de la Chaux assez grasse pour porter tant de sable : on ne doit tirer le sable qu'à mesure qu'on l'employe, sans en faire de provisions long-tems auparavant, l'experience faisant voir que le Soleil l'altere, le deseiche, & lui ôte une certaine graisse qui en fait toute la bonté ; d'un autre côté la pluye en dissoud les sels volatils, & par la suite il se change en une espece de terre qui étant mêlée avec la Chaux, ne fait plus corps ni liaison dans la maçonnerie. Cependant il est à remarquer que s'il est question de faire des enduits, il n'y a point de mal que le sable ne soit pas si gras, parce qu'autrement il se seiche fort promptement, fait gerser le mortier, & par conséquent empêche que l'enduit ne reste poli.

Le ciment se mêle aussi avec la Chaux en plus petite ou plus grande quantité selon qu'elle foisonne plus ou moins, les doses sont les mêmes dont nous venons de parler : cependant l'on fait assez souvent du mortier composé de moitié sable & moitié ciment, dont l'usage est très-bon pour des Ouvrages qui ne sont point de la derniere conséquence ; mais qui méritent pourtant quelqu'attention.

Le mortier de Pozzolane se fait à peu-près comme celui de sable ; il sert comme nous avons dit ailleurs pour la construction des Ouvrages que l'on fabrique dans l'eau.

Pour faire le mortier de Terrasse on choisit la meilleure Chaux non éteinte, & on en prend autant qu'on en veut employer pendant une femaine, on en étend environ un pied de hauteur fur une aire ou batterie, on l'arrofe pour l'éteindre, & enfuite on couvre ce lit de Chaux, d'un autre de Terraffe d'environ un pied d'épaiffeur, on laiffe repofer cette préparation pendant deux ou trois jours, afin de donner le tems à la Chaux de s'éteindre ; après quoi les Manœuvres viennent avec des houës broüiller & mêler enfemble la Terraffe & la Chaux dont ils font un gros tas qu'on laiffe repofer environs deux jours, au bout defquels on broüille de rechef une partie de cette préparation, la moüillant de tems en tems jufqu'à ce qu'on s'aperçoive que le mortier eft de bonne confiftance : & quand on en eft là, on l'employe auffi-tôt aux Ouvrages pour lefquels il eft deftiné ; mais on prendra garde de ne donner cette derniere façon au mortier que la veille du jour qu'on fe propofe de l'employer ; c'eſt-à-dire de n'en broüiller qu'autant qu'on aura befoin ce jour-là, obfervant la même chofe pour les jours fuivans tant qu'il y aura de cette compofition dans le tas. Dans plufieurs Provinces on prépare le mortier ordinaire de la même façon qu'on vient de voir pour la Terraffe ; cette pratique n'eft pas mauvaife, & on ne peut que s'en bien trouver.

Outre la Terraffe d'Hollande, on fe fert encore en Flandres d'une poudre qu'on nomme communément Cendrée de Tournay qui s'employe fort utilement pour la compofition du mortier des Ouvrages qui fe font dans l'eau : comme perfonne (à ce que je croi) n'en a bien expliqué les propriétés, & la maniere de l'employer, je vais raporter en peu de mots ce que j'en fçai.

Les environs de Tournay fourniffent une Pierre bleuë très-dure & qui fait une Chaux excellente ; quand cette Pierre eft dans le Four, il s'en détache des petites parcelles qui tombent fous la grille du Fourneau où elles fe mêlent avec la cendre du Charbon de terre, & comme cette cendre n'eft autre chofe que des petites parties de la houille calcinée, c'eft le mélange qui s'en fait qui compofe la Cendrée de Tournay qui fe débite par les Marchands telle qu'on la tire des Fourneaux.

L'experience faifant voir que la Pierre dure fait toûjours de bonne Chaux & un mortier excellent pour les Ouvrages aquatiques, quand elle eft mêlée avec de la poudre provenante du Charbon ou mâche-fer qu'on tire des Forges, comme je l'ay expliqué dans le quatriéme Chapitre : il n'eft pas étonnant que la Cendrée de Tournay foit merveilleufe pour le même ufage, puifqu'elle participe à la fois des qualités de ces deux matieres ; car je ne doute pas que les petites parties de Charbon qui fe trouvent mêlées avec la Cendrée

LIVRE III. DE LA CONSTRUCTION DES TRAVAUX.

drée ne contribuënt beaucoup à lui donner la propriété de se durcir dans l'eau comme on le verra plus bas ; ainsi sans m'arrêter à des dissertations Phisiques je passe à la maniere de s'en servir.

La premiere attention que l'on doit avoir avant de la préparer, est de bien balayer le terrain sur lequel on la doit jetter, on l'éteint ensuite dans une espece de bassin avec une quantité d'eau suffisante seulement pour la bien fondre & démêler, après quoi on la passe avec une claye faite de fil d'archal qu'on met au-dessus d'une batterie faite exprès, pavée de pierres plates & unies, & construite de même par les côtés : tout ce qui ne passe pas au travers de la claye est rebuté ; on bat ce qui est dans cette batterie à plusieurs reprises pendant dix ou douze jours consecutifs avec une dame du poids de 30 livres ferrée par le dessous, jusqu'à ce qu'enfin elle compose une pâte bien grasse & bien fine, on l'employe sur le champ, sinon elle peut se conserver plusieurs mois de suite sans rien perdre de sa qualité, pourvû que l'on aye soin de la couvrir ; car le soleil, la poussiere & la pluye la gâtent ; il faut avoir attention quand on la rebat pour s'en servir, de n'y méler que très-peu d'eau & même point du tout s'il se peut ; car à force de bras elle devient grasse & liquide sans qu'on soit obligé de l'humecter de nouveau, ainsi c'est ordinairement la paresse des ouvriers, & non pas la necessité qui les engagent à y mettre beaucoup d'eau pour la rebattre, ce qui la dégraisseroit peu à peu & diminueroit sa bonté si on n'y prenoit garde.

Il y en a qui pour la préparer se servent de deux bassins l'un plus elevé que l'autre, tous deux bien pavés & disposés ; ensorte que ce qui est dans l'un, puisse couler dans l'autre par une petite grille que l'on a soin de masquer quand on éteint & démêle la cendrée, dès qu'on juge qu'elle l'est suffisamment, on débouche la grille, tout ce qui ne peut pas passer au travers est rebuté, & ce qui coule dans l'autre bassin est destiné à être rebatu comme on vient de le dire.

On se sert de cette cendrée pour la Maçonnerie des Ecluses, Ponts, Acqueducs, Batard'eaux, &c. & generalement dans les Maçonneries ordinaires pour asséoir les Grais & les rejointoyer ; ce qui se doit faire depuis le mois d'Avril jusqu'à la fin de Juillet, parce qu'employé dans ce tems-là il n'éclate jamais, ce qui est une propriété remarquable de la Cendrée ; car la plûpart des cimens sont sujets à gerser ; la Chaux de Boulogne par exemple, qui est excellente quand elle est employée dans l'eau ne vaut rien à sec.

On la mêle quelquefois pour plus de précaution avec un sixiéme de Thuilleau passé au tamis, & je crois que si on la mêloit avec de la terrasse d'Hollande, on pourroit s'en servir avec un succès

C

merveilleux dans la conſtruction des citernes ; car je ne doute pas que ces deux matieres enſemble ne compoſent le plus excellent ciment qu'il ſoit poſſible d'imaginer.

Dans les Pays où la bonne Chaux eſt rare, l'on en met quelquefois en œuvre de deux eſpeces ſur les grands atteliers, l'une faite de bonnes pierres dures & l'autre de pierres communes ; la premiere comme la meilleure s'employe pour faire ce qu'on apelle le bon mortier dont on ſe ſert pour les ouvrages qui méritent attention, & l'autre pour faire celui qu'on nomme mortier blanc, qui n'étant pas d'une trop bonne qualité, ne s'employe qu'aux fondations & dans le maſſif des gros murs ; on fait encore un mortier que l'on apelle bâtard, parce qu'il eſt compoſé à la fois de bonne & mauvaiſe Chaux dont on ſe ſert auſſi pour les murs d'une épaiſſeur conſiderable ; mais il faut prendre garde de ne point en employer dans les ouvrages qui ſont baignés des eaux.

On peut ſe ſervir indifferemment de toute ſorte d'eau pour éteindre la chaux excepté celle des Marais & les autres *bourbeuſes* & qui croupiſſent ; c'eſt pourquoi on ne doit point permettre aux Maçons d'employer celles qui courent dans les ruës & qu'ils raſſemblent par le moyen d'une petite digue, parce qu'étant chargées d'ordures, elles ne peuvent faire que du mauvais mortier. Autrefois on ne vouloit point ſe ſervir d'eau de la mer, parce qu'on croïoit qu'à cauſe qu'elle eſt ſalée le mortier ne ſéchoit qu'avec peine ; mais l'on prétend aujourd'hui que c'eſt une erreur, & qu'elle eſt auſſi bonne & même meilleure que celle de Riviere ; mais c'eſt ce que je ne déciderai pas n'en ayant point fait d'experience : je ſçai ſeulement qu'on s'en eſt ſervi dans des endroits où elle a fait du mortier excellent, & dont on s'eſt parfaitement bien trouvé ; & que dans d'autres Provinces au contraire le mortier qui en étoit abreuvé avoit toutes les peines du monde à ſécher. Ce qui me fait croire que quand la Chaux eſt forte & graſſe, on peut ſe ſervir de l'eau de la mer ; mais que ſi elle eſt d'une mauvaiſe qualité cette eau la rend encore plus foible : car c'eſt un principe de chimie que de deux ſels differens mis enſemble, il y en a toûjours un qui convertit l'autre en ſa ſubſtance, ainſi il y a aparence que quand les ſels de la Chaux ſont abondants, ils attirent ceux que contient l'eau de la mer, & les diſpoſe à concourir à la coagulation du mortier ; mais ſi les ſels de la Chaux ſont en petite quantité, le ſel marin domine & fait un effet tout opoſé.

Quand la Chaux eſt éteinte depuis quelque tems & qu'on la mêle avec le ſable, il faut pour en faire de bon mortier, mettre le moins

Livre III. De la Construction des Travaux.

d'eau qu'on pourra; car à force de la corroyer avec des rabots il devient liquide & féche plus promptement que fi il avoit été abreuvé davantage; cependant il faut faire attention que fi le mortier doit être employé avec des pierres qui s'imbibent aifément, il faut le faire plus liquide que quand on s'en fert pour joindre des pierres fort dures.

Il y en a qui pour faire prendre le mortier plus promptement mêlent de l'urine avec l'eau dont on fe fert pour le corroyer; mais ce que je fais par experience, c'eft que fi l'on fait diffoudre du fel Armoniac dans l'eau de Riviere, & qu'on fe ferve enfuite de cette eau pour corroyer de la Chaux qui auroit été faite avec de bons cailloux, elle compofe avec le fable un mortier qui prend aufli promptement que le plâtre ce qui peut être d'un excellent ufage dans les pays où cette matiere eft rare; j'ajoûterai que fi au lieu de fable on fe fervoit de la pierre pulverifée, & qui fut de la même dont on a fait la Chaux, le mortier qui en feroit compofé feroit incomparablement meilleur quand on voudroit s'en fervir au lieu de plâtre.

L'on fait que la principale qualité du mortier, eft d'unir les pierres les unes aux autres, & de fe durcir quelque tems après avoir été employé pour ne faire plus qu'un même corps avec les autres materiaux. Comme c'eft la Chaux qui contribuë le plus à cet effet fingulier, on demande pourquoi la pierre ayant perdu dans le Four à Chaux fa dureté, la reprend par le moyen de l'eau & du fable? comme ceci nous offre une differtation affés curieufe, je vais faire enforte d'en donner la raifon.

L'opinion des Chimiftes, eft que la dureté des corps vient des fels qui s'y trouvent répandus qui fervent à lier leurs parties, deforte que felon leur fiftême la deftruction qui arrive par la fuite des tems aux corps les plus durs fe fait par la perte de leur fel qui s'évapore infenfiblement par la tranfpiration, & que fi par quelque moyen on rend à un corps les fels qu'il a perdu, il reprend fa premiere dureté par la réünion qui fe fait de fes parties, comme il y a mille experiences qui favorifent cette hipotefe, je ne ferai nulle difficulté de la recevoir avec le plus grand nombre des Phificiens.

Quand la pierre eft brûlée par la violence du feu, il fe fait une évacuation de la plus grande partie de fes fels volatils & fulfurés qui fervoient de liens à fes parties, ce qui fait qu'elle devient poreufe & branchuë : or comme voilà l'état où fe trouve la Chaux en fortant du Four, voyons prefentement ce qui peut lui rendre la dureté qu'elle avoit avant d'être calcinée.

Quand la Chaux eft détrempée à propos, & qu'on la mêle avec

le sable, il se fait une fermentation causée par les parties sulfurées qui sont restées dans la Chaux, & qui font sortir du sable une quantité de sels qui se mêlant avec la Chaux en remplissent les pores; (car le sable est plein de sel volatil ainsi que les autres corps) & ce sont ces mêmes sels qui se trouvent en plus grande abondance dans de certains sables plûtôt qu'en d'autres qui font la différence de leur bonne ou mauvaise qualité, delà vient que plus on broye la Chaux & le sable, & plus le mortier est bon & durcit davantage quand il est employé; parce que le froissement réïteré fait sortir du sable une plus grande quantité de sel; c'est aussi pour cette raison que le mortier mis en œuvre tout chaud, n'est pas si bon qu'au bout de quelques jours, parce qu'il faut un certain tems pour que les sels volatils puissent passer du sable dans les pores de la Chaux afin qu'il se fasse une union intime de ces deux matieres; cependant il est à remarquer (comme l'experience le fait voir) que quand on laisse le mortier long-tems sans l'employer il se desséche, & ne fait plus de liaison quoiqu'on y mette de l'eau, parce que les sels se sont évaporés, desorte qu'il ne reste plus qu'une matiere séche, maigre & sans onctuosité; ce qui n'arrive pas quand il est employé à propos, car alors il fait sortir des pierres une grande quantité de sel qui passe dans les pores de la Chaux, pendant qu'elle même s'insinuë dans ceux de la pierre: car quoiqu'il semble en se servant du mortier qu'il n'ait plus de chaleur, la fermentation entretenuë par les parties sulfurées de la Chaux subsiste encore très long-tems après que la Maçonnerie est formée; ce qui se remarque bien sensiblement par la dureté que le mortier acquiert de jour en jour & qui ne cesse de croître avec le tems par les nouveaux sels volatils qui passent de la pierre dans le mortier, par la transpiration que la chaleur dont je viens de parler y entretient; & c'est ce que l'on remarque dans la démolition des anciens édifices par la peine que l'on rencontre à séparer les pierres que le mortier tient uni, jusques-là même qu'on en a moins à rompre, qu'à les séparer, sur tout quand ce sont des pierres un peu spongieuses dans lesquelles le mortier a pénétré. Je crois même avec Philbert de Lorme qu'on pourroit rendre cette union de la pierre & du mortier presqu'indissoluble si l'on faisoit la Chaux avec des pierres de même qualité que celles qu'on veut employer dans le Bâtiment, parce que les sels volatils qui en sortiroient se trouvant d'une figure propre à remplir les pores qui restent dans la Chaux par la perte qu'elle a fait des siens, le mortier & la pierre ne feroient plus qu'un même corps.

Selon ce raisonnement on voit que les petites parties de Charbon de Terre qui se trouvent mêlées avec de la cendrée de Tournay, doivent faire un merveilleux effet, quand cette Cendrée est battuë avec un peu d'eau ; car comme ce Charbon est rempli de parties sulfurées & de sel volatil, il se fait un passage de ce sel dans les pores de la pierre calcinée, ce qui ensuite forme une pâte grasse & onctueuse dans laquelle il s'entretient une fermentation qui fait sortir de la pierre qui est employée avec la Cendrée, des nouveaux sels qui lient & retiennent ensemble la Maçonnerie.

On croit communément que la Chaux a la vertu de brûler certains corps, parce qu'elle en occasionne la destruction ; mais il ne faut pas penser que ce soit la chaleur qui produise effectivement cette destruction, cela vient de ce que la Chaux faisant transpirer les sels qui faisoient les liens de leurs parties, dès que ces sels sont évaporés, ou que la Chaux s'en est revêtuë, les parties de ces corps n'étant plus entretenuës comme auparavant, se désunissent.

Comme il n'y a point de doute que ce ne soit la grande abondance des sels que contiennent certaines pierres qui les rend plus propres à faire de bonne Chaux, que les autres qui en sont beaucoup moins chargées, cette connoissance fournit un moyen de faire de la Chaux excellente dans les Pays même où elle a coûtume d'être mauvaise comme je vais l'insinuer.

Il faut avoir deux grands bassins l'un plus élevé que l'autre, & tous deux bien pavés & les bords revêtus de Maçonnerie, on remplit de Chaux le bassin superieur, & on l'éteint pour la faire couler dans l'autre, & quand tout y est passé il faut jetter dessus à peu-près autant d'eau qu'on en a employée pour l'éteindre, ensuite la bien broyer avec le rabot & la laisser reposer pendant 24 heures : comme elle aura eû le tems de se rasséoir, on la trouvera couverte d'une quantité d'eau de couleur verdâtre, parce qu'elle comprendra presque tous les sels dont la Chaux étoit remplie ; il faut prendre toute cette eau & la verser dans un tonneau, & ôter du même bassin la Chaux qui s'y trouve qu'on peut regarder alors comme une matiere qui n'est propre à rien : on met de la nouvelle Chaux dans le bassin superieur, & au lieu de l'éteindre avec de l'eau ordinaire, on se sert de celle qu'on a mis dans le tonneau, & on fait couler comme en premier lieu cette Chaux dans l'autre bassin ; ce qui fait que comme elle comprend deux fois plus de sel qu'elle n'en avoit naturellement elle est incomparablement meilleure qu'elle n'eut été sans cette préparation. S'il s'agissoit de quelque ouvrage de conséquence fabriqué dans l'eau, on pourra afin de rendre la Chaux encore meilleure, faire à l'égard de cette seconde, ce que l'on a fait

C iij

pour la premiere ; c'est-à-dire que l'on jettera encore dans le second bassin autant d'eau qu'on en aura tirée d'abord, & que l'on broyera la Chaux tout de nouveau pour en faire sortir les sels, desorte que l'ayant encore laissée rasséoir pendant 24 heures, on se servira de l'eau dont elle sera submergée pour éteindre la nouvelle Chaux vive qu'on mettra dans le premier bassin ; quant à celle qui sera restée dans le second, on pourra l'employer aux gros ouvrages où l'on n'y prend pas garde de si près ; car elle ne sera pas absolument si destituée de sel qu'elle ne puisse encore servir. Je connois d'habiles gens qui ont pratiqué plusieurs fois ce que je viens de dire & qui s'en sont bien trouvés, ils m'ont assuré avoir fait par ce moyen de meilleur Chaux que celle de Boulogne avec la matiere du monde la plus ingrate : il est vrai qu'il en coûtera beaucoup plus ; mais l'œconomie ne doit point prévaloir sur les moyens de faire les choses le mieux qu'il est possible quand il s'agit de certains ouvrages qui demandent absolument d'être travaillés avec précaution, par exemple, dans les places où la Chaux est fort mauvaise, & où l'on remarque que les murs de paremens des ouvrages se dégradent au bout de quelques années, parce que le mortier n'a pas assez de corps pour résister à l'injure des saisons, l'on pourroit en fabriquer de deux sortes ; l'un suivant les précautions que je viens de dire servira à la construction de tout ce qui est exposé à l'air : & l'autre fait comme à l'ordinaire pourra être employé dans le reste de l'épaisseur des murs, & aux contreforts. Car enfin la necessité doit rendre ingenieux, est-il dit qu'à cause qu'on est dans un endroit où les materiaux sont mauvais qu'on ne puisse faire de bonne Maçonnerie ? Je suis persuadé que quand on voudra s'en donner la peine on trouvera mille moyens de corriger la nature par le secours de l'art.

CHAPITRE SIXIÉME.

Des détails qui ont rapport à la Construction de la Maçonnerie.

Après avoir enseigné dans les Chapitres précédens le choix que l'on devoit faire des materiaux en general, je vais faire voir dans celui-ci les détails dans lesquels il faut entrer pour juger du prix des Ouvrages afin d'en passer le marché aux Entrepreneurs, nous ne parlerons d'abord que de ce qui peut apartenir à la Maçon-

LIVRE III. DE LA CONSTRUCTION DES TRAVAUX. 23
nerie, nous réservant de faire mention des autres détails aux endroits qui leur conviendront le mieux, pour ne point embrasser trop d'objets à la fois, nous ne dirons rien non plus des prix, parce qu'ils dépendent des tems & des lieux selon que les materiaux sont rares ou communs, près ou éloignés : circonstances dont il sera aisé de s'instruire dans l'occasion, ainsi je m'attacherai plûtôt à insinuer l'esprit du détail, qu'à donner des exemples ennuyeux qui ne seroient pas d'une grande instruction.

Il faut avant toute chose, prendre connoissance des differens terrains que la place doit occuper & des matériaux qui sont à l'usage du Pays; s'informer des Carrieres de Chaux, de Moilon & de Pierre de Taille qui sont le plus à portée, de même que des lieux d'où l'on pourra tirer le sable, les terres propres à faire les Briques & les Thuiles, les bois de Charpente & tout ce qu'on prévoira devoir entrer dans la construction : on visitera le tout soigneusement pour faire de justes observations sur leur qualité & leur éloignement.

L'examen des differens terrains que la place doit occuper, fera connoître à peu-près quelle sera leur nature, si le fond sera bon ou douteux, s'il faudra piloter ou non, s'il y aura des épuisemens d'eau à faire & plusieurs autres circonstances qui augmentent souvent ou diminuënt le prix des ouvrages ; je sais que le jugement qu'on peut porter sur la nature du fond est sujet à erreur, & qu'il n'est pas aisé de répondre de la qualité d'un terrain qui n'est pas foüillé & qu'on ne voit point ; cependant avec un peu d'experience, on en peut juger d'abord assez sainement par le coup d'œil & par la situation du lieu, ainsi pour les parties qui se trouveront à faire sur le Roc, ou qu'on présumera devoir y être fondées, on remarquera à peu-près quel déblais de terre ou de rocailles il faudra faire pour parvenir au fond solide, qu'elle est la nature du Roc, si les pierres des excavations pourront servir au corps de la Maçonnerie, ou si elles seront propres à être employées au parement, méthode cependant qui n'est pas des meilleures, comme on l'a experimenté dans plusieurs places, à moins qu'on ne leur donne le tems de se ressuïer, & de faire connoître leur bonne ou mauvaise qualité avant que de les employer pour les endroits vaseux ou marécageux on connoîtra par differentes sondes les précautions qu'il faudra prendre pour les fondemens, pour le pilotage & la mesure des bois.

On remarquera aussi s'il y a moyen de faciliter le transport des matériaux par quelque rivierre ou par un nouveau canal, & s'il y aura de la difficulté à se fournir des eaux necessaires pour la composition des mortiers comme il arrive souvent dans les lieux élevés, enfin on examinera toute chose avec attention, & on fera sur chacune les observations qui feront necessaires pour avoir d'avance une idée de tout ce qui pourra entrer dans la Construction de la place.

Pour peu qu'on aura fait travailler dans un Pays on n'aura pas grande difficulté à savoir à combien pourra revenir la toise cube de Maçonnerie, j'entends celle qui sert aux revêtemens des Fortifications, parce qu'il n'y a qu'à s'informer des prix les plus ordinaires de la Chaux, du Sable, de la Brique & des differentes sortes de pierres qu'il faudra employer le tout rendu sur l'attelier, & ce qu'il en coûtera pour les préparer & les mettre en œuvre, ou bien quand un Ingenieur va dans une Place où il n'a pas encore servi, il lui sera aisé d'avoir ces sortes d'instructions par ceux qui y sont depuis long-tems; mais si l'on étoit privé de ces connoissances, & qu'il fallut travailler dans un endroit où l'on ne seroit prévenu de rien, alors il faudroit regarder les choses de plus près afin d'en juger soi-même pour ne point s'en raporter aux Entrepreneurs & à ceux qui ont interêt que les Ingenieurs n'entrent que légerement dans quantité de petits détails qui paroissent d'abord ne pas mériter la peine d'être recherchés; mais qui deviennent par la suite d'une grande consequence, sur tout quand il s'agit de bâtir une Place neuve, puisque sans une extrême œconomie on fait de grandes dépenses superfluës; or pour ne point tomber dans un pareil inconvenient; voici en peu de mots à quoi on pourra avoir égard.

Pour commencer par le transport des materiaux, on saura qu'il se régle ordinairement sur la quantité qu'une Voiture en peut porter & des voyages qu'elle peut faire en un jour. C'est pourquoi il faut être prévenu qu'une Voiture attelée de trois chevaux porte environ 1500 livres; ainsi dès qu'on saura à quelle distance elle est obligée d'aller chercher les materiaux, leurs poids & ce qu'il en coûtera pour leur charge, on pourra en fixant ce qu'elle doit gagner par jour, savoir à quoi reviendra le transport de la toise cube, ou le quintal de chaque espece de materiaux; cependant il vaut beaucoup mieux ne point s'embarrasser de tous les petits détails dont cet article est susceptible & laisser à la charge de l'Entrepreneur le transport des materiaux: l'experience ayant fait voir en plusieurs endroits qu'il en coûtoit la moitié moins que de le faire par œconomie, les Entrepreneurs ayant à leur disposition quantité de choses qui coûteroient beaucoup plus si tout autre qu'eux s'en mêloit.

Quand il y a quelque Riviere portant Bateaux dans l'endroit où l'on veut bâtir, les materiaux se transportent avec bien plus de facilité

LIVRE III. DE LA CONSTRUCTION DES TRAVAUX. 25

cilité & moins de dépenses; il arrive même quelquefois quand le terrain le permet qu'on fait faire un canal exprès pour le transport des materiaux, comme on l'a pratiqué à la construction du neuf Brisack, & alors la dépense du Canal est répanduë generalement sur le prix que coûtera la Maçonnerie en y comprenant les autres frais de la Navigation, aussi-bien que la charge & décharge des mariaux.

Si on étoit dans le cas de se servir d'une Riviere ou d'un Canal pour le transport, il faudroit savoir la charge que les Batteaux pourront porter selon leur grandeur & leur figure, & pour avoir quelque connoissance exacte sur ce sujet, je conseille le lecteur de voir ce que j'en ay dit dans la dixiéme partie de mon Cours de Mathématique.

Puisqu'on est obligé de régler la charge des Voitures selon la pésanteur des matieres qu'elles ont à transporter j'ai crû qu'il étoit à propos de donner ici une Table qui marquât en pieds cubes le poids des principales.

TABLE
DE LA PESANTEUR D'UN PIED CUBE
de plusieurs Matieres.

Fer.	580 liv.	Ardoise.	156 liv.
Cuivre jaune.	548	Plâtre.	86
Cuivre rouge.	648	Pierre de Saint Leu.	115
Plomb.	828	Pierre de Liais.	166
Sable de Terre.	120	Pierre bleu de Tours.	125
Sable fort.	124	Marbres.	252
Sable de Riviere.	132	Chaux vive.	59
Argile.	135	Bois d'ozier.	38
Terre grasse.	115	Bois d'Aulne.	$37\frac{1}{12}$
Terre extraordinaire.	95	Bois de Chêne vert.	80
Mortier.	120	Bois de Chêne sec.	60
Brique.	130	Eau de Mer.	$73\frac{1}{2}$
Thuilles.	127	Eau Douce.	70

D

Toutes ces differentes matieres peuvent péser un peu plus ou moins qu'on ne l'a marqué ici selon le Pays où on les trouve; mais on s'est conformé à la pésanteur qui leur est la plus ordinaire.

Je crois en avoir assez dit sur ce qui regarde le transport des materiaux; c'est pourquoi je passe à leur détail en commençant par celui de la Chaux & du Sable.

Détail de la Chaux & du Sable.

On supose que par épreuve faite, une toise cube de Pierre produit dix milliers de Chaux, & comme on met ordinairement huit toises pour la charge d'un four, qui doivent par conséquent produire 80 milliers, il sera aisé de juger ce qu'ils pourront coûter rendu sur l'attelier, en faisant l'estimation du tirage de la Pierre, de sa Voiture au Four, de son arrangement dans le même Four, & la voiturer à l'endroit où on veut la mettre en œuvre.

A l'égard de la quantité de Chaux qui peut entrer dans une toise cube de Maçonnerie tels qu'aux revêtemens des Fortifications, il est assés difficile de la déterminer, parce qu'elle dépend de sa bonne ou mauvaise qualité, aussi-bien que celle du Sable avec lequel elle est mêlée; mais communément il en entre douze quintaux.

On pourra de même juger du prix de la toise cube de Sable, en faisant l'estimation de ce qu'il en coûtera pour le tirage & le transport jusqu'au pié d'œuvre, surquoi il est à remarquer qu'une certaine mesure de Sable pese à peu près le double d'une pareille mesure de Chaux, ce qui doit par conséquent doubler le prix de la Voiture.

Il entre dans une toise cube de Maçonnerie environ 30 pieds cube de Sable.

Détail de la Brique.

Pour savoir le prix du millier de Brique rendu sur l'attelier il faudra faire l'estimation de ce qu'il en coûtera pour tirer la terre, la corroyer, la mouler, la porter sur les banquetes, l'arranger & couvrir de paillassons pour la faire sécher & la rouller au Four, j'oublie de dire qu'il faut aussi avoir égard au Sable que l'on étend sur les plates-formes; ce Sable doit être des meilleurs: il en faut au moins 100 Barreaux pour une Briqueterie de 450 mille, l'on verra ensuite ce qu'il en coûtera pour la cuire, la défourner & la voiturer jusqu'au pied d'œuvre, l'on prétend que le bois est meilleur pour cuire la Brique que le Charbon de Terre, parce qu'ici il faut un feu clair qui puisse pénétrer de toute part; mais en récompense le

LIVRE III. DE LA CONSTRUCTION DES TRAVAUX. 27
Charbon de Terre est excellent pour les Fours à Chaux, comme je l'ai déja dit ailleurs.

Dans un toise cube de Maçonnerie de Brique il entre quatre mille six cent Briques de 8 pouces de longeur, 4 de largeur, & de 2 d'épaisseur, & 520 dans la toise quarrée qui auroit une Brique d'épaisseur; c'est-à-dire 8 pouces, ainsi l'on voit que le mortier occupe à peu-près un cinquiéme de la toise cube.

Une Voiture attelée de trois Chevaux porte 400 Briques qui pésent un peu plus de 1500 livres; car quand une Brique est faite de bonne Terre & bien cuite, elle pése environ quatre livres, en lui suposant les dimentions dont j'ai parlé plus haut.

Détail du Moîlon.

Pour savoir le prix de la toise cube de Moîlon, il faut avoir égard à ce qu'il en coûtera pour le déblais nécessaire à sa découverte, pour le tirer de la Carriere, pour la charge & décharge, pour la Voiture & la main d'œuvre.

Quand le Moîlon doit être façonné, pour être mis en œuvre, il faudra voir ce qu'il en coûtera par toise cube, pour le picquage & ajonturage, indépendamment des autres circonstances dont nous venons de faire mention, de même l'on pourra estimer la toise courante de Pierre de Taille en la suposant, par exemple d'un pied de hauteur sur 15 de lit ou environ.

Quand la Maçonnerie est composée de Briques & de Moîlon comme celle des revêtemens des Fortifications, le Mortier occupe à peu-près un sixiéme de la toise cube; car le Moîlon laissant moins de vuide que la Brique, il faut moins de mortier que si la Maçonnerie étoit toute de Brique.

Ayant trouvé à l'aide des calculs précédens le prix de chaque chose en particulier, il n'y aura point de difficulté à savoir la dépense de la toise cube de Maçonnerie, dès qu'on saura combien il doit y entrer de chaque espece de Matériaux, ce qui sera aisé en faisant dans les differens Pays où l'on se trouve un analise exact des profils les plus aprouvés & les mieux dirigés.

L'on voit ensuite ce qu'il en pourra coûter pour chaque toise cube pour le Canal si on est obligé d'en faire un: on a égard aussi aux faux frais ausquels les Entrepreneurs pourront être engagés pour les épuisemens des eaux s'ils s'en rencontre, & à plusieurs autres particularités qui doivent entrer dans la même estimation, & moyennant tous ces détails, on pourra savoir avant l'execution des ouvrages si les propositions des Entrepreneurs sont justes ou non, & à quoi l'on peut s'en tenir ; même après que les projets sont exécutés ce qu'ils ont perdu ou gagné, & quel dédommagement le Roy peut leur accorder s'ils avoient fait un mauvais marché, ou s'il s'étoit presenté dans la suite du travail quelque difficulté qu'on n'auroit pû prévoir, comme cela arrive assés souvent.

Le tems qu'on employe pour la construction de la Maçonnerie est encore une connoissance necessaire si l'on veut se mettre en état d'executer les ouvrages dans le tems prescrit, & répondre aux intentions de la Cour : pour cela il faut savoir ce que chaque ouvrier peut faire par jour.

Dans un mur épais de 10 à 12 pieds, un bon Maçon peut faire deux tiers de toise cube de Maçonnerie par jour, si le parement est brut, & environ une demi toise seulement s'il est façonné : mais pour que cette régle ait lieu, il faut que l'ouvrier soit des meilleurs & qu'il ne perde pas un moment de tems ; ainsi l'on peut réduire le travail à cinq huitiéme dans le parement brut, & à trois huitiéme dans le parement façonné ; chaque Maçon doit avoir deux Manœuvres pour le servir quand les matériaux sont éloignés de 15 à 20 toises de l'ouvrage.

Dans un mur de deux pieds d'épaisseur, le même Maçon peut faire aisément une toise quarrée par jour, en s'assujetissant aux échaffaudages.

Pour dire aussi quelque chose sur la maniere judicieuse avec laquelle un Ingenieur doit agir au sujet des particuliers, dont les terres sont comprises dans l'étenduë des ouvrages d'une Place neuve : voici ce qui m'a parû de plus raisonnable.

Pour les Particuliers dont les héritages doivent être occupés par les Fortifications, on ne peut avoir trop d'attention pour leur rendre la justice qui leur est dûë, & pour les dédommager en quelque façon du chagrin de perdre leurs biens ; ainsi il ne faut point agir en toute rigueur avec eux ; mais bien régler l'estimation, de maniere que le Roy n'y soit point lezé, & que le Particulier n'y perde rien, pour cet effet après avoir bien examiné & marqué tout ce qui doit être pris de ces heritages, il faut en faire un dessein distingué par des côtes qui désignent ce qui apartient à chacun, & qui soient raportées à la marge avec le nom du Particulier : après toutefois qu'il aura été justifié par titre ou possession suffisante que cet héritage lui apartient. On procede ensuite à l'estimation de la valeur de ces biens, ce qui se fait pardevant l'Ingenieur, le Commissaire des Guerres & les Magistrats de la Ville ou Communauté, qui choisissent chacun de leur côté des Experts pour évaluer sous leur serment, le prix de chaque chose dont les Magistrats & les interessés donnent acte : après l'estimation faite, on specifie d'abord les Maisons, Jardins, Prés, Champs & Vergers, chacun suivant sa juste valeur, & on en dresse un acte dans lequel sont raportés les noms des Propriétaires, la quantité des arpens, ou journaux, & le prix auquel chaque héritage est évalué, on dresse un autre acte de la quantité des terres qui ont été ou seront renduës inutiles & mises hors de valeur par les gazons & Briques que l'on en tirera, ou par le rasement ou comblement de telle & telle partie, on en fait encore un troisiéme qui contient la quantité des Terres qui étoient semencées de seigle, froment, orge & avoine, &c. avec l'estimation de chacun de ses fruits suivant le prix de l'année courante, le tout certifié par les Maire & Jurés du lieu, par les Experts, l'Ingenieur & le Commissaire des Guerres; enfin tous ces Etats étant reglés, on les envoye à l'Intendant de la Province; qui en conséquence des ordres de la Cour, les renvoye au Trésorier de la Place, & en ordonne le payement que chaque Particulier signe en marge à côté de l'article qui le concerne & déclare avoir reçû en presence du Commissaire des Guerres.

CHAPITRE SEPTIÉME.

Qui comprend plusieurs instructions sur l'établissement & la conduite des Travaux.

LA conduite des grands Travaux embrasse tant de choses à la fois, qu'on peut dire qu'il n'apartient qu'aux Ingenieurs du premier ordre d'entrer dans tous les détails sans perdre de vûë les sujets essentiels du projet que l'on veut executer : c'étoit une des grandes qualité de Mr le Maréchal de Vauban, & on ne peut voir sans étonnement qu'occupé sans cesse (comme il l'étoit) à tout ce qui pouvoit contribuer à la sureté de l'Etat & au bonheur des Peuples, il ait pû descendre à l'examen d'une infinité de petits sujets qui paroissoient ne pas mériter son attention; mais les genies superieurs n'aprehendent jamais de se dégrader, leur conduite est toujours justifiée par le fruit que l'on tire de leurs réflections, en effet on ne peut rien de plus sage & de mieux entendu que les réglemens que ce grand homme nous a laissés sur quantité de choses, particulierement sur l'ordre & l'arrangement que l'on doit suivre dans la Conſtruction des Fortifications ; & comme je me ſuis propoſé d'en parler dans ce Chapitre, j'aurai recours à ſes écrits pour répondre à l'eſtime que le Public fait de tout ce qui vient de lui.

Les Fortifications, dit-il, ſe font ordinairement par des entrepriſes generales ou particulieres, ou par détail ou par courvées impoſées ſur le Pays, & le plus ſouvent par un compoſé de toutes ces manieres enſemble.

Quand on pourra trouver des Entrepreneurs ſolvables & de capacité à pouvoir embraſſer une entrepriſe generale, on fera bien de traiter avec eux ; mais il eſt très-rare de rencontrer des têtes aſſés fortes pour ſoûtenir un fardeau auſſi péſant que celui d'une entrepriſe generale, car la précipitation avec laquelle on fait ordinairement les ouvrages, & la durée de telles entrepriſes réduiſent ſouvent l'Entrepreneur à ne ſavoir plus où il en eſt ; c'eſt pourquoi il vaudroit mieux s'en tenir aux entrepriſes particulieres qui peuvent s'achever en peu de tems.

On doit auſſi remarquer que quand il s'agit de paſſer des marchés pour de ouvrages conſiderables, il eſt bon de le faire dans les formes ; mais non pas de les donner à tous ceux qui ſe preſenteront pour les prendre au moindre prix ; car il faut non-ſeulement examiner ſi les Entrepreneurs ont aſſés de bien pour répondre des avances qu'on ſera obligé de leur faire ; mais encore s'ils ont aſſés de lumieres pour s'acquitter de l'entrepriſe : il faut leur accorder à des conditions raiſonnables, ſans pouſſer les miſes aux rabais à plus bas prix qu'elles ne doivent être, car ſi l'entrepriſe eſt un peu groſſe & qu'on la donne à des pauvres gens, ou à des ignorans, ils la prendront inconſidéremment à tel prix qu'on voudra, dans l'eſperance de profiter de façon ou d'autre ; mais outre qu'on n'y trouvera pas de ſureté, quand on viendra à l'execution, on doit s'attendre qu'ils tireront partie du profit autant qu'ils pourront, & d'un autre côté mettront tous les ouvrages en confuſion, après quoi la tête leur tournant ils donneront du nez en terre, ou abandonneront tout d'eux-même ſi on ne les prévient ; or ſi malheureuſement cela arrive, les travaux languiſſent & ne s'avancent qu'avec une lenteur inſuportable, tout eſt en confuſion, les marchés n'ont plus de crédit ni de confiance, les nouveaux Entrepreneurs qu'on feroit obligé de prendre ne veulent accepter les Ouvrages qu'à un prix exhorbitant, ceux qui doivent être achevés en un an, à peine le peuvent être en deux, les Ouvriers étant mal payés déſertent, il ne s'en preſente qu'un petit nombre, tout cela occaſionne des peines infinies aux

Ingenieurs, qui ne peuvent fans beauuoup de difficulté remettre les chofes fur le bon pied, d'où l'on peut conclure qu'il n'eft rien de fi pernicieux que ce prétendu bon marché, ainfi on ne peut trop défabufer ceux qui mettent toute leur aplication à faire des marchés au plus bas prix qu'ils peuvent, fans examiner les fuites & la poffibilité de pouvoir les executer.

Il faut toûjours éviter les détails inutiles & embaraffans fur tout les ouvrages à journées, à caufe de la confufion & des friponneries qui s'y commettent, car l'ouvrier qui eft affuré de fon gain ne fe preffe jamais, au lieu que celui qui ne gagne qu'autant qu'il travaille, n'a befoin d'autre chaffavant que fon propre intereft; il eft également de confequence d'éviter tous les ouvrages à corvées qui demandent quelque façon & de la promptitude, attendu que la diligence & le favoir ne fe rencontrent jamais parmi des gens qui travaillent par force & qui ne tâchent qu'à couler le tems; mais quand on fera obligé de s'en fervir au remuëment des Terres, il leur faudra impofer la quantité qu'on leur voudra faire remuer, & là départir par communauté, moyennant quoi ils traiteront les uns avec les autres, ou ils s'accommoderont avec l'Entrepreneur pour en pouvoir venir à bout & de quelque maniere que cela fe faffe il en faudra prendre connoiffance, & charitablement voir fi ceux avec qui ils traiteront ne fe trompent point fur le prix ou fur le mefurage & ne leur vendent trop cherement leur peines; mais tout bien confideré cette maniere de travailler ne devroit être mife en ufage que pour des Chartois ou des Ouvrages fort groffiers & toûjours le moins qu'on pourra.

Quand on fera le département des ouvrages aux gens employés, il faudra bien prendre garde d'apliquer chacun à celui qui lui conviendra le mieux, & fur tout tenir pour maxime d'avoir toûjours un homme fidel & intelligent dans la Maçonnerie qui ne perde jamais de vûë la main des Maçons, car la plûpart manquent extrêmement de foin dans l'arrangement des matériaux, foit par négligence, ignorance ou friponnerie, ce qui n'arrive que trop quand ils ne font pas éclairés de quelqu'un qui les tienne en crainte, c'eft auffi pour cette raifon qu'on ne doit jamais fouffrir qu'ils travaillent aux heures induës, ni fans la prefence de ceux à qui l'on aura commis le foin de les obferver, n'y ayant rien de fi pernicieux dans la conduite des travaux, que ces fortes de négligences.

Tous ceux qui ont de l'experience dans l'art de bâtir n'oublient jamais de fpecifier cette condition dans les marchés qu'ils en font, non plus que celle de ne point faire les mortiers fans la prefence d'un Commis qui les fasse dozer & conditionner selon les devis, & qui prenne garde qu'on ne les employe qu'après être refroidis, ce qu'il ne faut point négliger, puisque de la main d'œuvre & de la qualité du mortier, dépendent absolument celle de la Maçonnerie.

Il faut necessairement un certain nombre d'Inspecteurs & de Chassavants sur les ouvrages puisque rien n'est plus important que d'avoir des argus fidels sur la main des Ouvriers, qui observent leurs actions & les fassent diligenter; mais il faut les connoître & les bien choisir, être aussi prompt à récompenser ceux qui font bien qu'à renvoyer ceux qui manqueront d'aplication & de fidelité: par exemple, j'en voudrois un pour les Maçons, un autre pour les Terrassiers, un autre pour les Voitures, un autre pour la décharge des Materiaux, s'il arrivoit que le nombre des Ouvriers de même espece fut fort grand, il faut mettre un homme pour veiller à la conduite de cent autres, n'étant guerre possible qu'il puisse en éclairer davantage, sur quoi l'on remarquera qu'il en faut beaucoup plus dans les ouvrages qui se font en détail, que sur ceux qui se font par entreprises, puisque pour ceux-ci il suffit d'en avoir à la Maçonnerie & au remuëment des Terres, au lieu qu'aux autres il en faut de necessité sur tous les differens ouvrages; car il ne faut pas penser que deux ou trois hommes puissent suffire pour conduire 1000 ou 1200 Ouvriers, qui étant divisés en je ne sçai combien d'ouvrages differens, il est comme impossible qu'il ne se commette une infinité d'abus & de négligences: si on n'y aporte une attention continuelle, il se fait beaucoup de dépenses superfluës, les Ouvrages font mal façonnés, desorte que ce qui se fait mal-à-propos, excede au centuple la dépense des apointemens que l'on croit épargner en employant trois ou quatre hommes de moins qu'il n'en auroit fallu, ce n'est pas ici un exageration, & je m'assure qu'il n'y a personne qui aye fait un peu travailler, qui ne demeure d'accord que quatre hommes bien observés, font plus d'ouvrage que six autres qu'on abandonneroit à leur propre conduite.

Une précaution la plus necessaire de toutes celles que l'on peut prescrire pour la bonne conduite des Travaux, est de ne commencer jamais aucun Ouvrage que l'on n'ayé fait auparavant les amas de materiaux & de tout ce qui est necessaire pour une prompte execution; ces materiaux doivent être placés près des lieux où il faut les employer, prenant garde cependant qu'ils n'embarassent ni les Voitures ni les Ouvriers; rien n'est si necessaire à la Fortification que la diligence, ni rien ne lui est si oposé que la grande

précipitation

précipitation avec laquelle on les commence, le plus souvent sans avoir fait provision des materiaux dont on peut avoir besoin, ni sans être assuré de la quantité d'Ouvriers qu'on y voudra employer, d'autant que de cet empressement il arrive qu'avant qu'ils soient à moitié faits, on manque de je ne sçai combien de choses qui causent toujours un retardement dangereux & une augmentation de dépense considérable par les secours extraordinaires qu'on est obligé d'emprunter ailleurs, & qu'on paye quelquefois bien cher, sans compter les dommages que le Pays souffre de ce que l'on est contraint d'exiger des courvées & voitures, dans le tems même que les Paysans sont occupés à leur recolte, c'est ce qui nous fait encore répeter qu'on ne doit jamais commencer un Ouvrage sans avoir bien pris des mesures pour la fourniture des materiaux, & sans en avoir fait un amas si considérable, que la quantité d'Ouvriers qu'on aura résolu d'employer n'en puisse jamais manquer, ce qui doit être observé d'autant plus exactement, que rien n'est si dangereux pour une Place que la lenteur de ces Ouvrages, attendu que jusqu'à ce qu'ils ayent acquis leur perfection, elle est toûjours en péril & considérablement affoiblie par la propre imperfection de ceux que l'on a bâti, par l'embarras des materiaux répandus à l'entour, par l'ouverture de ses chemins couverts pour faire passer les Chariots, par le comblement des Fossés, accidens toûjours inséparables des Travaux imparfaits, d'où s'ensuit que jusqu'à ce qu'une piece telle qu'elle soit ait acquise son entiere perfection est toûjours contre la Place ; c'est-à-dire, plûtôt en état de lui nuire que de servir à sa deffense : situation malheureuse & qui devroit faire trembler ceux qui ont la conduite des Ouvrages qui sont mal en train, & qui languissent faute d'avoir pris des mesures assés justes pour les diligenter, principalement dans un tems de Guerre, où l'ennemi peut à tout moment former des entreprises ; il n'y a rien de si commun dans l'histoire des Guerres passées que la perte des Places qui ont été surprises, ou que l'on a été contraint d'abandonner avant que leurs Fortifications fussent en état de deffence.

Soit que l'on construise une Place neuve, où qu'on en fortifie d'autres pour les mettre plus en état de deffense qu'elles ne le sont, on doit toûjours commencer par les chemins couverts, ensuite par les Ouvrages les plus avancés afin d'avoir au moins une barriere pour arrêter l'ennemi, cette précaution est surtout necessaire quand on est obligé de bâtir de nouveau quelque enceinte, ou de démolir des dehors pour leur donner une construction plus avantageuse que celle qu'ils avoient, l'ouverture d'une Place étant toûjours dangereuse dans la Paix même la plus profonde : l'art de Fortifier est susceptible d'une infinité d'attentions qu'on ne peut négliger, sans qu'elles ne tirent à de grandes conséquences.

Un attention qu'on doit avoir & qui est essentielle continuë Mr le Maréchal de Vauban, est de donner les employs suivant la necessité des Ouvrages & la capacité d'un chacun, afin de n'y employer que des gens utiles & necessaires, & de ne charger personne de ce qu'il ne sait pas, ni de plus qu'il ne sait faire : ce défaut où l'on ne prend pas garde, étant ordinairement l'origine & la source de tous les désordres dans la conduite des Fortifications.

Il est très constant que ce qui nuit le plus à l'œconomie & même à l'avancement des Ouvrages, est le renouvellement frequent que l'on fait de ceux qui en ont les principaux soins, specialement des Ingenieurs ; vû que de ce changement il arrive que personne ne s'instruit jamais à fond, que l'on y est toûjours nouveau, que l'on ne connoît qu'imparfaitement la qualité des materiaux, leur prix & la capacité des Ouvriers ; que l'on ne sait ni les moyens de faire les Voitures, ni de quelle maniere s'y prendre pour établir un bon ordre : cependant ce sont des parties qu'il faut necessairement savoir, & qui ne s'aprennent qu'avec du tems ; de plus j'ose bien dire & il n'est que trop certain que quelque soin que les gens prennent à se rendre savans dans ce métier, le souverain aux dépens de qui on l'aprend, en paye toûjours chérement l'apprentissage. Car s'il est vrai (comme l'on n'en peut pas douter) que dans tous les commencemens des grands Ouvrages il est impossible aux plus intelligens même, quelque application qu'ils y apportent d'empêcher que la dépense n'en excede toûjours le juste prix d'un cinquiéme ou d'un sixiéme ? que doit-il arriver aux Travaux des Places où l'on change tous les ans d'Ingenieurs ? & où jamais personne n'a le tems d'apprendre ce qu'il doit savoir ? certainement il n'en peut proceder que des desseins mal executés & des redoublemens de dépenses effroyables, à quoi il n'y a d'autre remede que de bien choisir une fois pour tout les gens qu'on y voudra employer, se donner patience qu'ils s'y soient bien instruits, & les perpetuer après dans l'employ tant qu'on aura besoin d'eux & qu'ils s'y conduiront bien.

J'ai tiré ce discours mot pour mot, d'un petit Ouvrage de Mr de Vauban, qui a pour titre le Directeur General des Fortifications.

CHAPITRE HUITIE'ME.

Du Transport & Remuëment des Terres.

LA foüille des terres & leur transport font un objet si considérable dans les grands Travaux, qu'on peut dire qu'il n'y a point de partie qui demande plus d'attention & un détail plus recherché pour en bien régler le prix selon leur qualité & la distance où il faut les porter ; car pour peu que l'estimation n'en soit pas bien entenduë & les relais bien ordonnés, on tombe dans des excès de dépenses, la confusion & le désordre regnent partout, les Travailleurs se plaignent, les Entrepreneurs murmurent, & souvent le mal devient si grand, que l'Ingenieur tout habile qu'il puisse être est fort embarrassé du parti qu'il doit prendre. Mr le Maréchal de Vauban pour remedier aux inconveniens dont ce sujet peut être susceptible, s'est donné la peine d'écrire une ample instruction, & pour faire mieux sentir la solidité des moyens qu'il propose, il raporte une copie d'un Reglement qui fut fait autrefois en Alsace pour le prix que les Entrepreneurs devoient payer aux Soldats employés sur les Travaux, il fait voir les deffauts de ce Reglement, & donne les moyens les plus convenables de les corriger. Sans doute qu'il en a usé ainsi pour empêcher que ceux qui auront la conduite des Travaux, ne tombent dans les mêmes défauts, un pareil écrit ne pouvant être placé plus à propos que dans un Ouvrage comme celui-ci, j'ai crû qu'on seroit bien aise d'en avoir un extrait.

„ Les Terres communes & ordinaires seront payées à raison de „ douze sols la toise cube dans l'attelier, pour les charger & pour „ les rouler, il sera augmenté de deux sols par toise, de dix toises „ en dix toises courantes de chemin dans toute la distance de leur „ transport, lorsque le terrain sera uni & plat ; & quand il y aura „ à monter soit par des rempes de terre où sur des Ponts, il leur „ sera payé trois sols d'augmentation de dix toises en dix toises cou- „ rantes, par toise cube, au lieu de deux sols dont il est parlé cy- „ devant, lorsque les Soldats travailleront dans les Fondations où „ ils seront gênés, il leur sera augmenté deux sols par toises pour la „ charge jusqu'à douze pieds de profondeur, & la même augmen- „ tation leur sera accordée de six pieds en six pieds sur toute la pro- „ fondeur de leur travail, de maniere qu'au-dessous de douze pieds

Copie du Reglement fait en Alsace pour le prix que les Entrepreneurs doivent payer aux soldats employés au transport & remuëment des Terres de la Fortification des Places de Sa Majesté.

E ij

„ & jusqu'à la profondeur de six autres pieds, il leur sera payé dans
„ l'attelier 14 f. & à dix-huit pieds de profondeur, 16 au lieu de
„ 12 f. qui est le prix des Ouvrages communs, & ainsi d'un apro-
„ fondissement à l'autre.

„ Et si les Soldats sont obligés de travailler dans l'eau & de se
„ moüiller les pied, soit dans les Fondations où aux aprofondisse-
„ mens des Fossés, outre le prix cy-dessus, il leur sera augmenté 5 f.
„ par toise dans lattelier, ensorte qu'au lieu de 16 f. qu'il leur a été
„ reglé pour la charge lorsqu'ils sont à 18 pieds de profondeur, il
„ leur en sera payé 21, pendant les mois de Mars, Avril, May,
„ Juin, Juillet, Aoust, Septembre & Octobre, & à l'égard des au-
„ tres mois d'hyver, l'augmentation sera de 10 f. au lieu de 5 dans
„ l'attelier, moyennant quoi les Soldats & Ouvriers seront obligés
„ de faire des rigolles dans leurs atteliers seulement pour l'écoule-
„ ment des eaux aux mêmes prix & conditions cy-dessus; & quant
„ à la dépense des moulins, elle se fera aux frais des Entrepreneurs.

„ Et comme la qualité du Roc est incertaine, le prix de l'exca-
„ vation en sera arbitré par l'Ingenieur qui aura soin des Fortifica-
„ tions de la Place dans laquelle il se trouvera du travail de cette
„ nature, & à l'égard du transport du moïlon qui en proviendra,
„ il sera seulement payé aux Soldats pour la charge 10 f. attendu
„ qu'il se trouve tout tiré & que ce travail se peut faire sans donner
„ aucun coup de pioche; mais l'éloignement du chemin sera payé
„ sur le même pied que les terres & les décombres, suivant le ré-
„ glement qui a été fait pour le transport desdites terres fait à Stras-
„ bourg le 2 Juin 1688.

Deffaut de ce Réglement; c'est Mr de Vauban qui parle.

„ Le premier deffaut remarquable de ce Réglement est dans le
„ prix de la charge que l'on taxe à 12 f. la raison est que la qualité
„ des terres étant toûjours differente entre celles de la superficie,
„ & celles qui sont 4. 5. 6 ou 7 pieds plus bas; il s'ensuit qu'il est
„ impossible que la régle soit bonne, parce qu'en terres molles ou
„ de prairie où l'on peut charger de la premiere main, un homme
„ pourra suffire au chargeage d'une file de relais, ou dans d'autres
„ deux, même trois ne le pourront pas; cependant le prix de la
„ toise étant égal à l'un comme à l'autre, il s'ensuit qu'il y a lézion
„ de la part du Roy, quand le terrain étant bon, il n'y a qu'un ou
„ deux hommes à charger, & de la part des Soldats quand le ter-
„ rain est mauvais, il y en a plusieurs.

„ Il n'en est pas de même si le prix de la charge est fixé à 12 f.
„ par toise, & qu'un homme de moyenne force puisse lever deux
„ toises cubes de terre en un jour. L'experience nous aprend que

„ cela se peut dans tous les terrains marécageux & de prairie où l'on
„ peut charger au louchet de la premiere main, sans avoir besoin
„ de la pioche, cet homme seul dis-je gagnera 24 s. si au lieu d'un
„ on est obligé d'y en mettre deux, ils n'en gagneront que 12, s'il
„ en faut trois ils n'en gagneront que 8, si quatre que six, & ainsi
„ à proportion que le nombre des chargeurs augmentera, le prix
„ de leurs journées diminuëra.

„ De cette maniere il résulte, premierement que quand il n'y a
„ eu qu'un ou deux hommes à charger, le Roy est lezé, parce que
„ les journées sont trop cheres, quand il y en a trois le Soldat gagne
„ une journée raisonnable; mais quand il y en a plus la perte tom-
„ be sur lui, & si on ne peut pas dire que les relais les tirent d'affaires;
„ car nous ferons voir que le même défaut s'y rencontre.

„ Secondement, que l'augmentation de 2 s. par toise dans les
„ Fondations gênées jusqu'à 12 pieds de profondeur, n'est pas toû-
„ jours juste par tous les endroits où cela se trouve, ni l'augmenta-
„ tion si bien apliquée qu'on n'y puisse trouver sujet de lézion, non
„ plus que celle qui accorde le même prix depuis 12 pieds de pro-
„ fondeur jusqu'à 18, & autres 2 s. depuis 18 jusqu'à 24, & ainsi
„ de suite de 6 pieds en 6 pieds, jusqu'à parfaite profondeur en l'une
„ & en l'autre; on ne remedie pas avec assés de distinction au dé-
„ faut de la charge qui peut être plus ou moins difficile que ne porte
„ l'augmentation de ce prix.

„ Troisiémement que l'augmentation du prix pour ceux qui doi-
„ vent travailler dans l'eau n'est pas moins défectueuse, attendu
„ que si elle est plus ou moins abondante & inégalle, il est impossi-
„ ble qu'un prix toûjours égal leur puisse convenir, de maniere
„ qu'il n'y ait lézion de part & d'autre, je dis la même chose de ce
„ qui suit, sans que le plus ou moins de profondeur fasse rien à cet
„ égard, parce qu'il ne s'agit pas d'épuisement; mais seulement de
„ la charge.

„ Quatriémement, que le reglement des relais n'est pas moins dé-
„ fectueux, en ce que plus il y en a, moins l'Ouvrier gagne, par
„ exemple si la charge est payée à 12 s. la toise & le relais à deux,
„ & qu'il y ait seulement la longueur d'un relais à mener, la toise
„ reviendra à 14 s. auquel cas si un homme peut charger 2 toises &
„ un autre les mener, ce sera deux hommes d'employés pour char-
„ ger & mener 2 toises de terre, dont le prix reviendra à 28 s. les
„ deux, partant chaque homme gagnera 14 s. qui est une journée
„ trop forte; mais s'il faut mener les terres à 20 toises, il faudra
„ établir deux relais, & par conséquent ajoûter un homme aux deux

„ qui feront trois ; cependant le prix de la toife n'augmentant que
„ de 2 f. il arrivera que celui de 2 toifes ne fera que de 32 f. qui
„ divifés à trois hommes feront 10 f. 8 den. chacun, ainfi dès le fe-
„ cond relais, voilà 3 f. 4 den. de diminution ; fi la diftance eft de
„ trois relais ou de 30 toifes, au lieu de trois hommes il en faudra
„ quatre pour mener 2 toifes de terre, qui à 18 f. la toife feront
„ 36 f. les deux, & 9 f. pour la journée de chaque Ouvrier : que fi
„ ledit tranfport eft de 4 relais, il faudra 5 hommes pour charger
„ & mener ces 2 toifes de terre, qui travaillant toûjours d'égale
„ force ne gagneront que 8 f. chacun, parce que la toife cube ne
„ reviendra qu'à 20 f. finalement fi ce même tranfport va jufqu'à
„ 50 toifes de diftance du lieu d'où l'on charge, ou cinq relais, il
„ faudra 6 hommes pour charger & mener ces 2 toifes de terre qui
„ reviendront à 44 f. lefquels divifés en fix feront 7 f. 4 den. cha-
„ cun, qui eft une journée un peu foible & qui la deviendra toûjours
„ de plus en plus à mefure qu'il faudra augmenter les relais ; deforte
„ qu'à 10 relais les journées ne reviendront qu'à 5 f. 9 den. ce qui
„ n'eft pas fuportable, ainfi quoiqu'il y ait égalité de travail, les jour-
„ nées diminuënt à mefure que le tranfport s'éloigne.

„ Si l'on vouloit augmenter chaque relais de 6 den. d'un fols, ou
„ même davantage, on ne parviendroit pas encore à mettre ce ré-
„ glement dans l'égalité neceffaire à un travail bien ordonné, le Roy
„ étant toûjours lézé aux deux premiers relais, & le Soldat dans la
„ plus grande partie des autres & beaucoup d'inégalité dans les jour-
„ nées, ce qui n'eft pas raifonnable attendu que les Ouvriers qui
„ travaillent également & d'égale force dans un même ouvrage doi-
„ vent autant gagner les uns que les autres, à quoi il faut ajoûter
„ que dans tous les lieux où la quantité de relais furpaffe le nombre
„ de 10, la lézion y eft bien plus fenfible, parce qu'à mefure que le
„ nombre de relais augmente, le prix des journées diminuë, voilà
„ donc les deffauts de ce reglement prouvés de maniere à n'en pou-
„ voir douter, je ne dis rien des autres particularités, parce que ce
„ ne font que des confequences de ces deux principes, qui étant
„ d'eux-mêmes défectueux, il s'enfuit que tout ce qui en dépend ne
„ peut manquer de l'être.

Desmoiens les plus convenables pour corriger ces deffauts.

„ Comme ces deffauts ne proviennent que de ce que le prix du
„ chargeage eft trop fort, & celui des relais trop foible, & de ce
„ que ni l'un ni l'autre n'ont pas été reglés fur le prix commun
„ des journées que l'on veut faire gagner aux Soldats, il fera fort
„ aifé de le corriger en leur donnant un prix modique, non en vûë
„ de les faire travailler fur ce pied-là ; mais d'en faire l'aplication

" au prix de la toife cube, laiffant aux Ouvriers après d'en attraper
" ce qu'ils pourront par la force de leurs bras.

" Il eft très poffible de remedier aux inconveniens & d'ôter tout
" pretexte aux Soldats de crier, fi au lieu de régler la charge & les
" relais au hafard, & fans connoiffance précife du prix des terres
" par raport aux differences de leur moleffe, dureté & tranfport ; le
" Roy a pour agréable d'ordonner ce qu'il lui plaira que le Soldat
" gagne par jour ; car fi par exemple fa journée eft reglée à 8 f. par
" jour qui eft un prix bas & modique pour des gens qui travaillant
" à la tâche, vont ordinairement de toute leur force ; mais qui ne
" l'eft pas tant pour des gens qui tirant la folde du Roy par d'autres
" fervices, ne font cependant employés qu'à celui-ci, du moins
" un certain tems, il n'y a dis-je qu'à taxer le chargeage, & les re-
" lais par raport aux journées des hommes ; & il arrivera que fi un
" homme charge 2 toifes de la premiere main & fans pioche, la
" journée de cet homme montant à 8 f. partagés en deux, donnera
" 4 f. pour la charge de chaque toife cube de terre ; mais s'il y faut
" deux hommes, leurs deux journées montant à 16 f. donneront
" 8 f. pour chacun, fi trois hommes, 24 f. fi partagés de rechef en
" deux donneront 12 f. pour chaque toife cube & ainfi des autres,
" augmentant toûjours de 4 f. à chaque fois que l'on fera obligé
" d'augmenter d'un chargeur.

" A l'égard des relais, il n'y a pas de meilleur moyen de les régler,
" qu'en les établiffant à 15 toifes de diftance les uns des autres en plain
" terrain & à 10 en montant, & du furplus fixer le prix de chacun
" à 4 f. par toife, qui produit toûjours cette journée d'hommes qui
" doit fervir de bafe au reglement du prix ; mais non au gain des
" Soldats ; car tel gagnera jufqu'à 10 & 11 f. que d'autres n'en ga-
" gneront pas plus de 6 ou 7, felon leur force & le mouvement
" qu'ils fe donneront, ce qui ne peut que bien réüffir & avec beau-
" coup de juftice ; car chacun gagnera fuivant fon travail, & aucun
" d'eux n'aura lieu de fe plaindre que de lui-même.

" A ce que deffus on doit ajoûter, premierement de fixer la
" diftance des relais à 15 toifes en plain Pays, & à 10, où il faut
" monter par des Ponts ou par des rempes, comme il a déja été dit
" fans changer de prix ; la raifon eft que d'experience faite & plu-
" fieurs fois réïterée, une toife cube de terre peut être menée en
" 250 broüettées, & deux en 500, qui eft la tâche commune
" que nous affignons à un ouvrier de moyenne force, & pour les
" mener en place, il faudra qu'il faffe 15000 toifes de chemin en
" plaine, dont la moitié charge & 10000 en montant & d'étenduë,

„ c'eſt-à-dire ſix lieuës de 2500 toiſes chacune en plaine, & près
„ de quatre en montant & d'étenduë, or il n'y a point d'ouvrier qui
„ n'aime autant faire 15 toiſes en plaine que 10 en montant.

„ Secondement fixer le tems du travail à 10 heures par jour & ce-
„ lui du repos à trois, qui font en tout 13 heures de ſujetion, com-
„ mençant le travail à 5 heures du matin pour être à 5 & demie en
„ train, le quitter à 8 heures pour déjeuner une demie heure, le
„ reprendre à 8 & demie, pour le quitter de rechef à 11 & aller dî-
„ ner ; plus le reprendre à une heure pour le quitter à 3 & demies
„ enfin le reprendre à 4 pour le quitter tout-à-fait à 7.

„ J'eſtime qu'on peut encore régler le travail comme cy-après.
„ Le commencer par exemple à 5 heures du matin & travailler
„ juſqu'à 8, le quitter depuis 8 juſqu'à 9, & le reprendre depuis
„ 9 juſqu'à 12, le diſcontinuer juſqu'à 2, & le reprendre enſuite,
„ & le continuer juſqu'à 7 du ſoir, ce qui fait 10 heures de travail,
„ & trois heures de repos par jour.

„ On pourra ſoûtenir le travail ſur ce pied 8 mois de l'année,
„ ſavoir Mars, Avril, May, Juin, Juillet, Aouſt, Septembre,
„ Octobre, pour les 4 autres mois qui ſont d'hyver, on en pourra
„ retrancher les déjeunés & les goutés, & réduire le tems du tra-
„ vail à 7 heures, pendant leſquelles je ſuis perſuadé que les ouvriers
„ ne feront guère plus de demie journée d'Eté à cauſe du froid &
„ du mauvais tems ; je tiens qu'il ne faut point impoſer davantage
„ au Soldat qui a ſa tâche, parce qu'il eſt certain que 10 heures de
„ travail d'un homme qui a pour chaſſavant ſon intereſt en valent
„ du moins 15 d'autre qui a ſa journée reglée, de les pouſſer plus
„ loin c'eſt les outrer & les expoſer à devenir malades, & ne pou-
„ voir pas tenir longtems.

„ Troiſiémement d'augmenter un homme aux chargeurs quand
„ il y aura de l'eau dans le travail, & qu'on ſera obligé à des épui-
„ ſemens ; ſi c'eſt en Eté en conſidération des rigoles qu'il faut pour
„ les écouler vers les moulins qui l'épuiſent & du nettoyement des
„ rampes & de la terre qui ſe perd par les chemins, & ſi elles ſont
„ ſi abondantes qu'un homme ſeul n'y puiſſe pas fournir, augmenter
„ d'un & demi ou de deux ; ainſi du reſte ſuivant les difficultés qui
„ ſe preſenteront, ſi c'eſt en Hyver & que le Soldat ait le pied moüil-
„ lé, on pourra en conſidération du froid qu'il aura à ſouffrir lui aug-
„ menter encore d'un homme de plus, ce qui doit être arbitré par
„ l'Ingenieur en chef avec beaucoup de circonſpection.

„ Quatriémement d'augmenter d'un homme à la charge où les
„ terres ſeront dures, ou de deux, même de trois ſelon que l'ouvrage

LIVRE III. DE LA CONSTRUCTION DES TRAVAUX. 41

„ vrage fera difficile, de cette façon on pourra même régler l'ex-
„ cavation du roc & rocailles affés jufte, puifque le plus ou moins
„ d'hommes au chargeage & piochage en fera toute la différence,
„ & c'eft furquoi les Soldats fe réglent affés bien d'eux-mêmes.

„ Cinquiémement, chomer tous les Dimanches mais non les
„ Fêtes, comme étant très-certain qu'on ne gagne rien au travail
„ des Dimanches, par la raifon que tout homme qui a travaillé fix
„ jours tout de fuite a befoin de repos le feptiéme.

„ Sixiémement, regler un peu la diftance moyenne des relais du
„ centre de l'ouvrage au centre du tranfport, pour éviter les con-
„ teftations qui pourroient arriver à cet égard; & parce que d'or-
„ dinaire les Soldats allongent & racourciffent leur relais comme il
„ leur plaît, compter toûjours la diftance totale du lieu où l'on
„ charge, à celui où l'on décharge, & régler après les relais com-
„ me ci-devant, donnant le plus & ôtant le moins, quand il défau-
„ dra ou furpaffera le demi relais pour éviter tout ce qui peut faire
„ embarras.

„ Septiémement obferver dans une même file de relais quand il
„ s'en trouvera où il y aura à monter ou defcendre, de régler ceux
„ des montées à 10 toifes, comme il a été dit cy-devant & ceux
„ de la plaine à 15, fans rien changer au prix des uns & des au-
„ tres.

„ Huitiémement, ne rien changer non plus où il s'agira de tra-
„ vailler dans le Roc, puifque le nombre de chargeurs ou Rocteurs
„ qu'il y faudra de plus, & le moins de gens au relais fuffira pour
„ en regler le prix au jufte, en y prenant garde de près. On pourra
„ d'ailleurs ajoûter quelque chofe pour l'entoifage du moilon qui
„ fera propre à bâtir.

„ Du furplus l'obligation des Entrepreneurs envers les Ouvriers,
„ doit être de leur fournir les outils propres au travail, de faire tous
„ les épuifemens d'eau à leur dépens, les Ponts où il en faudra
„ fournir les planches, arranger ou faire battre les terres où il fera
„ neceffaire, couper des rampes dans les taluds qui leur feront reglés,
„ à quoi les mêmes feront obligés; en confideration de cette obli-
„ gation des Entrepreneurs, qui font de plus fujets à d'autres vers
„ le Roy, comme de faire l'ouvrage bon & folide dans un certain
„ tems, & d'en répondre fuivant les conventions de leur marché,
„ on donnera 6 f. de plus qu'aux Soldats pour le prix de la toife,
„ en confideration de tous les devoirs à quoi ils font tenus; avec
„ cette remarque que plus il y a de relais, plus leurs charges font
„ grandes, à caufe de la quantité de brouettes & d'outils qu'ils

F

„ doivent fournir, furquoi il eft encore a obferver, que pendant les
„ Hyvers les frais augmentent de beaucoup, à caufe de la briéveté
„ des jours, difficulté des Voitures, abondance des eaux, bouës &
„ gelées ; c'eft pourquoi les 6 f. n'y pourront pas toûjours fuffire, à
„ moins qu'on n'ait foin de leur ménager du travail aifé, commode
„ & en petite quantité, le mieux eft de ne les obliger que le moins
„ qu'on pourra à de grands travaux de terre dans ces tems-là, car
„ s'ils ont quelqu'avantage pendant l'Eté, il eft certain que les grands
„ ouvrages d'Hyver les confommeront : cependant c'eft une chofe
„ à bien examiner, car les ouvrages d'Eté où il y a peu de relais
„ & de confommation ; il y a auffi bien moins de frais, & par con-
„ fequent beaucoup plus d'avantages qui fe peuvent moderer felon
„ les lieux & la facilité des ouvrages.

„ De cet ordre une fois établi réfultera plufieurs connoiffances
„ aux gens qui font travailler.

„ Premierement, que le prix de la toife augmentant à chaque
„ relais de 4 f. il s'enfuivra que dès auffi-tôt qu'on aura donné prix
„ à ce chargeage, il n'y aura qu'à compter le nombre de relais &
„ les frais de l'Entrepreneur, pour favoir au jufte le prix qu'on doit
„ donner à la toife.

„ Secondement, qu'on aura toûjours une connoiffance parfaite
„ du prix de la toife de terre, puifque ce prix hauffera & baiffera
„ felon le nombre de chargeurs & de relais.

„ Troifiémement, que quelque nombre d'ouvriers qu'il y ait, le
„ Roy ne payera jamais que 8 f. pour la journée d'un chacun, qui
„ n'étant pas cependant diftribué fur le pied de journée ; mais bien
„ fur le pied de ce qu'ils pourront faire d'ouvrage, il s'enfuivra que
„ S. M. fera fervie très-diligemment, à bon marché, fans peine &
„ fans violenter perfonne.

„ Quatriémement, que fi on fait attention à l'utilité de cette
„ propofition, on la trouvera très-avantageufe, d'autant que la jour-
„ née du Roy étant aujourd'hui reglée à 10 f. il n'y a pas d'hommes
„ de ceux qui travaillent à la tâche qui n'en mérite mieux 15, que
„ ceux qui font à la journée de 10 ; cependant on n'en demande ici
„ que 8 pour faire aller les Soldats de toute leur force.

„ Cinquiémement, que pour avoir plus près à mener, le Soldat
„ n'en gagne pas davantage, ni moins pour avoir plus loin, la toife
„ revenant toûjours au prix proportionné à la quantité de fes re-
„ lais & à la difficulté de la charge.

„ Sixiémement, que quoiqu'on fupofe 6 f. par toife à l'Entrepre-
„ neur pour fes peines, fournitures de planches, ponts, brouëttes,

LIVRE III. DE LA CONSTRUCTION DES TRAVAUX. 43
„ outils, épuifemens d'eaux, façon de montées, &c. cela ne fe
„ doit entendre que des endroits où il y a grande confommation
„ d'outils, comme ceux où il y a plufieurs relais, & où l'on eſt obligé
„ de travailler pendant l'Hyver dans le tems des grandes gelées, où
„ pendant que les terres font trempées & boüeufes, & en un mot où
„ il y a beaucoup de peine & peu d'ouvrage, autrement on peut
„ leur donner depuis 3, jufqu'à 4 & 5 f. felon que les frais des épui-
„ femens & les confommations en font plus ou moins confidéra-
„ bles. "

Il eſt à remarquer que le prix des journées à 8 f. qui étoit paſſa-
ble pour des Soldats dans le tems que ce memoire a été fait, ne
fuffiroit pas prefentement que le rehauffement des monnoyes & les
mauvaifes années ont tout rencheri, d'ailleurs cela dépend auſſi
du Pays où l'on fait travailler par raport aux aifances ou aux difficultés que les Troupes trouvent à vivre à jufte prix ; c'eſt à l'Ingenieur
en chef, ou au Directeur à avoir toutes ces confidérations pour
que le Roy n'y foit pas lezé, & que les Soldats auſſi-bien que les
Entrepreneurs fe tirent judicieufement d'affaire, ainfi fans s'arrêter
conftamment à cet article, on tirera toûjours beaucoup de connoiſſance de ce memoire qui eſt regardé de tous les anciens Ingenieurs comme la meilleure inſtruction qui ait été écrite fur ce fujet.

Dans de certains Pays on diſtingue ordinairement pour le marché
des Ouvrages trois fortes de terres pour en régler le prix, la terre
douce ou épierrée pour les parapets, la roccaille & le roc.

Toute terre où l'on n'a befoin que du louchet, pour l'enlever
eſt regardée comme terre ordinaire, la pierre morte qui fe trouve
mêlée d'un peu de terre & où il ne faut ni maſſe, ni pince, & où
il fuffit de la pioche & du pic eſt reputée rocaille. Toute pierre vive
où il faut fe fervir de pic, de coin, de maſſe, d'aiguille eſt apellée
roc.

Dans le Pays bas où l'on ne rencontre guére de roc ni de rocaille,
on diſtingue dans les marchés deux fortes de terre, l'une eſt apellée
terre hors d'eau, qui eſt celle qu'on peut travailler à fec, & l'autre
terre dans l'eau qui ne peut s'enlever fans beaucoup d'incommo-
dité ; toutes ces terres differentes pourront s'eſtimer en fuivant
l'inſtruction de Mr de Vauban ; c'eſt-à-dire, en s'attachant à la quantité d'hommes qu'il faut pour en tranfporter une toife cube, & aux
journées qu'ils doivent gagner.

Dans une terre ordinaire un attelier de quatre Soldats, compofé d'un piocheur, d'un chargeur & de deux autres qui brouët-
tent, peut tranfporter à 10 toifes de l'attelier, deux toifes & un tiers

F ij

cubes dans un jour d'Eté, & un peu plus de la moitié dans un jour d'Hyver.

 La rocaille étant comme je l'ay déja dit une pierre morte, mêlée de terre; la difficulté de sa foüille est beaucoup plus grande, que celle des terres ordinaires, c'est pourquoi le prix en est aussi plus considerable; c'est à la prudence de l'Ingenieur de l'augmenter, ensorte que les Soldats y trouvent leur compte; & quoi qu'il soit difficile de déterminer à quoi peut aller cette augmentation, je dirai pourtant que la toise cube de Rocaille, vaut à peu près le double des terres ordinaires.

 Quant au roc, il faut aussi avoir égard à sa qualité & a sa dureté, on le tire par mine, dont l'apareil est de quatre hommes, qui s'aprofondissent de cinq pieds dans un roc ordinaire; mais comme le marbre est d'une nature plus dure, ils ne peuvent guere s'y aprofondir que de quatre pieds, qui produisent tout au plus une demi toise cube, qui consume environ deux livres de poudre pour charger les petards: outre ces quatre hommes, on ajoûte encore deux manœuvres pour arracher les pierres ébranlées par la mine, & ôter les decombres: ainsi sachant ce que les uns & les autres doivent gagner par jour, & ce qu'il en coûtera pour les outils & la poudre, on pourra savoir à combien reviendra la toise cube.

 Pour aprofondir dans le roc, on se sert d'une aiguille, ou barre de fer, de bonne trempe bien acerée, pointuë par un de ses bouts, ayant six ou sept pieds de longueur, deux hommes la mettent en mouvement pour faire un trou, en maniere de petit puits, capable de contenir une certaine quantité de poudre, après avoir chargé cette petite mine, on bouche le trou avec un tampon chassé à force, afin que la poudre fasse un plus grand effet, ou y met le feu par le moyen d'un morceau d'amadoüe, qui ne se communiquant à la poudre qu'au bout d'un certain tems, laisse aux ouvriers la liberté de se retirer; la mine ayant écarté & ébranlé les pierres, on en fait le deblais, & on repete la même manœuvre autant de fois qu'on le juge necessaire.

 Avant de commencer la foüille des terres, il est de la derniere consequence d'en bien indiquer le transport, & savoir la quantité qu'il en faudra pour la construction du projet que l'on veut executer; ceux qui font ces projets, doivent en donner des memoires, afin que les profils étant bien expliqués, on ne s'aprofondisse qu'à proportion des remblais qu'on aura à faire: c'est ordinairement la nature du terrain qui détermine le parti que l'on doit prendre; car si l'on peut creuser à sec jusqu'à 18. ou 20. pieds, on ne sera pas

LIVRE III. DE LA CONSTRUCTION DES TRAVAUX. 45

obligé de faire les foffés fort larges, parce qu'en les aprofondiſſant, on aura toûjours des terres fufifamment, & les ouvrages en feront de meilleure défenfé, à caufe qu'ils feront moins decouverts : fi au contraire le terrain eſt aquatique, & qu'on ne puiſſe s'enfoncer auſſi avant qu'on le voudroit, fans être incommodé des eaux ; alors on prend fur la largeur, ce que l'on ne peut tirer de la profondeur; mais je le repete, toutes ces confiderations doivent dépendre du projet, ainfi dans l'execution il ne s'agit que de bien diriger les atteliers. Cet article demande beaucoup de circonfpeétion, & quoique la chofe ne paroiſſe qu'une bagatelle, je crois qu'on conviendra qu'on n'a guere executé de grands travaux, fans qu'il ne foit arrivé quelque mal entendu dans le maniment des terres ; ici faute d'en avoir fait un amas affez confiderable, avant d'élever les revêtemens, on eſt obligé pour achever l'ouvrage, d'en raporter par de longs circuits qui augmente les relais, par confequent la depenfe ; là pour n'y avoir pas fait affés d'attention, il s'en trouve une trop grande quantité, qu'il faut dans la fuite transporter ailleurs, peut-être même auprès de l'endroit d'où on les avoit tirées, deforte qu'une toife cube, qui n'auroit dû être maniée que deux fois, l'une pour la transporter, l'autre pour la mettre en œuvre, a été promenée à differens endroits inutilement, ce qui en double ou triple la valeur ; au refte je fai bien que cela n'arrive point à ceux qui ont une grande connoiſſance des travaux, parce qu'ils favent prevoir dès le commencement de l'ouvrage, les fuites des moindres chofes.

Pour faire voir de quelle maniere on peut eſtimer affez juſte la quantité de terre deſtinée à la conſtruction d'un ouvrage ; nous fupoferons qu'on a tracé fur un terrain bien uni, & dans lequel on peut aprofondir à fec, un front de Poligone $ABCDEF$, dont le foſſé eſt terminé par la Contrefcarpe GHI, & que le rempart qu'on veut élever, eſt exprimé par le profil $ABDKMX$: cela poſé comme la terre qu'on doit porter du côté de la place, & qu'on voit exprimé ici par KKK, &c. depend de l'élevation du rempart ; nous ferons comme fi le revêtement devoit avoir 30. pieds de hauteur, depuis le fonds du foſſé jufqu'au cordon, & le foſſé 18. pieds de profondeur ; en ce cas, pour que toutes les parties du profil foient bien proportionnées, il faut que la hauteur BC, du rempart, du côté de la place, foit de 12. pieds & demi, la rampe AC, de 19. & demi, la largeur CE, de 30. la hauteur ED, de 14. la rampe EG, de la banquette de 3 fa largeur GL, de 4. & demi, & la hauteur FG, ou HL, de 15. & demi, enfin le parapet devant avoir 4. pieds & demi de hauteur, KN, fera de

PLANCH. 7.

F iij

20. pieds, & *LN*, d'un & demi; & si l'on fait abstraction des contreforts, & qu'on supose pour abreger, que le revêtement ait 5. pieds d'épaisseur au sommet, *MI*, sera de 18. pieds, & *VI*, de 13. Or si l'on cherche la superficie de toutes les parties dont nous venons de donner les dimensions; on trouvera qu'elles composent ensemble 907. pieds quarrés, d'où il faut retrancher la partie des contreforts, qui est au-dessus de la ligne horisontale *AT*, après en avoir fait la reduction, ainsi qu'on l'a enseigné dans l'article 46. du premier livre, & l'on trouvera qu'elle est équivalante à 26. pieds quarrés, qui étant retranchés de 907. la difference sera 881, pieds quarrés, quand on n'aura égard qu'au profil, mais qui deviendront des pieds cubes, en suposant que le profil a un pied d'épaisseur. Si l'on veut savoir combien il faut de toises cubes de terre par toise courante, on reduira les 881 pieds, en toises quarrées, pour avoir environ 24. toises & demi, qui étant multipliées par une toise, donnera 24. pieds & demi de toises cubes, c'est-à-dire, que si la face d'un Bastion à 50. toises de longueur, il faudra à peu près 1225. toises cubes de terre pour former cette face.

Mais sans s'embarrasser de ce qu'il faut pour chaque pattie du front, il suffira après avoir trouvé la superficie du profil *ABDHKMI*, & en avoir retranché les contreforts reduits, de diviser 881. pieds par la profondeur qu'on veut donner au fossé, c'est-à-dire par 18. & l'on trouvera environ 49. pieds, pour la largeur *RS*, de la tranchée, qui ayant 18. pieds de profondeur, fournira les terres necessaires à l'élevation du rempart; ainsi traçant une ligne *LMNOPQ*, paralelle aux parties du front *ABCDEF*, ensorte qu'elle soit éloignée de 49. pieds du derriere de la muraille, on aura l'espace que doit occuper la tranchée dont je parle, puisque une toise courante de la vuidange de cette tranchée, fournira des terres pour une toise courante de rampart, ce qui est bien évident, puisque 6. pieds de longueur, 49. de largeur & 18. de profondeur, donnent 24. toises & demi cubes.

Selon l'estimation precedente, j'ai suposé qu'il étoit question des Bastions vuides, & dont le terre plain seroit de niveau avec le rez-de-Chaussée de la place. Si on avoit des raisons pour le faire autrement, soit pour y construire des souterrains, ou y élever des cavaliers, on pourra toûjours en se reglant sur les profils, savoir de combien il faudra augmenter la largeur de la tranchée, pour avoir une quantité de terre suffisante, car j'entens qu'il faut toûjours en faire l'amas avant de construire le revêtement.

A mesure que l'on fait le deblais des terres, on les porte à 8. ou 10. toises du côté de la place; si le terrain est de bonne consis-

LIVRE III. DE LA CONSTRUCTION DES TRAVAUX. 47
tance, & qu'on ne craigne pas les éboullemens, on donne aux Banquettes *OP*, qui doivent se trouver derriere le revêtement, le plus de hauteur qu'il est possible, & une largeur suffisante seulement pour se soûtenir, afin que quand la muraille sera élevée, l'on n'ait que peu de remblais à faire, ce qui diminuë la poussée des terres : à l'égard des Banquettes *ST*, qui se font du côté de la campagne, il faut leur donner beaucoup plus de largeur que de hauteur, afin que les travailleurs puissent les pratiquer commodement.

Quand on a creusé jusqu'à la profondeur *PS*, que doit avoir le fossé on fait une nouvelle tranchée *PQRX*, pour les fondemens de la muraille, les terres qui en proviennent se jettent du côté de la campagne & se transportent aussi-bien que toutes celles qui étoient restées dans le Fossé, aux endroits marqués pour la construction des ouvrages de dehors ; on observe à mesure qu'on en fait la vuidange, de laisser des témoins de distance en distance, ou des profils pour servir à faire les toisés.

CHAPITRE NEUVIE'ME.

De la maniere de faire les Fondemens des Edifices dans toute sorte d'endroits & principalement dans le mauvais terrain.

IL semble qu'avant d'enseigner la Construction des Fondemens, j'aurois dû dire quelque chose sur les précautions que l'on prend pour se mettre en état de travailler dans les lieux aquatiques, expliquer la façon des batard'eaux que l'on construit pour se garantir des eaux Etrangeres, ou pour faire des épuisemens avec le secours des machines que l'on a imaginées à cet usage ; détailler les proprietés de ces machines, afin de donner la préference à celles dont on peut se servir le plus utilement : c'est aussi ce que j'ai fait dans un Chapitre assés long que j'avois destiné à préceder immediatement celui-ci ; mais ayant fait réflexion que sa véritable place devoit être dans l'Architecture Hidraulique ; c'est-à-dire dans le second tome de cet ouvrage, je m'en suis tenu à ce dernier parti ; c'est pourquoi j'y renvoye le Lecteur.

La premiere connoissance dont il faut être prévenu, est la nature des terrains qui se rencontrent en aprofondissant, & quoique leur diversité soit très-grande, on peut cependant la réduire à trois especes principales. La premiere est celle de tuf & de roc, ce dernier est facile à connoître par la résistance que les Terrassiers trouvent à foüiller.

La seconde espece de terrain, est celle de Sable dont on distingue de deux sortes; l'un est le Sable ferme & dur sur lequel on n'hésite point à établir des fondemens & l'autre le Sable mouvant, dont le peu de consistance ne permet pas qu'on travaille dessus, sans prendre quelque précaution pour prévenir les accidens. On distingue le Sable mouvant d'avec le ferme, par le moyen d'une sonde de fer, dont le bout est fait en *tariere*, afin de voir en la retirant la nature du fond qu'elle a percée. Lorsqu'elle résiste & qu'elle entre avec peine, c'est une marque que le Sable est dur, au lieu qu'on doit juger du contraire si elle entre facilement : quand on est obligé de foüiller fort avant pour rencontrer le bon fonds, on allonge la sonde par le moyen de plusieurs branches de fer qui s'ajustent bout à bout avec des vis en écroüs. Il se rencontre dans les lieux aquatiques un sable d'où il sort de l'eau quand on marche dessus, ce qui la fait nommer *Sable boüillant*, qu'on ne doit point confondre avec le mouvant, puisqu'il s'en trouve souvent sur lequel on peut asséoir des fondemens très-solides, comme nous le ferons voir ailleurs.

La troisiéme est celle de terre dont on distingue de quatre sortes, la terre ordinaire, *la grasse*, *la glaise* & celle de tourbe. La terre ordinaire se trouve dans les lieux secs & élevés, la terre grasse est presque toûjours composée de vase sans consistance & ne se trouve guere que dans les lieux bas; on ne peut y fonder qu'avec de grandes précautions, pour la glaise elle se trouve indifferemment dans les lieux hauts & bas, quand elle est ferme & qu'elle forme un banc d'une épaisseur considérable, on peut y fonder hardiment, pourvû qu'on soit sûr qu'elle se trouve par tout d'une égale consistance, sans quoi il faudroit prendre des mesures convenables à la necessité; pour la terre de tourbe elle ne se trouve que dans les lieux aquatiques & marécageux; c'est une espece de terre grasse, noire & bitumineuse, qui se consume au feu après l'avoir fait sécher & dont l'usage est très-commun aux Pays-bas, il y a des gens qui prétendent que cette terre provient des differens accroissemens que certains cantons ont reçûs en s'élevans par la suite des tems : ce qui favorise cette opinion est qu'ayant foüillé dans un terrain tourbeux, on y a trouvé des arbres d'une grosseur considérable, & tous les autres vestiges d'un lieu qui a été autrefois découvert : au reste il n'est point assés solide pour y asséoir des fondemens, à moins qu'on ait recours à ce que l'art & l'industrie peuvent fournir en pareil cas.

Indépendamment des soins qu'on doit prendre pour avoir une parfaite

LIVRE III. DE LA CONSTRUCTION DES TRAVAUX. 49
parfaite connoiſſance du fond ſur lequel on veut travailler, il eſt
bon de queſtionner les Ouvriers du Pays, il s'en rencontre toûjours
quelques-uns à qui le bon ſens, & l'uſage continuel où ils font de
travailler dans un même endroit, ont fait faire des remarques & des
réflexions, dont il eſt bon qu'on ſoit prévenû : ſouvent ces gens-là
donnent plus de connoiſſance dans un quart-d'heure, qu'on ne pourroit en acquerir par de longues & pénibles recherches.

Nous propoſant de faire voir la maniere de fonder ſur toute ſorte
de terrain, les differens moyens qu'on va inſinuer, pourront s'a-
pliquer à la Conſtruction des Edifices en general, cependant comme
nous avons principalement en vûë les ouvrages de Fortifications on
s'attachera plûtôt à donner des exemples qui leur ſoient aplicables,
qu'à toute autre eſpece de Travaux ; c'eſt pourquoi les deſſeins de
la huitiéme planche réprésentent des profils de remparts.

Les fondemens qui ſe font à ſec, ſont aſſis ſur le roc, ou ſur un
bon fond ; quand on fonde ſur le roc, on établit les aſſiſes par reſ- Fonde-
ſauts s'il faut monter ou deſcendre, leur donnant le plus d'aſſiette ment ſur le
qu'il eſt poſſible, & un pouce ou un pouce & demi de pente du de- Roc.
vant au derriere, afin que la Maçonnerie qu'on veut élever ſe ſoû-
tienne parfaitement. Si le roc eſt trop uni, & qu'on aprehende que PLANCH.
la Maçonnerie ne faſſe pas de bons arpemens, on le pique à coups 8.
de marteau têtu, & après avoir bien nétoïé les décombres, on l'aſ- FIG. 3.
ſéoit en bain de bon mortier, & on l'encaſtre de quelques pouces.
Si le roc ſur lequel on veut fonder, eſt diſpoſé de maniere que ſa
hauteur puiſſe faire partie du mur, on lui addoſſe la Maçonnerie,
& on y fait des écorchemens pour que l'un & l'autre puiſſent ſe
bien lier enſemble ; par exemple après avoir creuſé les Foſſez d'une
Forterefſe, on en revêtit ſon eſcarpe & ſa contreſcarpe, & au lieu
qu'on auroit donné à la baſe du mur 10 ou 12 pieds, dans tout autre terrain on ſe contente de ne lui en donner que quatre ou cinq
ſuivant les reſſauts qu'on a formé, parce qu'alors n'ayant pas de grands
remblais à faire, les revêtemens n'ont que peu de pouſſée & même
quelquefois point du tout.

Ces ſortes de revêtemens quoiqu'aiſés à conſtruire en apparence, à cauſe qu'on n'a rien à apprehender de la part du fonds, rencontrent ſouvent bien des difficultés dans l'execution, quand il s'agit
d'élever quelque Forterefſe au ſommet d'un rocher eſcarpé, où l'on
ne peut faire quatre toiſes d'ouvrages ſans monter ou deſcendre,
& où il faut quelquefois 10 ou 12 profils differens pour executer une
ſeule piece. Les Ingenieurs qui font travailler dans le Rouſſillon &
dans les autres endroits Montagneux, ſeroient ſeuls capables de

G

donner de bonnes inftructions pour fe conduire dans de femblables terrains, je crois même qu'il n'y a guére que fur les lieux qu'on peut s'appercevoir des differentes pratiques dont on fera obligé de fe fervir, la neceffité avec un peu de génie, fourniffant mil moyens pour furmonter les obftacles à mefure qu'ils fe prefentent. J'ai toûjours regardé ce Chapitre comme le plus difficile de ceux que j'avois à traiter, puifque pour le rendre complet, il m'auroit falu de bons memoires, generalement de tous les Ingenieurs en chef qui font dans nos places; car il y a cela de fâcheux qu'on ne peut paffer de l'un à l'autre, fans rencontrer quelque changement dans la maniere de travailler, ce qui vient de la difference du terrain ou de la qualité des matériaux; mais fi j'avois voulu embraffer toutes les parties d'un fujet auffi vafte que celui-ci, & en faire de même pour les autres, j'aurois été obligé d'entrer dans un détail immenfe qui m'auroit engagé (non pas à faire un Livre) mais une Bibliotheque, il a donc falu m'en tenir aux pratiques les plus effentielles, dans l'efperance que l'on me feroit grace de tout ce qui meritoit moins d'attention.

Quand on eft obligé d'établir des murs fur un roc fort inégal par fa figure & quelquefois par fa confiftance, la plus grande difficulté eft de r'accorder à une certaine hauteur les premieres affifes de Maçonnerie qui doivent fervir de Fondemens & de les bien lier avec le roc, de tous les moyens qui font venus à ma connoiffance & dont on peut fe fervir en pareil cas, en voici un entr'autre pour lequel je pencherai beaucoup & dont on s'eft bien trouvé dans la conftruction de plufieurs grands ouvrages.

Fondement de pierrée.

FIG. 11. & 12.

Après avoir établi le terrain de la maniere qu'on le jugera le plus convenable, & avoir reglé l'épaiffeur qu'il faudra donner aux fondemens, par raport à l'elevation de la muraille, il faut en border les alignemens avec des cloifons de Charpente; enforte qu'elles compofent enfemble un coffre dont le bord fuperieur foit difpofé le plus horifontalement qu'il fe pourra; car pour le bas il doit fuivre la figure des reffauts & des differentes finuofités qu'on aura été obligé de donner au roc : ayant fait un grand amas de pierrailles, il faut les corroyer avec du mortier, on pourra même fi le roc eft bon fe fervir des décombres qu'on en aura tirés après avoir réduits les plus forts quartiers à une groffeur médiocre qui ne doit pas paffer celle du poing : il faut le lendemain ou au plus tard deux jours après qu'on aura fait plufieurs tas de mortier de pierrées, avoir un grand nombre de Manœuvres dont les uns rempliront les coffres de ce mortier, tandis que les autres le batteront à mefure que la Maçonnerie s'elevera avec des dames du poids de 30 livres ferrées par le

LIVRE III. DE LA CONSTRUCTION DES TRAVAUX. 51

bout; (je crois qu'il n'eſt pas beſoin de dire qu'elle doit être aſſiſe immédiatement ſur le roc dans lequel elle doit être encaſtrée de 7 ou 8 pouces) lorſqu'elle a priſe conſiſtance & qu'elle eſt ſuffiſamment ſéche, on détache les cloiſons pour s'en ſervir ailleurs; j'ajoûterai que quand on eſt obligé de faire quelque caſcade pour monter ou deſcendre, on ſoûtient la Maçonnerie par les côtés avec d'autres cloiſons diſpoſées en gradins, ainſi on ſurmonte le roc par des fondemens auſquels on donne la figure que l'on veut; car l'on doit entendre que j'apelle ici fondement, la Maçonnerie qui ſert d'empattement à celle que l'on veut élever par aſſiſe reglée, quoique cet empattement ne ſoit point enterré comme les fondemens ordinaires. Je n'en détermine point la hauteur, qui ſera ſi l'on veut de 3 à 4 pieds plus ou moins ſelon la neceſſité.

Pour que toutes les parties des fondemens ſoient bien liées enſemble & parfaitement unies avec le roc, il faut remplir les coffres ſans interruption ſur l'étenduë qu'on a jugé à propos d'embraſſer, obſervant de faire battre également par tout, particulierement dans le commencement, afin que le mortier & les pierres s'inſinuent dans les écorchemens qui ſe trouveront figurés dans le roc, ſoit par le hazard, ou parce qu'on aura jugé à propos de les faire exprès, pour rendre la liaiſon plus parfaite.

Quand le roc eſt fort eſcarpé on peut pour ne point faire de remblais derriere les fondemens, ſe contenter d'établir une ſeule cloiſon ſur le devant pour ſoûtenir la Maçonnerie & remplir de pierrées l'intervalle qui ſe trouve depuis-là juſqu'à l'eſcarpement, ce qui rendra l'ouvrage encore plus ſolide.

Quand on a établi & bien arraſé à la hauteur convenable, les fondemens ſur toute l'étenduë qu'on a embraſſé, on continuë à repeter la même manœuvre ſur le prolongement de l'ouvrage, obſervant de bien lier la vieille Maçonnerie avec la nouvelle; c'eſt-à-dire les pierrées faites depuis quelque-tems avec celle qu'on voudra y ajoûter; pour cela il faudra toûjours faire en rampe les extrêmités des fondemens qu'on ſaura devoir être prolongés, jetter de l'eau deſſus, & bien battre la nouvelle Maçonnerie à meſure qu'elle ſera apliquée ſur la vieille.

De cette maniere l'on fera des fondemens, qui venant à ſe durcir peu à peu, ne compoſeront par tout qu'un ſeul corps ſi ferme & ſi inébranlable, qu'il ne faut pas apprehender qu'il ſe faſſe par la ſuite aucun affaiſſement ni rupture, ſoit qu'ils ſe trouvent inégalement chargés par le poids de la muraille qu'on aura élevé deſſus, ou que certaine partie du terrain moins ſolide que l'autre, céde ou ſe détache comme cela arrive quelquefois.

G ij

Quand on est dans un Pays où la Chaux est bonne, je suis persuadé que de toutes les Maçonneries, il ny en a point de plus excellente que celle que je viens de décrire, & qui soit plus commode dans une infinité d'occasions, souvent l'on creuse des fondemens dans un terrain qui sera ferme en un endroit & douteux à quelque pas plus loin, ce qui est cause que les murs s'affaissent inégalement; si les fondemens sont faits de pierrées, il ne faut pas apprehender qu'étant d'une certaine épaisseur, il se fasse jamais quelque rupture, quand bien même il y auroit des parties qui porteroient à faux, ce que l'on ne peut pas attendre de la Maçonnerie ordinaire, sur tout quand elle est faite de grosses pierres à cause que le mortier s'y attache moins & sujet à tasser plus en un endroit qu'à l'autre, c'est ce qui a fait dire à Vitruve que la Maçonnerie faite avec de petites pierres étoit plus indissoluble que les autres. Mr Perrault dans le Commentaire qu'il a fait de cet Auteur, fait voir en plusieurs endroits de ses nottes, que les anciens faisoient souvent de la Maçonnerie de pierrées, non-seulement pour les Fondations épineuses; mais encore dans une infinité d'occasions, comme on en peut juger par les monumens qui restent, où l'on remarque que tous les Ouvrages faits dans ce goût-là, se sont durcis au point de surpasser la solidité du marbre : car il faut convenir qu'il n'y a point de pierre si dure qu'elle puisse être qu'on ne rompe, & dont on ne tire aisément des éclats, au lieu que d'un massif fait de mortier de pierrées, on n'en peut séparer les parties que successivement.

Quand on est dans un Pays où la pierre dure est fort rare, je crois qu'on pourroit en toute seureté faire les soûbassemens des gros murs avec une bonne pierrée, la difficulté est seulement d'avoir d'excellente Chaux : il est vrai que la grande quantité qu'il en faut rend cette Maçonnerie fort chere ; mais cela ne doit point en diminuer le mérite quand il s'agit d'un Ouvrage de conséquence ; on en voit périr tous les jours pour y avoir regardé de trop près en les construisans, & quand il faut les réparer, on s'aperçoit trop tard des inconveniens d'une œconomie mal-entenduë ; cependant tout bien consideré, la Maçonnerie de pierrée ne coûtera jamais celle de Pierre de Taille, l'on pourroit seulement trouver à redire que voulant l'employer pour des soûbassemens ou pour des fondemens découverts, le coup d'œil ne seroit point satisfait de voir un parement brut, & d'une assés vilaine figure ; mais il est aisé d'empêcher cela en faisant avant la construction deux especes de mortier, l'un mêlé de pierrailles comme celui dont nous venons de parler, & l'autre de gros graviers, si l'on étoit dans un Pays où il y eût deux

LIVRE III. DE LA CONSTRUCTION DES TRAVAUX. 53

fortes de Chaux, il faudroit employer la meilleure pour la composition de ce dernier, & la moindre pour celle de l'autre & les employer comme il suit.

Quand on travaillera sur le roc, on commencera à jetter au fond du coffre un lit de mortier fin, parce qu'il s'y attachera mieux que l'autre; ensuite des manœuvres qui doivent remplir le coffre, on en choisira un nombre pour porter du mortier fin, lui recommandant de le jetter contre le bord interieur du coffre, j'entends contre le bord qui soûtient le parement, & le reste sera rempli de mortier de pierrée : si cela est bien conduit, le mortier fin se liant avec l'autre, formera contre la cloison un parement uni, qui venant à se durcir, fera le même effet que la pierre, on pourra même si l'on veut au bout de quelque tems pour une plus grande imitation y figurer des joints.

<small>Fondement sur un terrain ordinaire & de bonne consistance</small>

Les Fondemens qui se font encore à sec sur un terrain de bonne consistance, & qui ne presente aucun obstacle considerable à surmonter; se construisent sans beaucoup de mistere. On prépare le terrain comme on l'a veu dans le Chapitre précedent, & après avoir creusé la tranchée de la largeur & de la profondeur déterminées par les profils, on lui donne un talud allant du devant au derriere proportionné à l'épaisseur que doivent avoir les fondemens, afin que le revêtement soûtienne mieux la poussée des terres. Par exemple sur 12 pieds d'épaisseur, on donnera 6 pouces de talud, ainsi des autres dont le talud sera toûjours à peu-près la 24 partie de l'épaisseur : on établit la premiere assise de gros libages plats posés en bain de bon mortier (quoique bien des gens aiment mieux les poser à sec, leur entre-deux garni de mortier) sur cette premiere assise on en éleve une autre dont les allignemens sont composés de boutisse & de panneresses en liaison alternative, les boutisses ayant au moins 18 pouces de queuës & d'une grosseur raisonnable principalement sur le devant; car pour le derriere on se contente d'y poser les plus gros quartiers de pierre, le milieu se remplit de moïlons à bain de mortier; quand il est brut les intervalles se garnissent par le petit moïlon enfoncé dans les joints le plus avant qu'on peut, & bien arrasé, on continuë de même pour les autres assises, observant tant qu'il se peut de conduire l'ouvrage de niveau sur toute sa longueur : on fait observer aux Maçons des retraites du côté du Fossé, de maniere que le prolongement du talud de la muraille qu'on veut élever ne porte point à faux, & afin qu'ils puissent mieux se conformer au profil qui en aura été fait, il est à propos de leur en donner un dessein en grand, exactement cotté, pour qu'ils sachent la hauteur & la largeur des re-

G iij

traites, cette partie de l'ouvrage étant de conséquence.

Quoique le bon fond se trouve ordinairement plûtôt sur les terrains élevés, que dans les autres bas & aquatiques, il s'en rencontrent pourtant d'excellents dans ces derniers, comme sont ceux de gravier, de marne, de glaise, d'autres d'une certaine terre bleuâtre qui est le plus souvent de bonne consistance, j'y comprendrai même le Sable boüillant qui est fort bon quand on sait s'y conduire avec adresse, on établit des fondemens sur tous ces terrains avec assés de confiance, c'est pourquoi je ne m'y arrêterai pas.

L'on est quelquefois contraint de creuser si avant pour trouver le bon fond, qu'on ne peut élever les fondemens jusqu'au rez-de-Chauffée sans des dépenses extraordinaires, en ce cas Philbert de Lorme, Scamozzy & plusieurs autres Architectes après eux, proposent de faire des piliers de distance en distance pour y élever des décharges, afin qu'à peu de frais l'on puisse gagner le rez-de-Chauffée.

Fondement par arcades ou décharges.

Comme le terrain sur lequel on voudroit fonder les piles, peut se trouver d'inégale résistance, il seroit à craindre que par la suite le terrain de dessous, quelques piles venant à s'affaisser ne causât une grande rupture aux arcades, par conséquent aux murs qui seroient élevés dessus : pour prévenir cet inconvenient on a crû que le meilleur moyen étoit de faire entre les piles, des arcades renversées, afin que si une des piles étoit moins assurée que les autres, elle se trouvât arcboutée par les arcades voisines, qui ne pouvant céder à cause qu'elles sont soûtenuës par les terres qui sont au-dessous, il n'est pas possible que la pile puisse changer de situation, quand bien même elle porteroit à faux.

Maniere de détourner les sources.

Il arrive souvent qu'en voulant établir des Fondemens on rencontre des sources qui incommodent beaucoup le travail, il y a des gens qui prétendent les éteindre en jettant dessus quantité de cendre mêlée de Chaux vive, d'autres veulent remplir de vif-argent les trous par où elles sortent, afin que par son poids il les contraigne à prendre leur cours d'un autre côté. Je crois que tous ces expediens ne sont bons que dans la speculation, & qu'ils ne réüssissent guère quand on veut les mettre en œuvre ; le meilleur parti est de travailler promptement, & pour ne point être inondé à un certain point, il faut diriger les eaux par petites rigoles que l'on amenera à un puits fait au-delà de la tranchée, d'où on les tirera par des machines à mesure qu'elles viendront, on leur laissera le cours libre depuis leur origine jusqu'à ce puits, bordant les petites rigoles de chaque côté avec des Briques pour former de petits canaux que

Livre III. de la Construction des Travaux. 55

l'on couvrira de pierres plattes, ainsi tout le fond de la tranchée sera mis à sec, cependant pour prévenir que les sources ne deviennent par la suite nuisibles aux fondemens, il faut pratiquer dans la Maçonnerie des petits acqueducs, afin de leur laisser un cours libre du côté qui conviendra le mieux.

Fondemens avec des grillages.

Il arrive quelquefois qu'un terrain sur lequel on veut fonder ne se trouve pas bon, & que voulant aprofondir pour en chercher un meilleur, on le rencontre encore plus mauvais; en ce cas il vaut mieux ne s'enfoncer que le moins qu'on pourra, & établir sur toute la longueur des fondemens, un bon grillage assemblé avec des longrines & traversines de 9 à 10 pouces de grosseur, les vuides ou celulles qu'elle forme se rempliront d'une bonne Maçonnerie de Brique ou de moilon : il y en a qui couvrent le tout d'un plancher de gros madriers bien arrêtés sur le grillage avec des chevilles de fer enfoncées à tête perduë, comme ce plancher paroît d'une dépense assés inutile, il suffit d'élever la maçonnerie immediatement sur le grillage, observant de faire le parement de bonne pierre de taille jusqu'au rez-de-Chaussée, & même plus haut si l'ouvrage en merite la peine. Comme ces sortes de fondations ne sauroient avoir de trop grands empatemens, il est bon de faire le grillage d'un pied & demi ou deux plus large que n'eussent été les fondemens, si on les avoit établi dans un bon terrain ; & afin de prévenir tout accident, il convient d'attacher sur le bord du grillage du côté du fossé, un heurtoir de 8 ou 10 pouces au moins qui régnant sur toute la longueur des fondemens, empêchera que le pied du revêtement ne puisse glisser, sur tout s'il étoit assis sur un plancher, ce qui n'est pas sans exemple, à Bergue St Vinoc où le terrain est fort mauvais, il est arrivé que le revêtement de la face d'une demi lune s'est détaché & a été glissé tout d'une piece jusques dans le milieu du Fossé, cela s'est fait avec des circonstances si singulieres, à ce que j'ai appris par les Ingenieurs qui étoient alors dans cette place, que cet accident semble tenir quelque chose du merveilleux.

Fondation sur pilotis.

Cette façon de fonder n'est pas toûjours bonne dans toute sorte de terrain, aussi ne l'emploie-t'on guéres que dans de petites parties de fondation qui n'étant point si bonnes que celles qui leur sont contiguës, ne laissent pas la liberté d'approfondir davantage sans de grands inconveniens, cependant on peut la rendre excellente dans un terrain aquatique, si après avoir posé le grillage, on enfonce dans les celulles, des pilots de *remplage* ou de *compression* sur toute l'étenduë des fondemens, ces pilots doivent être plantés au nombre d'un ou deux seulement dans chaque celulle diagonalement opofés, & pour mieux aſſûrer les fondemens, on pourra ſi on le juge néceſſaire, battre tout au tour du bord qui répond au Foſſé, des pilots de bordage ou de gardes poſés près à près, & le long de ces pilots un fil de palplanche pour empêcher le courant des eaux, s'il s'en trouve, de dégravoyer la Maçonnerie ; les vuides du grillage autour de la tête des pilots, doivent être remplis de gros quartiers de pierre, & après les avoir bien arraſés on aſſéoira la Maçonnerie élevée par aſſiſe reglée, afin qu'elle porte également par tout.

Autre maniere de former ſur pilotis.
FIG. I. & 2.

Quoique cette maniere de fonder ſoit bonne, je crois pourtant qu'on ne feroit pas mal d'y changer quelque choſe pour la rendre encore plus ſolide. C'eſt de commencer par enfoncer des rangées de pilots tout le long des fondemens, par exemple pour un revêtement de rempart, après avoir tracé l'épaiſſeur que doivent avoir les fondemens & les contreforts, on enfoncera au refus du mouton quatre rangées de pilots, une ſur l'allignement exterieur, l'autre ſur l'interieur, & deux dans le milieu ; enſorte que les pilots ſoient ſeparés les uns des autres d'environ deux pieds. On en plantera deux ſous les angles des contre-forts, & deux autres entre la queuë & la racine, comme on le re marque dans le premier profil, où les têtes de ces pilots ſont ponctuées: après les avoir récépés à niveau on appliquera deſſus des racinaux ou longrines, & ſur ces longrines un rang de traverſines pour former un grillage, dont chaque croiſée ſera bien clouée & arrêtée ſur la tête du pilot qui lui répond, & ſelon cette maniere le grillage ſera incomparablement plus ferme que dans la pratique précedente : après cela on enfoncera des pilots de remplage, & l'on pourra élever la Maçonnerie en toute ſeureté.

Attention ſur la maniere de piloter.

Quand on enfoncera des pilots, il faut avoir égard d'employer toûjours les plus longs & les plus forts ſur les bords des fondemens, puiſque ſi l'ouvrage a quelque danger à craindre par la ſuite, ce ſera plûtôt de ce côté-là qu'il manquera, que dans le milieu : pour travailler avec précaution, il y a bien de petites attentions à faire ſur la maniere de piloter, & pour ne rien obmettre ; voici comme on pourra s'appercevoir de quelle longueur & de quelle groſſeur on doit employer les pilots ſelon le terrain où l'on aura à travailler.

Il faut enfoncer un pilot juſqu'au refus du mouton ; enſorte qu'on puiſſe connoître à quelle profondeur le fond fait une aſſés grande réſiſtance, pour s'opoſer fortement à la pointe ; ainſi ſachant de combien il ſera enfoncé, on verra à peu-près la longueur qu'il faudra donner ; je dis à peu-près devant les faire un peu plus longs que celui qui aura ſervi de ſonde, puiſqu'il ſe peut rencontrer des endroits,

LIVRE III. DE LA CONSTRUCTION DES TRAVAUX. 57
droits, où le terrain résistant moins, ils pourront aller plus avant.

La longueur des pilots étant déterminée, il faut pour y proportionner leur grosseur, qu'ils ayent de diamettre environ la 12 partie de leur longueur, c'est-à-dire, que ceux qui auront 12 pieds, doivent avoir environ 12 pouces de diamettre. Mais cette regle ne doit avoir lieu que pour les petits pilots depuis 6 pieds de longueur jusqu'à 12 ; car quand ils en ont 18 ou 20, il suffit de leur donner 13 ou 14 pouces de diamettre, autrement il faudroit employer des arbres trop recherchés, ce qui augmenteroit considérablement la dépense.

On sait que pour enfoncer les pilots, on les fait en pointe de diamant ; il faudra prendre garde de ne pas faire cette pointe trop longue ni trop courte : car si elle est trop courte elle ne s'enfoncera pas aisément, & si elle est trop longue elle se trouvera affoiblie, de maniere que pour peu qu'elle rencontre des parties qui lui résistent, elle s'émoussera ; le mieux est de lui donner pour longueur une fois & demi ou deux fois au plus le diamettre du pilot. Quand le terrain dans lequel on les enfonce ne résiste pas beaucoup, on se contente de brûler cette pointe pour la durcir, on en fait de même à la tête pour empêcher que les coups de mouton ne l'éclatent : mais si l'on s'aperçoit qu'il se rencontre dans le terrain des pierres ou quelqu'autre chose qui résiste fortement & en émousse la pointe, on l'arme d'un *sabot* de fer, qu'on nomme aussi *lardoir* qui est retenu par trois ou quatre branches clouées au pilot, l'on couronne aussi la tête du pilot d'une ceinture de fer que l'on nomme *frette*, pour la tenir serrée contre les coups de mouton, & pour lors l'on dit que les pilots sont *frettés* : l'on proportionne comme j'en ai déja fait mention la distance des pilots à la quantité qu'on croit avoir besoin selon la qualité du terrain ; mais au plus près qu'on puisse les mettre, il faut au moins qu'ils soient separés l'un de l'autre de l'intervalle d'un de leur diamettre, afin qu'ils aient assés de terre pour les entretenir.

Quand on veut garnir les devant des Fondemens par des pilots de bordage, on y fait quelquefois des rainures qui se répondent diamétralement, dans lesquels on introduit des palplanches, on choisit les pilots les plus droits que l'on équarrit pour être employés plus facilement, la largeur des rainures se proportionne à l'épaisseur des palplanches ; mais on leur donne environ un pouce de plus pour qu'elles puissent s'y introduire sans difficulté ; ainsi quand les paplanches ont deux pouces d'épaisseur, les rainures doivent en avoir trois de largeur sur deux de profondeur. On observera aussi que l'épaisseur des palplanches doit être reglée sur leur longueur, par exem-

H

ple si elles ont 6 pieds, elles doivent avoir au moins 3 pouces, si elles en ont 12 qui est ordinairement la plus grande longueur de ces sortes de bois, leur épaisseur sera de quatre pouces.

Pour assembler les Pilots avec les palplanches, on commence par enfoncer deux pilots à plomb à une distance proportionnée à la largeur des palplanches qui est le plus souvent de 12 à 15 pouces, ensuite l'on enfonce une palplanche avec le mouton pour la faire entrer à force entre les deux rainures, de façon qu'elle écarte tant soit peu le pilot; après cela on plante un autre pilot & une palplanche, l'on continuë de la même maniere à battre alternativement un pilot & une palplanche. Si le terrain résiste à la pointe des palplanches, on les arme d'un sabot de fer, & on les frette ainsi que les pilots.

Quoique de tout tems on se soit servi de pilots pour affermir un mauvais terrain, il se rencontre neanmoins bien des occasions où il seroit dangereux de les employer; par exemple s'il étoit question d'un endroit aquatique où il y eut un grand nombre de sources, il ne faut pas croire que les pilots soient fort utiles pour y établir des fondemens; mais au contraire puisqu'on a remarqué qu'en les enfonçant on éventoit les sources, qui fournissoient de l'eau avec tant d'abondance, que le terrain devenoit incomparablement plus mauvais qu'il n'étoit auparavant : & ce qu'on trouvera assés extraordinaire, c'est qu'ayant enfoncé des pilots à refus de mouton avec autant de difficulté que si c'avoit été dans un bon fonds, on étoit étonné de voir que ces mêmes pilots étoient sortis de terre le lendemain ou quelques heures après, parce que l'eau des sources les avoient repoussés en faisant effort pour sortir, desorte qu'il falut renoncer à s'en servir davantage, & avoir recours à quelqu'autre moyens beaucoup plus difficiles à executer, que ceux dont on auroit pû se servir d'abord, si au lieu de faire naître des difficultés, on avoit cherché à les prévenir, ce qui fait voir la necessité de raisonner meurement sur la nature du travail que l'on a à faire, avant de mettre la main à l'œuvre.

L'inconvenient que nous venons de remarquer arrive le plus souvent dans les lieux où l'on rencontre du Sable boüillant qui est un espece de terrain, qu'il importe fort de bien connoître : car comme l'eau qui boüillonne en sortant de terre quand on passe dessus ne vient que de l'abondance des sources qui s'y trouvent, il faut bien prendre garde de ne pas l'éventer en voulant s'y aprofondir; puisque plus on voudra s'obstiner à y creuser des fondemens, moins l'on sera en état de les executer, le meilleur parti est

Livre III. de la Construction des Travaux.

de ne s'y enfoncer que le moins qu'on pourra, & ensuite fonder hardiment & sans autre sujetion que celle que nous allons décrire.

Ayant tracé les allignemens & fait les amas de matériaux necessaires, on ne découvrira le terrain qu'à mesure qu'on fera la maçonnerie ; c'est-à-dire que si on peut faire par jour 6 toises courantes de fondemens, on n'en découvrira pas davantage ; ensuite l'on asséoira avec le plus de diligence qu'il sera possible une premiere assise de gros libages plats, & sur celle-ci une autre bien arrangée à joints recouverts en bain de bon mortier composé de terrasse ou bien de cendrée de Tournay, sur cette seconde une troisiéme, ainsi de suite avec toute la promptitude possible, pour ne pas donner le tems aux sources d'innonder le travail comme cela est assés ordinaire. Il arrive quelquefois que l'on voit flotter les premieres assises, & que la Maçonnerie semble ne pouvoir prendre consistance ; mais il ne faut pas s'en allarmer, aller son train & continuer toûjours s'il est possible sans interruption, & quelque tems après la Maçonnerie s'affermira comme si elle étoit établie sur le roc : c'est pourquoi l'on peut élever le reste sans aprehender que l'ouvrage manque par le pied, ni que les fondemens s'enfoncent guéres plus, après avoir reçûs toute leur charge, qu'ils l'étoient au commencement ; il faut seulement prendre garde sur toute chose de ne pas creuser autour crainte d'y attirer l'eau de quelque source qui pourroit dégravoïer la Maçonnerie, & causer de grands dommages, enfin je dirai pour justifier cette maniere de fonder, qu'on ne s'y prend pas autrement à Douay, Lille & Bethune, quand il est question de revêtir quelque ouvrage de Fortification dans un terrain comme celui-ci qui y est assés ordinaire.

Fondation sur le sable boüillant.

A Arras & à Bethune il y a encore un terrain tourbeux qu'il est necessaire de connoître pour pouvoir y fonder hardiment : ayant cela de particulier, que dès qu'on veut creuser un peu avant, il en sort une quantité d'eau prodigieuse. Après avoir tenté toutes sortes de voyes, on a trouvé que le plus court & le plus sûr parti étoit d'y fonder hardiment avec de bons matériaux ne s'enfonçant que le moins qu'il est possible sans employer ni grillage, ni pilots, & l'ouvrage se maintient ferme & solide sans courir aucun risque.

Quand on rencontre de semblables terrains que l'on ne connoît point parfaitement, il est bon de ne le fonder qu'à une certaine distance de l'endroit où on le veut travailler, parce que si l'on venoit à creuser trop avant & qu'il en sortit une grande quantité d'eau, on n'en sera pas incommodé. C'est ici où je crois qu'on pourroit se servir mieux que partout ailleurs de la Maçonnerie de pierrées dont

H ij

j'ai parlé ci-devant; car comme elle est d'une prompte execution, & que toutes les parties se lient bien, on pourra en y mêlant de la terrasse de Hollande & de la Cendrée de Tournay, faire un massif excellent, auquel donnant seulement deux pieds ou deux pieds & demi d'épaisseur, on formera une espece de banc sur lequel on pourra élever la Maçonnerie plus seurement que si l'on faisoit un grillage, & même que si l'on avoit rencontré un Sable ou un gravier bien ferme; mais quand on prend ce parti il faut donner beaucoup d'empattement à la Fondation, afin qu'embrassant une plus grande étendüe elle soit établie plus solidement.

Il y a encore une autre maniere de fonder par coffres, qui est bien differente de celle dont j'ai parlé jusqu'ici; on s'en sert dans les lieux où les terres n'ont point de cervelles & où l'on a à se garentir des sources & des éboulemens, on commence par creuser à une profondeur convenable, une espace de quatre à cinq pieds de longueur & dont la largeur est reglée sur l'épaisseur que doivent avoir les Fondemens: on se sert de madriers d'environ deux pouces d'épaisseur que l'on aplique le long des bords de la tranchée pour en soûtenir les terres, les maintenant avec des étraisillons qui traversent la fondation d'espace en espace, & dont les bouts sont apuyés & chassés à force contre les madriers oposés; après avoir coffré ainsi jusqu'à la profondeur où l'on peut atteindre sans être inondé, on remplit ce coffre d'une bonne Maçonnerie, quand les madriers se trouvent apuyés par la Maçonnerie, on ôte les étresillons à mesure. Quand ce coffre est bien rempli, on en creuse à côté un autre semblable, dont la longueur aussi-bien que celle du premier dépend de la facilité que l'on a d'embrasser un espace plus ou moins grand sans être incommodé des sources: cependant malgré les précautions que l'on peut prendre, il arrive souvent que l'eau pousse tout d'un coup sans qu'on puisse l'empêcher; mais il est facile de la surmonter, car comme le terrain n'est guére découvert, un peu de célérité vous met bien-tôt hors d'embaras, au lieu que si l'on s'y prenoit autrement, on se trouveroit innondé de toute part d'un nombre de sources qui se déclareroient en même tems, qu'on ne pourroit éteindre sans des difficultés presque insurmontables.

Ayant fait trois ou quatre coffres de suite, & la Maçonnerie des premiers étant bien affermie, on fait ensorte d'en retirer les madriers pour s'en servir ailleurs, & si on ne peut avoir ceux qui sont au fonds, sans courir risque de donner une issüe à une source qu'on auroit surmontée, on prend le parti de les abandonner.

Livre III. de la Construction des Travaux. 61

Quand on veut élever quelque édifice dans l'eau, où l'on ne peut faire d'épuisement, (comme dans la mer) on a recours à une maniere de fonder, qui paroîtra d'abord être peu solide, mais qui est pourtant de durée, quand on y aporte toutes les precautions necessaires ; ces sortes de fondemens s'apellent *à Pierre perduë*, ou *Enrochement* ; voici comme on les pratique.

On commence par remplir de pierres une grande quantité de batteaux, que l'on conduit près de l'endroit où on veut les employer ; on profite du tems que la Marée est basse pour établir les allignemens, & égaliser autant qu'il est possible le fond sur lequel on veut travailler, qui doit être non seulement de toute la capacité que doit occuper l'édifice qu'on a en vûë, mais beaucoup au-delà, afin d'avoir une Berme considerable, qui regnant au tour de la muraille, en assure davantage le pied : tous les materiaux étant prêts d'être employés, & ayant choisi le tems le plus convenable, on jette un lit de pierre de Moilonage telle qu'elle sort de la carriere, ou des cailloux ; sur ce lit-ci on y en fait un autre de Chaux, mêlée de Pozzolane ou de Terrasse ; aprés cela on jette encore un autre lit de Moilon ou de cailloux, qu'on couvre derechef de Chaux & de Pozzolane, on continuë alternativement un lit de pierre, & un autre de Chanx & de Pozzolane, & il se fait sur le champ un mastic qui rend cette Maçonnerie dure & solide, comme celle qui seroit faite avec plus de précaution, par la proprieté admirable de la Pozzolane & de la Terrasse ; car quoi qu'on ne puisse pas travailler de suite, à cause des tourmentes de la mer, où de la trop grande hauteur des eaux, on peut continuer par reprise sans que cela porte aucun préjudice à la bonté de l'ouvrage. En jettant les pierres on a soin de répendre les plus grosses vers le bord, ou l'on observe de faire un talud qui soit au moins de deux fois sa hauteur. Aprés que l'enrochement sera élevé aussi haut qu'on l'aura jugé necessaire, pour atteindre son rez-de-Chaussée, & pour n'être point submergé, il est bon de le mettre à l'épreuve pendant plusieurs années, des tourmentes de la mer, & pendant ce tems-là, il faut le surcharger de tous les materiaux necessaires pour l'établissement de l'édifice qu'on veut élever, & même au-delà s'il se peut, pour lui donner tout le poids qu'il pourra jamais porter, afin qu'il s'affaisse dans tous les endroits où le sable peut être moins assuré. Quand au bout d'un certain tems, l'on voit qu'il ne lui est arrivé aucun accident considerable, on établit dessus de bons grillages couverts d'un plancher de gros madriers, sur lequel on asseoit l'édifice.

Quand on peut battre des pilots tout autour de l'espace que doit

fondement de pierre perduë,

Fig. 6. & 7.

H iij

occuper l'enrochement, on pourra y faire un bon empattement, qui garantira le pied des degravoyemens pui pourroient arriver dans la suite, & par ce moyen l'ouvrage en sera bien plus assuré, & n'aura en quelque façon rien à craindre; l'on a aussi soin de faire au pied de la muraille une risberme composée de facinage & de grillage, comme on le pratique aux jettées, pour empêcher que dans un gros tems, il ne survienne des vagues qui pourroient saper le mur: malgré toutes les precautions qu'on peut prendre, il est toûjours bien dangereux de bâtir dans la mer; cependant nous avons en France plusieurs édifices de la nature de ceux dont je viens de parler, qui subsistent depuis long-tems, sans qu'il leur soit arrivé aucun accident.

Je viens de suposer un enrochement fait dans la mer, pour montrer comme on peut surmonter les plus grands obstacles qui se rencontrent en fondant; mais il y a une infinité d'autres endroits où on peut s'en servir utilement & avec bien plus de succés, comme dans les rivieres, les lacs, les étangs, & tous les lieux où on ne peut parvenir à établir de fondemens à sec. Vitruve dans le 12. Chapitre de son 5. livre, parlant des jettées qui se font aux ports de mer, détaille assez bien la Maçonnerie à pierre perduë, ce qui joint à d'autres recherches que j'ai faites sur ce sujet, j'en aurois pû parler plus à fond que je ne viens de faire; mais comme ces sortes d'ouvrages apartiennent à l'Architecture Hidraulique, on trouvera dans le second volume de quoi se dedommager de ce qui manque ici, je n'en aurois même fait aucune mention presentement, si je n'avois crû qu'il étoit à propos de donner dans ce Chapitre, une idée generale de toutes les differentes manieres de fonder.

Il y a encore un autre moyen de fonder dans les endroits que nous venons de suposer, qui est de se servir de Caissons dans lesquels on maçonne à Chaux & à Sable, ces Caissons ne sont autre chose qu'un assemblage de charpente bien calfaté: on commence par les conduire & les arranger tous d'allignement à l'endroit où l'on veut fonder, on les arrête par des cables qui passent dans des anneaux de fer qui sont attachez aux Caissons: après les avoir bien disposés, on y met des Maçons qui les remplissent de bonne Maçonnerie, à mesure que l'ouvrage avance, le poids des pierres fait enfoncer les Caissons dans l'eau jusqu'à ce qu'ils ayent atteint le fond, c'est pourquoi l'on proportionne la hauteur des Caissons à la profondeur de l'eau qu'il y a dans le lieu où l'on travaille, & l'on observe même de les faire deux ou trois pieds plus hauts, afin que les ouvriers n'en soient point incommodés; mais quand la pro-

LIVRE III. DE LA CONSTRUCTION DES TRAVAUX. 63

fondeur de l'eau est considerable, & qu'on ne peut pas atteindre le fond sans donner aux Caissons, une hauteur extraordinaire, on prend le parti d'en augmenter la hauteur avec des hausses, à mesure qu'il approche du fond.

Quelquefois l'on établit les Caissons sur un enrochement quand FIG. 4. le lit sur lequel on veut fonder n'est pas uni, soit à cause des trous, & 5. ou des petits bancs de sable, ou bien quand les eaux sont par trop hautes.

Si l'on vouloit raporter toutes les differentes manieres de fonder selon les occasions qui se peuvent presenter, je ne finirois jamais ; c'est pourquoi je me tiendrai à l'idée que je viens d'en donner, me reservant pourtant d'entrer encore dans quelque détail sur ce sujet quand la chose en meritera la peine, comme par exemple, pour les fondemens des Ponts de Maçonnerie, des Ecluses & autres ouvrages qui demandent beaucoup d'attention, pour les établir solidement, & que j'ai traité à fond dans le second volume ; cependant le peu que je viens d'insinuer, pourra donner assés de connoissance à ceux qui ont dessein de s'appliquer à l'Architecture, pour que d'eux mêmes ayant un peu de pratique & d'intelligence, ils puissent faire le choix qui conviendra le mieux, entre les differens moyens que je propose.

Je n'ai point parlé jusqu'ici de la profondeur qu'il falloit donner aux fondemens, parce qu'il est assés difficile de la determiner, dependant en quelque sorte de la nature du terrain où l'on travaille ; mais je ferai au moins remarquer, que la plûpart des Architectes font des depenses fort inutiles, leur donnant une grande profondeur, qui ne contribuë en rien à la solidité de l'édifice, car de deux choses l'une, le terrain sera bon, ou il sera mauvais ; s'il est bon, on peut bâtir en toute asseurance; s'il ne l'est pas, on en sera quitte en faisant un bon plancher de madriers ou de grillage, sans creuser plus avant pour chercher un autre fond, qu'on ne trouveroit peut-être pas meilleur, & si le terrain est mouvant ou marecageux, il y a encore moins de raison d'aprofondir, puis qu'on sera tôujours contraint de piloter ; or dans tous ces cas, la profondeur des fondemens ne fera rien pour la solidité des murs qu'on veut élever, le tout est de les établir sur une base ferme & bienassûrée, si on ne la rencontre point telle qu'on peut la souhaiter, il faut avoir recours aux expediens que nous venons de dire ; on n'en a pas usé autrement pour tous les grands édifices qui subsistent depuis tant de siécles : les fondemens de l'Eglise de Notre-Dame de Paris qui est un Vaisseau des plus considerables, quoi que bâti dans un fort mauvais terrain, n'ont presque pas de profondeur, tous ceux des Ponts de la même Ville, n'en ont que fort peu non plus, & ne se soûtiennent pas moins, tandis qu'on voit donner à de simples maisons, des fondemens de sept à huit pieds de profondeur, sans faire attention que leur quatre faces formant un paralelle pipede, doivent se soûtenir par leur propre poids ; que si on en voit quelque fois manquer par le pied, il ne faut pas penser que cela vienne de ce que leurs fondemens n'ont pas eu assés de profondeur ; mais parce qu'on ne les a bâtis que peu à peu, c'est-à-dire qu'il y aura eu des reprises d'ouvrages, où la vieille Maçonnerie ne se sera pas liée avec la nouvelle, de-là il arrive que si un mur est affermi parce qu'il aura été bâti le premier, l'autre ne l'est pas pour avoir été fait plus tard, & tous ces murs venant à être chargés ensemble, le fardeau étant inegallement porté, la partie la plus foible flechit, tandis que l'autre resiste. Ajoutons à cela qu'un côté peut avoir été travaillé avec de bons materiaux, & l'autre fait avec moins de précautions, ainsi ce qu'on attribuë au défaut des fondemens, provient presque toûjours de la mauvaise façon.

Mais si dans un bâtiment on commence par creuser les tranchées de tous les murs, & qu'après les avoir mises de niveau, on y établit une bonne Maçonnerie, toûjours conduite à même hauteur, & dont toutes les parties differentes soient bien liées, & qu'ensuite on éleve dessus dans le même tems, les pignons & les refands, on peut s'assurer que quand les fondemens n'auroient que deux ou trois pieds au plus de profondeur, l'ouvrage ne court aucun danger, au lieu que s'il n'est conduit que par parties, & qu'on tombe dans les défauts que je viens de remarquer, quand ces fondemens auroient 15. à 20. pieds, le bâtiment ne seroit pas moins sujet à tous les inconveniens que la mauvaise façon peut causer.

S'il étoit question de quelque gros mur d'enceinte ou de quay, il faudra non seulement avoir toutes les attentions dont on vient de parler, mais être plus attentif à leur faire des empattemens larges & bien assis, qu'à les faire profonds, & cette largeur qui excedera celle du mur, doit particulierement regner du côté opposé ou le mur aura quelque effort considerable à soûtenir, soit de la part de la poussée des terres, ou de celle d'une voute ; on en doit sentir la necessité, parce qui a été dit dans le premier livre : on est pourtant quelquefois obligé de donner de la profondeur aux fondemens quoique le terrain soit bon, ce qui se fait lors qu'on travaille sur le bord d'une riviere, afin de se mettre au-dessus de son lit, crainte que les eaux ne viennent par la suite à degravoyer le

terrain,

terrain, & à miner les fondemens, ce qui est fort à craindre quand on est dans le voisinage d'une Ecluse, où il y a une grande chute d'eau.

Puisque nous en sommes sur l'épaisseur des fondemens, il est à propos d'en dire quelque chose, paroissant y avoir encore ici des difficultez qui ont besoin d'être examinées.

Les fondemens d'un mur étant la base sur laquelle il est établi, il semble que la largeur de cette base doit être proportionnée, non seulement à l'épaisseur du mur, mais plus encore à sa hauteur, & qu'on doit suivre une certaine regle pour déterminer la largeur des retraites du rez-de-Chaussée ; mais c'est ce que les Architectes n'ont point fait que je sache : il est bien vrai qu'ils ont parlé de l'épaisseur qu'il falloit donner aux fondemens, par raport à celle du mur qu'ils devoient porter, mais ils n'ont pas eu égard à la hauteur de ces murs ; par exemple, Scamozzy veut que l'on donne pour retraite de chaque côté, la huitiéme partie de l'épaisseur du mur, c'est-à-dire, que s'il a quatre pieds d'épaisseur, il faudra en donner cinq aux fondemens ; Philbert de Lorme fait ses fondemens plus épais, donnant pour retraite de chaque côté, un quart de l'épaisseur du mur, ainsi à un mur de quatre pieds d'épaisseur, il en donne six aux fondemens ; Palladio les fait encore plus épais, voulant qu'ils ayent le double de l'épaisseur du mur, & ce qu'il y a de surprenant, comme je le viens de dire, c'est que ni les uns ni les autres, ne font aucune mention de la hauteur des murs ; cependant il n'y a pas de raison de donner autant d'épaisseur aux fondemens d'un mur de clôture d'une hauteur mediocre qui ne porte rien, qu'à ceux des pieds droits d'une voute fort élevée & massive, ou d'un autre mur qui doit porter plusieurs grands planchers, chargés de fardeaux considerables, comme aux Arsenaux & aux magasins pour les vivres ; car il n'y a point d'édifice dont les murs n'ayent quelque poussée à soûtenir, & c'est ce qui fait qu'ils surplombent plûtôt en dehors qu'en dedans : d'ailleurs quand un mur est fort élevé, & qu'il n'a qu'une épaisseur mediocre ; si l'empattement n'est pas proportionné à l'élevation, pour peu que le mur vienne à s'incliner, la longueur du bras de lévier a un si grand avantage sur la resistance que les fondemens peuvent rencontrer de la part du terrain, qu'il faut que ce terrain soit d'une solidité extrême, pour ne pas flechir ; car il est bon de faire attention ici, qu'un mur & ses fondemens, doivent être consideré comme ne faisant qu'un seul corps, quoique j'aye suposé le contraire dans le premier & le second livre, par consequent si le point d'apui au lieu de répondre au rez-de-

I

Chauffée se trouve sur le bord de la premiere assise des fondemens, il faut necessairement pour qu'un mur fort élevé soit aussi bien assis, qu'un autre plus bas, qu'il y ait une proportion entre l'épaisseur de leur fondement, & cette proportion est sur tout essentielle, quand le mur qui a le plus d'élévation n'a qu'une mediocre épaisseur, comme sont par exemple la plûpart des pignons. Or pour savoir à quoi nous en tenir, sans adopter aucune des regles des Architectes que je viens de citer ; nous suposerons qu'un mur de 20. pieds de hauteur sera parfaitement assuré sur sa base, quand on donnera à ses fondemens quatre pouces d'épaisseur de plus de chaque côté que n'en a le mur, c'est-à-dire, que s'il avoit deux pieds d'épaisseur, ses fondemens auroient deux pieds huit pouces : presentement voulant savoir quelle épaisseur il faut donner aux fondemens d'un mur qui auroit 50. pieds de hauteur ; je fais abstraction pour un moment de l'épaisseur de ce mur, pour n'avoir égard qu'aux retraites qu'on doit donner de chaque côté pour faire cette proportion ; si à un mur de 20. pieds de hauteur, il faut donner 4. pouces de retraite de chaque côté, combien en faudra-t-il donner à un mur de 50. pieds ; faisant la regle on trouvera que chaque retraite doit être de dix pouces, par consequent si le mur avoit trois pieds d'épaisseur, il faudroit donner à ses fondemens quatre pieds 8. pouces, de même s'il étoit question d'un mur de 80. pieds, on suivra toujours la même proportion, en prenant 20. pieds pour premier terme, & quatre pouces pour le second.

Quand on voudra élever des murs qui ont quelque poussée à soûtenir, il n'est pas necessaire de les asseoir sur le milieu des fondemens, il vaut beaucoup mieux après en avoir trouvé l'épaisseur, donner plus de largeur à la retraite qui répond au point d'apui, qu'à l'autre ; je vondrois même la faire double ; c'est-à-dire, qu'ayant trouvé par la regle precedente, qu'il faut donner dix pouces de retraite de chaque côté, aux fondemens d'un mur de 50. pieds de hauteur, & qui est chargé d'un grand comble, & de plusieurs planchers, qu'ayant ajoûté ensemble les deux retraites qui font 20. pouces, on en donnera 13 ou 14 à la retraite du dehors, & six ou 7 à celle du dedans, ainsi le bras de lévier qui répond à la puissance resistante, se trouvant allongé par raport au centre de gravité de la muraille, le tout sera beaucoup plus assuré, & il n'arrivera pas les défauts que l'on remarque dans la plûpart des bâtimens.

CHAPITRE DIXIE'ME.

Où l'on enseigne comme l'on doit employer les Matériaux qui composent la Maçonnerie.

LA meilleure de toutes les Maçonneries est sans difficulté celle qui est faite de pierres de taille ; mais comme cette pierre est assés rare, il n'est pas ordinaire de faire des Bâtimens qui en soient tout composés : l'on se contente seulement de les employer pour les soûbassemens des gros murs, aux encoigneures des Edifices & aux angles des revêtemens des ouvrages des Fortifications ; pour la mettre en œuvre l'on en prépare de deux especes, la premiere que l'on nomme *carreau* ou *pannereffe*, est celle dont la largeur excede la longueur ; la seconde que l'on nomme *boutiffe*, est celle dont la longueur excede la largeur ; les pannereffes font parement de toute leur largeur, & les boutiffes de leur tête seulement, leur queuë faisant partie de l'épaisseur du mur : c'est ainsi qu'on les distribuë dans chaque assise, observant de placer une boutisse, ensuite une pannereffe, succeffivement une boutiffe & une pannereffe posées plain sur joint ; c'est-à-dire que les joints perpendiculaires de la seconde assise répondent au milieu des pierres de la premiere, ainsi des autres qui sont au-dessus, pour cela l'on fait les assises bien reglées, ensorte que les carreaux & les boutiffes ayent la même hauteur, afin que les joints horisontaux qui regnent sur toute la longueur du mur, fassent des lignes paralelles & de niveau : à mesure que l'on pose une de ces assises, on garnit le reste de l'épaisseur du mur de briques ou de moëlon maçonné avec de bon mortier, & quand il n'est que d'une médiocre épaisseur on tâche d'avoir des boutiffes assés longues pour quelles puissent le traverser & faire parement des deux côtés ce qui rend la Maçonnerie beaucoup plus solide par la liaison qui se fait du parement avec le reste du mur ; & quand cela se pratique ainsi, les boutiffes qui font parement des deux côtés se nomment pierres de *parpain* ou *parpaigne*.

Quand on construit quelque Edifice militaire dont les murs doivent être d'une épaisseur considérable comme de 5 ou 6 pieds, on employe de la graisserie au parement jusqu'à une certaine hauteur, de la brique pour le parement interieur, & le reste de l'épaisseur se fait de moëlon ; or pour que le tout soit en bonne liaison, on employe la graisserie comme on vient de le dire, à l'égard de la brique, on commence par poser une premiere assise de deux briques & demi d'épaisseur, une seconde de deux briques, & une troisiéme d'une & demi, chaque assise bien arrasée avec du moîlon, après quoi on recommence tout de nouveau une assise de deux briques & demi, une seconde de deux briques & une troisiéme d'une brique & demi toûjours bien liées & arrasées avec le moîlon & la graisserie. Quand on est parvenu à la derniere assise de graisserie & qu'on veut faire de brique le reste de la hauteur du parement, on la pose par assise reglée comme on vient de le voir pour l'interieur, & afin de rendre la liaison plus parfaite, on peut de trois en trois assises, faire une chaîne de deux briques d'épaisseur sur toute l'étenduë de l'ouvrage posées plain sur joint.

Les soûbassemens d'un mur étant faits si on éleve le reste du parement avec du moîlon, on a soin de le bien ébousiner & de le tailler jusqu'au vif, l'on se sert encore de boutisses & de panneresses, en observant toûjours de ne les poser que plain sur joint, car ce seroit un deffaut grossier de voir deux ou plusieurs joints perpendiculaires sur un même allignement, parce que le mur n'en seroit pas si solide & choqueroit le coup d'œil. Dans les ouvrages que l'on veut faire proprement, on a égard non-seulement de donner la même hauteur à toutes les pierres qui doivent composer les assises ; mais encore de les tailler de façon que la largeur des panneresses soit double de celles de la tête des boutisses, afin d'observer une bonne liaison & un certain ordre de simétrie qui fait un fort bel effet.

Les anciens étoient extrêmement attentifs à travailler les paremens des Edifices considerables : ils en rendoient les joints presque imperceptibles, ce qui a fait croire, comme il y a toute aparence, qu'il leur arrivoit quelquesfois de bâtir sans mortier, aimant mieux tailler les pierres si justes, que leur situation & leur poids pussent suffire pour donner à l'ouvrage toute la fermeté possible. Ils avoient encore recours à une pratique assés ingenieuse pour rendre les paremens polis : ils tailloient bien proprement les faces des pierres qui devoient être unies les unes contre les autres, & laissoient un pouce de velu à celles qui devoient composer le parement, quand l'ouvrage étoit entierement achevé on recoupoit ces pierres en ravalant ; ainsi quand ils se servoient de mortier, il ne paroissoit presque point, & le tout ne sembloit être composé que d'une seule pierre.

Outre les pierres de parement dont on vient de parler & que

l'on nomme *de grand apareil*, on en diftingue encore de deux efpeces, la premiere eft le *libage* qu'on employe pour les fondemens; la feconde eft *le moilonage* ou *le petit moilon*, dont on fe fert pour garnir le milieu des gros murs; c'eft ici où les Entrepreneurs n'oublient pas leurs interêts quand on n'y prend point garde, ils ont grand foin de faire le parement bien conditionné pour furprendre le coup d'œil, tandis que le refte n'eft compofé que de bouë & de platras, il eft vrai que cela n'arrive guére dans les ouvrages des Fortifications, parce que Meffieurs les Ingenieurs y aportent tant d'exactitude & de foin, qu'il eft affés difficile de leur en impofer, ceux qui font accoûtumés de faire travailler fachant combien il eft dangereux de s'en raporter à la bonne foi des ouvriers: mais comme j'écris principalement pour ceux qui commencent, & qui n'ont pas une grande connoiffance des travaux; voici en peu de mots ce que l'on doit obferver pour faire faire un bon ouvrage.

Il faut prendre garde de ne jamais laiffer travailler les Maçons qu'aux heures marquées, & qu'ils ayent toûjours des cordeaux d'allignemens devant & derriere la muraille, ne permettant pas qu'ils faffent leurs plombées plus hautes que d'un pied ou un pied & demi, de ne point laiffer employer de mortier qui ne foit tiercé & vieux de deux jours, fans fouffrir qu'on maçonne à fec comme cela arrive affés fouvent, ou que tombant dans une autre extrêmité, on ne rempliffe les troux de poignées de mortier au lieu de Tuilleaux ou d'éclats de pierre.

De faire laiffer des amorces qui ayent au moins un demi pied aux endroits où il y aura reprife d'ouvrage, & quand on viendra à y travailler, ne pas laiffer recommencer fur les arrafes féches fans y jetter de l'eau.

De ne fouffrir jamais qu'on mette des calles de bois fous les carteaux, cordons, tablettes & autres pierres de parement, ni qu'on employe ces pierres fans qu'elles ayent un lit fuffifant pour être bien affifes, ne pas laiffer mettre en œuvre des pierres trop fraifchement tirées de la Carriere, & qui ne foient déchargées de leur boufin, parce que le mortier ne s'y attache pas; de faire enforte qu'en les pofant elles ne faffent point de boffes qui excedent le niveau de l'ouvrage; mais fur toute chofe de ne pas fouffrir qu'on employe des pierres de Grès, parce que le mortier ne s'y attache pas, foit à caufe que leur pores font trop ferrés, ou qu'elles ne fourniffent point de fel comme les autres pour durcir & faire fécher le mortier, ainfi la meilleure maniere de garnir les murs eft d'y employer de la brique ou du moilon plat, bien arrangé & entrelaffé

I iij

de maniere que le milieu des uns réponde aux joints des autres; obfervant toûjours de conduire autant qu'il eſt poſſible l'ouvrage de niveau ſur toute la longneur & épaiſſeur.

Quand on manque à toutes ces précautions il arrive que le parement n'étant pas bien lié avec le reſte de l'épaiſſeur, eſt proprement un mur apliqué contre un autre qui venant à ſe dégrader par la ſuite ſe détache en peu de tems, toutes la chemiſe tombe, & il ne reſte plus qu'un maſſif informe qu'on a bien de la peine à réparer ſolidement; pour remedier à cet inconvenient on pratique aux revêtemens des Fortifications une conſtruction de Maçonnerie qui eſt la meilleure (à ce que je crois) qu'on puiſſe immaginer: elle ſe fait ordinairement de brique & de moïlonage, & comme il y a de l'art à bien lier enſemble ces deux materiaux; voici comme on les met en œuvre.

Après avoir tracé les fondemens de la muraille & ceux des contreforts relativement aux dimenſions des plans & profils, ſoit pour une face de Baſtion, flanc ou courtine, & bâti ces fondemens avec les précautions dont il eſt parlé dans le Chapitre précedent; en un mot avoir élevé l'ouvrage juſqu'au niveau du fonds du Foſſé, on commencera par faire faire trois mortiers differens, le premier ſera de ciment compoſé de bons thuilleaux bien battus, & d'un tiers de la meilleure Chaux, pour remplir & garnir les joints des paremens de graiſſerie; le ſecond ſera auſſi compoſé d'un tiers de bonne Chaux, & le reſte de ſable fin pour la Maçonnerie du parement; ſi l'on a deux ſortes de Chaux on prendra la moindre pour le troiſiéme mortier qui ſera compoſé de petit gravier s'il y en a ſur les lieux pour la groſſe Maçonnerie.

On préparera auſſi trois ſortes de pierres, la premiere pour les ſoûbaſſemens & les angles, doit être taillée dans ſes lits & joints cizelée & piquée proprement à la petite pointe du marteau, ſes faces dreſſées à la regle & les joints démaigris pour recevoir le mortier; la ſeconde ſera la brique dont on ſe ſervira pour le parement; & la troiſiéme le moïlon pour la garniture du milieu & des contreforts.

On poſera la premiere aſſiſe du parement compoſée de boutiſſes & de carreaux, ſi les boutiſſes ſont rares, on en mettra un tiers ſur deux tiers de panneresſes, les unes & les autres ayant leurs faces taillées ſuivant le talud du revêtement, & derriere cette premiere aſſiſe on couvrira toute la Maçonnerie des fondemens, tant du revêtement que des contreforts d'un lit de trois Briques d'épaiſſeur poſées à plat bien garnies de mortier; le commencement de cet

Livre III. de la Construction des Travaux. 71

ouvrage demande beaucoup de soin & de précaution, ce premier lit étant posé, on en fera un autre derriere les pierres du soûbassement qui aura trois briques & demi de largeur seulement: sur celui-ci on en fera un second qui sera moins étendu d'une demi brique, sur ce second un troisiéme qui ira encore en diminuant d'une demi brique, & on continuëra de même jusqu'au cinquiéme rang qui se terminera à une brique & demi, en élevant ces rangs des briques, on a grand soin de bien garnir tout le reste de l'épaisseur du mur, & des contreforts de moîlon à bain de mortier arrasé sur tout l'étendu de l'ouvrage, que l'on conduit toûjours de niveau de même que les contreforts aux angles desquels on met les plus gros moîlons, observant que la racine soit bien liée avec le revêtement pour que le tout ne fasse qu'un corps: quand la Maçonnerie a été élevée de niveau au dernier rang de briques dont nous venons de parler, pour lors on dit avoir fait une *levée* que l'on couvre de rechef d'un rang de trois briques d'épaisseur qui regne generalement sur tout l'ouvrage, & ce rang est nommé *chaine*, parce qu'effectivement il enchaîne pour ainsi dire toutes les parties de l'ouvrage les unes avec les autres, après cela l'on recommence tout de nouveau à faire une levée de briques de cinq rangs de hauteur allant en diminuant d'une demi brique au premier rang, & se terminant à une & demi au cinquiéme, le derriere garni de moîlon comme l'on a fait pour la premiere levée, & ainsi de suite.

D'un autre côté l'on continuë à conduire le parement par assises de boutisses & de panneresses, les boutisses bien enclavées dans l'épaisseur du mur, & les panneresses serrées & maçonnées entre les boutisses, faisant toûjours suivre à leur faces le talud de la muraille, tant que le soûbassement soit parvenu à la hauteur qu'on jugera à propos de lui donner, qui est oreinairement de 5 ou 6 pieds plus ou moins selon la hauteur de l'ouvrage. Le sommet de la derniere assise du soûbassement doit être taillé en *champ frain* de deux pouces: cette partie du parement se fabrique comme nous l'avons dit avec du mortier de ciment, de terrasse ou de cendrée de Tournay selon les Pays où l'on fait travailler, on en use de même pour tous les autres murs qui sont sujets à être environnés d'eau.

Quand le soûbassement est achevé on continuë à élever le reste du parement qui se fait de briques ou de moîlon picqué; mais plus ordinairement de briques; c'est pourquoi j'ai supofé que le profil représenté par la Figure 10. étoit fait dans ce goût là: il exprime assés bien la disposition des assises qui composent le soûbassement, les chaînes de briques qui se font après chaque levée & les cinq

Planch. 8.

rangs dont nous avons parlé, qui vont toûjours en diminuant d'une demi brique, ainsi comme ce dessein aide beaucoup à faire entendre la construction que je me suis proposé de décrire, cela me dispensera d'entrer dans bien de petites circonstances qui se présenteront d'elles-mêmes à l'esprit, pour peu qu'on y fasse attention.

Si le reste du parement au-dessus du soubassement, se fait de briques, on commence par en asseoir un rang que l'on met à plat, & qui font face de leur tête : sur celui-ci on en met un autre à plat qui font face de leur longueur, & alternativement une assise en boutisse, & une autre en pannerresse à joint recouvert, observant de suivre le talud qui a été reglé par le profil, & toujours de même jusqu'au cordon, au contraire du derriere de la muraille qui doit être à plomb, aussi bien que les contreforts.

En conduisant le parement, on arme les angles saillans de pierre de taille en petit bossage, d'un pouce & demi de relief posé par assise reglée, & les deux faces de chaque pierre qui font parement, sont taillées de façon qu'elles forment précisément un angle égal à celui que doit avoir l'ouvrage, ayant attention de donner aussi à ces mêmes faces, le talud que doit avoir le revêtement de la manière qu'on le voit représenté dans la figure 9. & quand on est parvenu à la hauteur qu'on veut donner au revêtement, on le termine d'un cordon de la même pierre d'un pied de hauteur, taillée en demi rond, & posée en saillie d'environ cinq ou six pouces, ce cordon est aussi composé de pannerresses & de boutisses : les pannerresses doivent avoir au moins 24. pouces de lit, non compris la saillie, & les boutisses trois pieds de queuë, le derriere bien garni & conduit à même hauteur, ensuite on éleve quelquefois sur le sommet de la muraille, un petit mur à plomb devant & derriere, auquel on donne 4. pieds de haut & trois d'épaisseur, pour servir de revêtement au parapet. Quand la pierre de taille est commune on le couronne par une tablette qui a un larmier dont la saillie est de 3. ou 4. pouces, ou bien on couvre toute la Maçonnerie par une assise de briques posées en liaison alternative, moitié de cant, & moitié de bout, avec lesquelles on fait aussi un larmier qui deborde seulement d'un pouce, ou d'un pouce & demi, observant de donner au couronnement une pente de 4. pouces, allant du derriere au devant, le tout construit à petit joint, en bonne liaison bien reciré.

Quand on fait des demi revêtemens, on suit les mêmes choses qu'on vient de voir, c'est-à-dire, que l'on conduit la Maçonnerie depuis la derniere retraite des fondemens jusqu'à la hauteur de la ligne

Livre III. de la Construction des Travaux.

ligne de niveau, ou du rez-de-Chauffée, le reste de la hauteur se revêtit de gasons ou de placages, & on se conforme au cinquiéme article du profil genéral du Mr. de Vauban.

A l'égard du revêtement des Contrescarpes, & de ceux des gorges des ouvrages, la maçonnerie s'en fait avec les mêmes précautions qu'aux remparts, ainsi on en peut juger par la figure huitiéme.

Comme l'on se trouve souvent dans la necessité de lier de la nouvelle maçonnerie avec de la vieille, je m'arrêterai un moment pour enseigner une pratique qu'on ne fera pas mal de suivre en pareil cas : les Maçons y faisant ordinairement si peu d'attention, qu'il arrive toûjours que leur ouvrage est defectueux en cet endroit là.

Après avoir detaché une partie de la vieille maçonnerie pour se donner des amorces ; il faut grater le mortier qui se trouve sur la pierre, tant qu'il n'en paroisse plus que dans le fond des joints, ensuite netoyer proprement toutes les ordures, de sorte qu'il n'y reste pas de poussiere ; pour cela il faut après s'être servi du balai, avoir de grosses brosses, afin que les soyes s'introduisans dans les pores les plus imperceptibles, en fassent sortir tout ce qui s'y trouve, car c'est ordinairement la poudre répanduë sur la pierre, qui empêche le mortier de s'insinuer dans ses pores pour faire une bonne liaison, après cette preparation il faudra jetter sur la vieille maçonnerie, une grande quantité d'eau, à diverses reprises afin qu'elle s'y imbibe, & qu'elle acquiert pour ainsi dire une vertu attractive ; il faut avoir dans un bacquet de la bonne chaux detrempée, desorte qu'elle soit grasse & glutineuse ; plusieurs manœuvres prendront des brosses, les tremperont dans la chaux pour l'imprimer sur la maçonnerie, en frapant à petits coups afin qu'elle penetre dans les joints & les pores de la pierre jusqu'à ce qu'elle en soit bien imbibée, & qu'on en ait mis une quantité sufisante pour que cette colle de chaux, surmonte de 3. à 4. lignes la surface de la maçonnerie, après quoi on apliquera dessus du bon mortier pour maçonner comme à l'ordinaire, observant que la pierre ou la brique soient bien entrelaffés avec les amorces, & fasse une bonne liaison, alors la chaux qui se trouve entre la vielle & la nouvelle maçonnerie, les unit si bien ensemble, en s'incorporant dans l'un & dans l'autre, qu'il se fait peu de tems après une liaison qui rend l'ouvrage plus indissoluble à l'endroit de la jonction que par tout ailleurs, comme l'experience la fait voir toutes les fois qu'on en a usé ainsi.

Voilà ce que je m'étois proposé de dire sur la maçonnerie en general, je me suis un peu étendu sur celle des revêtemens de fortifi-

K

cations, parce qu'elle apartient particulierement à mon sujet ; mais si je voulois entrer dans un semblable détail pour tout ce qui pourroit demander une construction particuliere, selon les differens cas qui peuvent se presenter, je n'aurois jamais fini ; c'est pourquoi je me tiendrai à l'idée que je viens de donner, me proposant pourtant de ne pas negliger dans la suite, les occasions où je pourrai insinuer les connoissances que je croirai encore necessaires, quand il sera question, par exemple, des Ponts, des Voutes, des Ecluses, & autres ouvrages considerables, qui ont une maniere d'être fabriqués, qui leur apartient essentiellement.

Explication de plusieurs tables servant à déterminer les dimensions de toute sorte de revêtement de Maçonnerie.

PLANCH.
9. & 10. Depuis que j'ai composé le premier livre, il m'est venu plusieurs fois en pensée que bien des gens ne feroient pas grand usage des regles que j'y ai enseignées, pour trouver l'épaisseur des revêtemens, à cause de la longueur des calculs, & des operations abstraites qu'il falloit faire, & que le sur moyen de contenter tout le monde étoit de donner des tables dans lesquelles on pût trouver les dimensions de tous les profils qui peuvent s'executer, selon les differens taluds que l'on voudroit donner aux revêtemens, soit pour ceux qui foutiendroient des remparts, accompagnés de leurs parapets, ou pour les autres qui n'ayant point de parapets à soutenir, serviroient aux terrasses, aux quays, aux chaussées, aux contrescarpes, aux gorges des ouvrages &c. Mais ces tables telles que je les conçus d'abord me parurent d'un si grand travail que j'hesitai long-tems à les entreprendre ; j'en exposai le dessein à quelques personnes de mes amis, qui me firent entendre que de tout ce que je pouvois rapporter dans mon livre, rien ne seroit plus utile & plus interessant ; cela sufit pour me determiner & vaincre la repugnance que j'avois à m'apliquer pendant un tems considerable à un ouvrage aussi ingrat : car il faut convenir que le public n'est pas toûjours judicieux, souvent il ne juge du prix des choses que par ce qui peut plaire l'imagination, & tient fort peu de compte de la peine dont un auteur veut bien seul se charger, quoi qu'il pourroit être en droit de la partager avec lui, il me permettra de lui faire ce petit reproche, il trouvera assez dans mon ouvrage dequoi avoir sa revanche.

Ayant déja raporté sur la fin de l'article 37. du premier livre des tables pour l'épaisseur des revêtemens, on pensera peut être que celles dont je parle sont à peu près de même ; cependant elles

LIVRE III. DE LA CONSTRUCTION DES TRAVAUX. 75
font bien differentes, car dans les premieres tous les profils font assujettis à un talud, qui est toûjours la cinquiéme partie de la hauteur, & on n'y suppose point de contreforts, au lieu que dans celle-ci l'on a une suite de revêtemens, depuis 10. pieds jusqu'à 100. qui ont non seulement pour talud, le 5. de la hauteur ; mais le 6. le 7. le 8. le 9. ou le 10. selon que l'on voudroit choisir un profil plûtôt que l'autre, d'ailleurs tous les revêtemens sont accompagnés de contreforts, dont les dimensions sont raportées pour telle hauteur de rempart que l'on voudra, comme on en va juger par l'explication de la 9. & 10. planche.

La 9e. planche comprend les dimensions de tous les revêtemens, qui soutiendroient des rempars accompagnés de leurs parapets; mais comme l'on peut donner à ces revêtemens un talud plus ou moins considerable, cette planche contient sept tables : les six premieres sont composées chacune de deux colomnes, dont l'une détermine l'épaisseur qu'il faut donner au sommet des revêtemens, & l'autre celle de la base des mêmes revêtemens, pour tous ceux qui auroient depuis 10. pieds de hauteur, jusqu'à 100. par exemple, la premiere table comprend les épaisseurs des revêtemens qui auroient un 5. de talud, la seconde celle des revêtemens, qui n'auroient pour talud que la 6. partie de leur hauteur : enfin la 3. 4. 5. & 6. table comprennent de suite les mêmes épaisseurs, pour les revêtemens qui auroient pour talud un 7. 8. 9. ou 10. de leur hauteur.

A l'égard de la 7e. table, elle compred trois colomnes qui expriment les dimensions des contreforts, qui doivent accompagner tous les revêtemens dont il est fait mention dans les six premieres tables, car il est bon de remarquer que tous les revêtemens de même hauteur, soit qu'ils ayent pour talud un 5. un 7. ou 10. doivent toûjours avoir des contreforts, dont les dimensions soient les mêmes que celles qui sont marquées dans la 7. table à l'allignement qui répond à la hauteur dont il s'agit ; d'ailleurs que ces contreforts sont toûjours espacés de 18. pieds, de milieu en milieu, sans que cela change jamais pour quelque revêtement que ce soit, grand ou petit : & en cela je me suis conformé à la maxime de Mr. de Vauban dans son profil general, dont j'ai retenu les contreforts parce qu'ils m'ont paru dans une proportion fort raisonnable. Cependant je n'ignore pas que bien des Ingenieurs aiment mieux les espacer de 15. pieds, de milieu en milieu que de 18, je ne voi pas bien la raison de cette preference, puisque quand le revêtement a une épaisseur suffisante, & qui met la resistance au-dessus de la poussée des terres ; il n'y a point de raison de multiplier les contreforts

K ij

sans necessité, si je les ai éloignées de 18. pieds plûtôt que de 15.
ç'a été pour empêcher qu'en augmentant les dimensions de leurs
bases, à mesure que les revêtemens devenoient plus élevés, ils
ne se trouvassent trop serrés, cela n'empêche pourtant pas dans l'u-
sage que l'on fera dans ces tables, qu'on ne puisse si l'on veut, raprocher les contreforts les mettant à 15. pieds, & suivre exactement
toutes les autres dimensions. Si l'on prend ce parti qui me paroît
assez inutile, le revêtement sera encore beaucoup au-dessus de l'é-
quilibre malgré les égards que j'ai eu.

Pour donner l'usage de ces tables, nous suposerons qu'on veut
revêtir les faces d'une demi l'une, que le revêtement doit avoir
25. pieds de hauteur depuis la derniere retraite, ou si l'on veut
depuis le fond du fossé jusqu'au cordon, & qu'on ne veut pour talud qu'un 7. de hauteur, on demande quelles doivent être les dimensions des plans & profils, pour que le revêtement soit capable par sa resistance, de soutenir un effort plus grand que celui de
la poussée des terres du rempart & du parapet ; je cherche dans la petite colomne qui marque la hauteur des revêtemens, le nombre
25. & en suivant le même allignement, je passe à la 3. table, qui
montre qu'il faut donner 6. pieds 1. pouce 11. lignes d'épaisseur ;
au sommet du revêtement en question, & 9. pieds 8. pouces 9.
lignes à la base, de-là en suivant toûjours le même allignement, je
passe à la 7. table pour voir quelles doivent être les dimensions des
contreforts, je trouve qu'il faut leur donner 7. pieds de longueur
4. pieds 6. pouces à la racine & 3. pieds à la queuë, observant de
les espacer de 18. pieds de milieu en milieu ; si au lieu d'un 7. de
talud, on ne vouloit donner qu'un 9e. de la hauteur, en suivant
toûjours l'allignement de 25. pieds, il faudroit prendre les dimensions du sommet & de la base dans la 5e. colomne, & l'on trouvera 7. pieds 1. pouce 7. lignes pour l'un, & 9. pieds 10. pouces
11. lignes pour l'autre, & les contreforts comme ci-devant.

A l'égard des tables contenuës dans la 10e. planche, elles sont
entierement semblables aux precedentes ; la seule difference est que
les unes repondant à des revêtemens, qui auroient un parapet à
soutenir, au lieu que les autres servent pour les revêtemens, dont
le sommet seroit de niveau avec la surface de l'ouvrage dont il s'a-
git ; par exemple, si l'on vouloit savoir quelles doivent être les dimensions du revêtement d'une contrescarpe, qui auroit 15. pieds
de hauteur, & auquel on voudroit donner un 8e. de talud, je cherche dans la colomne des hauteurs, le nombre 15. & en suivant le
même allignement, je passe à la 4e. table où je trouve qu'il faut

donner 2. pieds 9. pouces 10. lignes au sommet, & 4. pieds 8. pouces 4. lignes à la base, de là à la 7e. où je remarque que les contreforts du même revêtement, doivent avoir 5. pieds de longueur, 3. pieds 6. pouces en racine, & 2. pieds 4. pouces à la queuë toûjours espacés de 18. pieds de milieu en milieu.

On a suposé generalement dans toutes ces tables, que les contreforts étoient aussi élevés que le sommet des revêtemens, auxquels ils repondoient, ce qui se pratique toûjours, quand il s'agit de soutenir un rempart qui est accompagné d'un parapet, & lors que ce parapet est revêtu d'une petite muraille de 4. pieds de hauteur, qu'on éleve au dessus du cordon; mais quand il s'agit de demi revêtement, ou de soutenir une contrescarpe ou la gorge d'un ouvrage, alors le sommet des contreforts se termine à un pied ou 1. pied & demi plus bas que celui du revêtement, afin qu'il n'y ait que cette partie de la maçonnerie qui paroisse dehors, ainsi on pourra toûjours avoir égard à ce que je viens de dire, sans aprehender que le revêtement en soit moins solide, quoique la hauteur des contreforts diminuë de quelque chose.

Pour calculer ces Tables j'ai suivi exactement ce qui a été enseigné à la fin de l'article 51. du premier Livre au sujet du profil general de Mr de Vauban : c'est-à-dire, que j'ai regardé l'équation $y = 2bf - \frac{2dd}{3} - \frac{2phg - 2phd}{q} + m - n$, comme une formule generale qui pouvoit s'apliquer à toute sorte de revêtement dont les dimensions des contreforts étoient données aussi-bien que la hauteur des revêtemens & leur talud, & qu'il n'étoit plus question que de trouver l'épaisseur du sommet relativement à la poussée des terres qu'il falloit soûtenir; ainsi je me suis servi des Tables des puissances équivalantes à la poussée des terres qu'on a raporté dans l'Article 37. & c'est dans cette occasion où je me suis apperçû combien il étoit commode d'avoir des expressions qui fussent équivalantes à ces puissances puisque si j'avois été obligé de les chercher à mesure que j'en ai eû besoin, la 9e & 10e. Planche m'auroit coûté plus de quatre mois de travail continuel, comme on en peut juger par l'exemple qui est raporté à la fin du 51e Article. J'ajoûterai que j'ai toûjours suposé les puissances équivalantes à la poussée des terres plus fortes d'un 6e. qu'elles ne l'étoient effectivement afin que les revêtemens fussent au-dessus de l'équilibre, & que je crois qu'il n'est pas possible d'aporter plus d'exactitude que j'en ai eû pour rendre ces Tables aussi correctes qu'on le peut désirer, c'est pourquoi quand on trouvera l'occasion d'en faire usage, on peut s'en servir en toute sûreté sans qu'il soit besoin de rien augmenter ni diminuer des dimensions qu'on y raporte, à moins que ce ne soit pour éviter l'embarras des petites parties : par exemple on pourra supprimer les lignes quoique je les aye raportées scrupuleusement de même que le calcul les a donné ; car 4 ou 5 lignes de plus ou de moins, ni même deux ou trois pouces quand il s'agit de grands revêtemens, font un trop petit objet dans la pratique pour s'en mettre en peine ; cependant il vaut mieux mettre plus que moins.

Comme la hauteur des revêtemens de toutes ces Tables augmentent toûjours de 5 pieds depuis 10 jusqu'à 100, il n'y a point de hauteur de rempart qu'on ne rencontre à peu près semblable à celles qui y sont raportées ; car s'il s'agissoit d'un revêtement de 31 ou 32 pieds qui sont deux nombres qui ne se trouvent pas dans la colomne des hauteurs on pourra prendre les dimensions qui répondent aux revêtemens de 30 pieds, sans qu'on ait lieu d'aprehender qu'elles soient trop foibles, puisqu'elles mettront toûjours le revêtement au-dessus de l'équilibre à cause de l'augmentation que nous avons fait à la puissance agissante, de même s'il s'agissoit d'un revêtement de 33 ou 34 pieds, on pourroit prendre les dimensions qui apartiennent à celui de 35, quoiqu'un peu plus fortes qu'elles ne devroient être, en un mot on prendra toûjours les dimensions du revêtement dont la hauteur aprochera le plus de celui qu'on a dessein de construire.

Il est bon de remarquer que les dimensions des contreforts augmentant en progression d'Arithmetique, leurs bases doivent augmenter en superficie dans la raison des quarrés de leurs côtés homologue, & prenant pour côté homologue la longueur de chaque contrefort ; c'est-à-dire 4. 5. 6. 7. 8. 9. 10. 11. 12. 13. 14. 15. 16. 17. 18. 19. 20. 21. 22. leurs bases augmenteront dans le raport de 16. 25. 36. 49. 64. 81. 100. 121. 144. 169. 196. 225. 256. 289. 324. 361. 400. 441. 484. or comme les derniers quarrés sont bien plus grands à proportion que les premiers, il s'ensuit que les bases des contrefots, par consequent les contreforts mêmes augmentent beaucoup plus à proportion que ne font les revêtemens. Mais comme les contreforts ne peuvent augmenter plus qu'ils ne devroient naturellement, sans que les épaisseurs du sommet & de la base des revêtemens ne diminuënt, il s'ensuit que les differences des épaisseurs marquées dans les Tables, au lieu d'augmenter doivent plûtôt diminuer à mesure que les revêtemens sont plus élevés ; c'est aussi ce que l'on voit dans toutes les colomnes, puisque les derniers nombres sont plus petits à proportion que les premiers, ce qui m'a voit d'abord intrigué; mais après en avoir aperçû la raison, j'ai regardé ce changement comme une preuve de la justesse du principe, plûtôt que de la part des fautes qui auroient pû se glisser dans les calculs; voilà l'avantage des Mathematiques qui est de voir toûjours clair à ce que l'on fait.

CHAPITRE ONZIE'ME.

De la construction des Souterrains, & comme l'on aplique sur leurs Voutes les Chapes de Cimens.

L'On entend par souterrain, tous les lieux voutés qui se pratiquent sous les remparts d'une place, comme les poternes qui servent à communiquer dans les ouvrages detachés, les Magasins que l'on peut placer dans les tours, les lieux que l'on fait à l'épreuve de la bombe, pour servir de refuge en tems de siége.

Les souterrains sont d'un grand secours dans les petites Forteresses, Citadelles, Forts & Châteaux, où il n'y a pas d'endroit qui ne soit exposé à être detruit en très peu de tems; au lieu que dans les grandes places, on a toûjours quelque quartier éloigné des attaques; où l'on peut mettre les munitions de guerre, de bouche, & même les malades & blessés.

Mais avant de parler de la distribution des souterrains, il est à propos de dire quelque chose sur la maniere de les construire, car il ne suffit pas de les rendre à l'épreuve de la bombe, il faut les mettre aussi à l'abri des injures du tems, & le plus qu'il est possible de l'humidité, pour cela l'on aplique sur leurs voutes des chapes de ciment, dont voici la fabrique.

Le ciment à cet usage, se fait ordinairement avec de la cendrée de Tournai, battuë & preparée tous les quatre ou cinq jours une fois pendant six semaines, observant de n'y mettre de l'eau que la premiere fois, ou bien l'on prend un tiers de bonne chaux vive sur deux tiers de terrasse de Hollande, que l'on bat & prepare de même; & au lieu de terrasse de Hollande, ou met si l'on veut, les deux tiers de pozzolane ou de vieux tuilleaux bien cuits, reduits en farine, repassés au tamis de Boulanger; mais soit qu'on se serve de l'un ou de l'autre de ces cimens, il faut les bien reduire en farine avec un moulin à bras, ensuite battre ensemble les deux matieres qui le composent, & les mêler un long espace de tems dans des petits bacquets de planche faits exprès; ce mélange doit se faire à plusieurs reprises, sans y mettre de l'eau que la premiere fois.

Avant d'apliquer le ciment sur les voutes, il est necessaire que la maçonnerie soit bien achevée, & qu'elle ait eu au moins cinq ou six mois de tems pour secher & prendre ses affaissemens, l'on en grate & foüille les joints avec un petit crochet de fer, après quoi on nétoye bien le dessus, que l'on arrose en y jettant de l'eau avec un arrosoir, puis l'on aplique le ciment tout fraichement demêlé, de l'épaisseur d'un pouce & demi, qu'on étend bien également, on le bat de long & de large, avec de petites battes de deux pouces de largeur seulement, pour mieux presser le ciment dans les joints, ensuite avec des fers polis, comme ceux dont on se sert pour repasser le linge, & retroussés par les bouts en adoucissant, l'on rend la premiere couche unie jusqu'à ce qu'elle commence à s'affermir, on broüille tous les jours pendant un tems sa superficie, avec un torchon de drap gros comme la tête, emmenché au bout d'un bâton, & trempé dans un seau de ciment delayé, on passe aussi-tôt le lissoir dessus, après cela on couvre tout le couchi avec des paillassons, jusqu'au lendemain, afin que les chaleurs ne le fassent point gerser, l'on repete cette manœuvre, c'est-à-dire, l'on broüille, on lisse, & on recouvre tant qu'on s'aperçoive qu'il n'y a plus de gersure dans la superficie; cela fait on broüille encore pendant cinq ou six jours de suite sans lisser, ni paillassonner.

En appliquant les chapes de ciment, on aura soin sur toute chose de les rendre bien unies, & de terminer le sommet des voutes en dos d'âne, avec des pentes dirigées comme celle des toits; en construisant la voute, l'on fera ensorte qu'elle soit également ceintrée, & bandée sur le ceintre, ne se servant que de mortier choisi, & que la pierre qu'on mettra en œuvre soit bien apareillée: si au lieu de pierre l'on employe de la brique, on choisira la mieux cuite, dont on fera quatre ou cinq voutes repetées l'une sur l'autre, & chacune d'elles bandée, & bien fichée de coins sous les clefs separément, & lorsqu'on apliquera les chapes de ciment, l'on prendra bien garde qu'elles couvrent toutes les parties de la maçonnerie, de façon qu'aucune pierre ne se montre au travers, on couvre ensuite la chape de ciment, d'un lit de gros sable ou gravier, de quatre à cinq pouces d'épais, qu'on étend également par tout; sur celui-ci on en met un autre de terre d'un pied & demi bien battu, & on continuë de même de lit en lit, jusqu'au parfait terrassement: c'est ainsi qu'on en a usé pour couvrir les voutes des tours

bastionnées

Livre III. de la Construction des Travaux. 81

baſtionnées du neuf Briſack, comme on le verra dans le 6e. livre.

Autrefois quand on faiſoit des Voûtes de Briques, on les compoſoit comme je le viens de dire de pluſieurs Voûtes l'une ſur l'autre qui avoient chacune une brique d'épaiſſeur, ſans faire enſemble aucune liaiſon; mais on a reconnu depuis que cette pratique ne valoit rien, qu'il convenoit beaucoup mieux de les faire en liaiſon alternative depuis l'intrados juſqu'à l'extrados, ſans aucune interruption ayant beaucoup plus de force pour réſiſter au choc des Bombes. L'inconvenient des Voûtes repetées l'une ſur l'autre; c'eſt que s'il ſe fait quelque écorchement à la premiere, auſſi-tôt qu'il vient à ſe détacher deux ou trois briques, toutes les autres ſe ſéparent de ſuite, ce qui rend les réparations très difficiles, parce qu'on ne trouve point d'amorce pour lier la nouvelle Maçonnerie avec la vieille, l'on a même vû pluſieurs fois la premiere Voûte ſoufler & ſe détacher entierement de la ſeconde, peu de tems après la conſtruction de l'ouvrage.

A l'occaſion des ſouterrains, je raporterai ici ce qui a été obſervé dans la conſtruction de la fameuſe Orangerie de Verſailles, afin qu'en pareil cas, on puiſſe ſi on le juge à propos, ſuivre ce que l'on a fait pour mettre cet édifice à l'abri des injures du tems.

Auſſi-tôt que la voute fut formée, on netoya proprement le deſſus des reins, au bas deſquels on commença un lit de pierre ou de moilon à ſec de 18. pouces de hauteur, avec de la pouſſiere de chaux, entre leurs joints, enſuite on a mis au deſſus un lit auſſi de pouſſiere de chaux, de 4. pouces d'épaiſſeur, & ſur celui-ci on en fit un troiſiéme de cailloux de vignes, & de galets bien lavés, de 12. pouces d'épaiſſeur, ſur lequel on en mit derechef un quatriéme de pouſſiere de chaux, toûjours de 4. pouces, & par deſſus un cinquiéme de galets, & ainſi juſqu'au niveau du ſommet de la voute, ſur laquelle on a poſé un dernier lit de galets, de 12. pouces, recouvert d'une couche de mortier, qui occupe tout l'eſpace de deſſus, juſqu'au delà même des pieds droits; l'on s'eſt ſi bien trouvé de cette fabrique, que quoique le deſſus de cette Orangerie ne ſoit qu'une terraſſe, il n'eſt arrivé aucun dommage à la voute.

On ſuit encore une pratique qui differe un peu de la precedente: c'eſt qu'après avoir mis ſur la voute un lit de pierre ſeche, dont les joints ſont remplis de pouſſiere de chaux, & en avoir repandu par deſſus environ quatre pouces d'épaiſſeur, on met un lit de terre glaiſe, de 12. pouces bien battuë, qu'on couvre d'un autre lit de galets auſſi de 12. pouces, entremêlés de pouſſiere de chaux, ſur

L

lequel on en met un dernier de mortier, de trois à quatre pouces d'épaisseur, pour recevoir les terres.

Les voutes des souterrains pour être à l'épreuve de la bombe, doivent avoir au moins trois pieds d'épaisseur, recouvertes par cinq ou six pieds de terre ; quant à la figure quelles doivent avoir, celles à plein ceintre est la meilleure pour les raisons raportées dans le second livre.

Les souterrains se placent ordinairement, sous le terre plain des Bastions, parce que là on peut leur donner plus d'étenduë que sous la courtine, qui n'a point tant de largeur ; mais en quelque endroit qu'on veuille les placer, il faut faire ensorte d'en tirer toutes les commodités possibles, afin qu'ils puissent servir à plusieurs usages, par exemple, on peut y faire des fours, des citernes, & des cheminées, pour sen servir au besoin.

PLANCH. II. Si l'on jette les yeux sur la figure 6e. de la planche 11e. l'on verra des souterrains, qui sont pratiqués sous un cavalier, qui occupent le terre plain d'un Bastion, l'on remarquera que leur distribution est disposée de maniere, qu'on peut y faire des boulangeries, pour cuire le pain de la garnison, des cuisines, des celliers, enfin tous autres lieux propres à mettre à couvert des munitions.

La figure 5e. est un profil coupé sur la largeur des souterrains, qui fait voir la disposition des chapes de ciment sur les voutes, & comme les tuyaux des cheminées passent dans le parapet du cavalier, pour ne point incommoder le service du canon. Par la figure 4e. l'on verra le profil des mêmes souterrains, coupé sur la capitale du Bastion, où l'on remarquera qu'on a menagé des portes au souterrain du milieu, pour communiquer dans les deux autres voisins.

Quand les chapes de ciment sont apliquées sur des voutes, au dessus desquelles il y a des plateformes, il faut au lieu de terminer la chape à l'extrémité des pentes, la retrousser contre la muraille, afin que les eaux de pluye ne puissent point s'introduire sur la voute ; pour leur donner un écoulement, on fera une rigole, qui regnant tout autour de la plateforme, conduira les eaux dans des gargoüilles, qui les porteront dans le fossé.

Pour garantir les pieds droits des voutes des souterrains, des eaux qui filtrent dans les terres, il faut leur adosser un petit mur de pierres seches, de deux pieds d'épaisseur, c'est-à-dire, arrangées à la main sans mortier, les joints remplis de gravier ; ces murs doivent être élevés jusqu'à deux pieds au-dessous des pentes de la voute, afin de remplir cette intervalle de bonne maçonnerie, à chaux & à fable, bien recouverte par le prolongement de la chape de ciment, qui regnant fur toute l'épaiffeur de ces petits murs, mettra les pieds droits à l'abri de la tranfpiration, & de l'humidité : pour bien faire il faut fonder ces pierrées deux pieds plus bas que l'aire des fouterrains, afin d'y pratiquer des conduits, dans le milieu de la fondation, pour l'égout des eaux.

Il me refte à parler des Poternes, fur lefquelles il n'y a pas grand chofe à dire, parce que leur conftruction eft la même que celle des autres fouterrains; on les place dans le milieu des courtines, quelquefois derriere les orillons, pour communiquer dans la tenaille, ou dans le foffé quand il eft à fec ; mais plus ordinairement dans le milieu des courtines, pour aller droit à la demi-Lune. Si l'on confidere les figures premiere, feconde & troifiéme, l'on verra qu'elles reprefentent les plans & profils d'une poterne, que je ne m'arreterai point à détailler, parce qu'il en fera fait mention dans le 6e. livre ; on remarquera feulement que dans le tems qu'on les conftruit, il eft à propos de faire au deffous de leur rez-de-Chauffée, un petit acqueduc pour fervir d'égout aux eaux des ruës, & les conduire dans le foffé.

J'ai penfé plufieurs fois à l'occafion des poternes, qu'on pouvoit à droit & à gauche du paffage, pratiquer fous la courtine deux petits magafins, qui feroient d'une grande utilité en tems de fiége, pour fervir d'entrepots aux munitions qu'on voudroit avoir à portée des ouvrages detachés ; & a plufieurs autres ufages, dont ceux qui fe font trouvés dans des places affiegées, fentiront affés la confequence : fi l'on jette les yeux fur la figure 7e. l'on verra affez clairement quel eft mon deffein, fans qu'il foit befoin d'une plus longue explication : je dirai feulement que la poterne qu'elle reprefente eft fupofée en rempe, fans aucun degré.

J'aurois pû raporter encore plufieurs autres diftributions de fouterrains, car la plûpart de nos places nous en fourniffent d'affés magnifiques, pour ne pas manquer de bons modeles ; mais comme l'application qu'on en fait depend des lieux, de la difpofition des ouvrages, & de quantité de circonftances que la feule neceffité fait bien diriger : j'ai crû devoir m'en tenir à l'idée que je viens de donner, qui fuffira à de jeunes Ingenieurs, pour les mettre en état d'executer les projets de ces fortes d'ouvrages, pour peu qu'ils foient aidés par les devis, plans, profils, & inftructions particulieres, que les chefs ont coûtume de leur donner en pareil cas.

CHAPITRE DOUZIE'ME.

De la maniere de Conftruire les ouvrages de Terraffes.

A Mefure que l'on éleve le revêtement d'un ouvrage, l'on fait le remblais des terres pour former le rempart : On commence par égalifer le fond du terrain qui répond à la derniere retraite du côté de la place en lui donnant une pente d'environ trois pouces par toife du devant au derriere afin de foulager le revêtement ; car nous fupofons que cet efpace eft bien deblayé, & n'eft pas occupé par les terres qu'on a tirées du foffé pour former les rempart, c'eft ce qui nous a fait dire dans le 8e. Chapitre qu'il falloit les porter à 8 ou 10 toifes au-delà de l'allignement interieur de la muraille, afin qu'on ne foit pas obligé de les rejetter plus loin ; mais placées de façon que les travailleurs, les ayant fous la main pour faire les remblais, l'on pofe un lit de fafcinage, dont le gros bout eft du côté de la muraille, les brins efpacés de 4 à 5 pouces les uns des autres : les fafcines doivent avoir au moins 12 pieds de longueur, & 3 ou 4 pouces de circonference par le gros bout, on les recouvre d'un lit de terre d'environ 8 pouces de hauteur que l'on bat à la Dame tant qu'il foit réduit à fix ; on répete un fecond & un troifiéme lit de terre toûjours de 8 pouces bien batus & chacun réduit à fix pouces. S'il fe rencontre des pierres qui empêchent qu'on ne puiffe battre également par tout, on les ôte pour les mettre de côté, enfuite on étend fur ce troifiéme tas un fecond lit de fafcinage difpofé comme le premier, que l'on couvre encore de trois autres tas de terre de 8 pouces, chacun batus féparement & réduits à 6 que l'on recouvre encore d'un lit de fafcinage, ainfi de fuite alternativement trois tas de terre & un lit de fafcinage jufqu'à la hauteur du terre plain du rempart auquel on donne une pente d'un pied & demi depuis la banquette jufqu'au talud interieur, en obfervant d'en faire la furface d'une terre bien épierrée & battuë fi uniment que les eaux de pluye coulent fans difficulté ; après quoi on éleve le parapet qui fe conftruit de même que le rempart ; mais avec un peu plus de précaution : car fi les terres dont on veut fe fervir font pierreufes, on les paffe à la claye, ou bien on en choifit de douce, & de celle qui convient le mieux.

C'eft ainfi qu'on a coûtume de travailler les ouvrages de terraffe

LIVRE III. DE LA CONSTRUCTION DES TRAVAUX. 85
en les mêlant avec des lits de fascinage que je ne voudrois pourtant employer qu'à la derniere extrêmité quand on a des terres boüeuses ou fablonneuses qui n'ont point de cervelle, encore ne devroit-on s'en servir que lorsqu'on fait des ouvrages qui ne sont revêtus que de gasons; car pour ceux qui sont soûtenus par une bonne muraille, je croi qu'avec un peu de précaution on pourroit s'en passer: leur deffaut est qu'étant nouvellement posées elles empêchent par leur ressort qu'on puisse battre les terres aussi solidement qu'on le feroit s'il n'y en avoit point, & que venant à se pourrir au bout d'un certain tems elles laissent beaucoup de vuide, ce qui fait que les terres s'affaissent tout de nouveau & se réduisent à une hauteur beaucoup au-dessous de celle qui avoit été reglée par les profils.

Pour se passer de fascines dans la construction des Ouvrages revêtus, je voudrois que les remblais suivissent exactement le progrés de la Maçonnerie, s'il s'agit d'un ouvrage qui ait plusieurs côtés, après avoir élevé la Maçonnerie d'une face de Bastion, par exemple à une certaine hauteur qui sera si l'on veut de deux pieds, les Maçons la quitteront pour aller faire une pareille levée à l'autre face ou au flanc voisin, & les Terrassiers viendront s'emparer de celle qui est vacante pour faire les remblais à la hauteur où se trouve la Maçonnerie, observant de bien battre les terres lit par lit de 8 pouces en 8 pouces, toûjours réduites à 6, ensuite les Maçons reviendront à la partie qu'ils avoient abandonnés pour y faire une deuxiéme levée de deux pieds, tandis que les Terrassiers occuperont celle que viennent de quitter les Maçons, desorte que pour bien faire il faut que les Maçons & les Terrassiers se succedent alternativement. De cette conduite, il arrivera deux choses également avantageuses; la premiere, c'est que les Maçons auront toûjours un emplacement commode pour y travailler à leur aise par consequent feront un meilleur ouvrage; la seconde c'est qu'en jettant sur les terres nouvellement battuës, les materiaux qu'ils doivent employer à leur nouvelle levée, & les piétinemens continuels de tous ceux qui seront employés à la Maçonnerie batteront les terres incomparablement mieux qu'elles ne l'avoient été d'abord; ce qui leur fera prendre tout l'affaissement auquel elle ne seroient arrivées que longtems après l'ouvrage achevé.

Ce qui demande encore beaucoup d'attention dans la construction des ouvrages de terrasse, ce sont les revêtemens de placage ou de gason. Le placage se fait avec de la terre noire non pietreuse, qui ne doit être ni trop grasse, ni trop maigre; mais participente des deux, afin qu'elle ne se fende ni ne se renfle point après qu'elle

L iij

aura été employée. On commence par creuser une petite tranchée au pied du parapet pour servir comme de fondement au reste de l'ouvrage, on la remplit de la terre servant au placage, & on a soin de la moüiller & de la lier avec celle qui compose le parapet : après l'avoir bien battuë, on étend dessus un lit de chiendent fraîchement tiré pour reprendre plus aisément, ensuite l'on applique le premier tas; c'est-à-dire un premier lit de terre noire auquel on donne 12 pouces d'épaisseur sur 6 de hauteur que l'on bat bien en long & en large, jusqu'à ce qu'il soit réduit à n'en avoir plus que 4, on recouvre ce lit d'un autre de chiendent mêlé avec de la petite fascine : sur ce tas ci, on en aplique un autre battu & bien lié avec les terres du parapet que l'on bat & garnit de lit de grand fascinage dont le gros bout est éloigné d'environ 4 pouces du placage, auquel on fait suivre le talud que doit avoir le parapet après en avoir recoupé le parement, & comme sa hauteur au-dessus de la banquette est toûjours de quatre pieds & demi, son talud est de 18 pouces qui est le 6e de la hauteur. Quant au talud exterieur, on lui donne les deux tiers de la hauteur; c'est-à-dire que quand un ouvrage est revêtu de gason ou de placage, s'il a exterieurement 18 pieds de hauteur, on lui en donne 12 de talud.

 Les revêtemens de gasonnage se font à peu-près comme le précedent; car on commence par poser une premiere assise de gason au-dessous du niveau de la derniere banquette pour servir de base ou de merande aux autres qu'on doit élever dessus, tous les gasons dont on se sert doivent avoir 15 à 16 pouces de queuë sur 6 de largeur & autant de hauteur taillés en coin de mire, cette hauteur de 6 pouces est réduite à 4 après que le gason est mis en œuvre. Sur cette premiere assise on en pose une seconde, & sur celle-ci une troisiéme bien disposée à joints recouverts & conduits de niveau sur toute la longueur de l'ouvrage, ces assises sont entre-lassées avec des brins de saule & quelque fois de chiendent de même qu'au placage & de 3 assises en 3 assises, on étend un lit de grand fascinage qu'on recouvre de terre bien battuë pour former le parapet, & à mesure que l'ouvrage avance, on recoupe le parement pour qu'il soit bien uni & fasse le même effet que s'il étoit de Maçonnerie; tous les angles saillans d'un parapet interieur ou exterieur se font en arrondissant, parce qu'autrement il seroit bien-tôt émoussé, c'est même dans ces endroits où la main du Gasonneur montre son adresse.

 Le gason pour être bon, doit être coupé dans un pré bien herbu & racineux un peu humide, les prés qui sont tourbeux ou sablo-

LIVRE III. DE LA CONSTRUCTION DES TRAVAUX. 67

neux ne valent rien pour cela ; toutes les faisons ne sont pas propres non plus pour le gasonnage, le tems le plus convenable est le Printems & l'Automne.

Il faut environ 250 gasons & 12 fascines pour une toise quarrée de gasonnage, il semble que 216 gasons devroient suffire, mais on en compte 40 de plus pour remplacer ceux de rebut, un bon gason pese ordinairement 15 liv. & un Chariot en voiture 100.

Un bon Coupeur de gasons peut en couper jusqu'à 1500 dans un jour d'Eté & la moitié seulement dans un jour d'Hyver, le Gasonneur en peut poser & raser 10 toises quarrées dans un jour, & même d'avantage s'il est bien servi pour la terre & pour la fascine.

Je ne dis rien ici du tunage & du clayonage, parce que je me propose d'en parler dans l'Architecture Ydraulique, je passe aussi sous silence quantité de petits détails au sujet de la maniere de travailler les terres, qui ne sont point assés de consequence pour meriter une attention particuliere.

A l'égard des Fosses qui environnent les ouvrages, leur excavation ne doit point être plus profonde que le niveau de la derniere retraite des fondemens ; mais quand ils sont à sec, on observe pourtant de leur donner un peu de talud en venant du pied du rempart dans le milieu, & du pied de la contrescarpe dans le même milieu, afin de faciliter l'écoulement des eaux de pluye.

Quand la contrescarpe n'est point revêtuë, on donne aux bords du Fossé un talud égal à sa profondeur, & à mesure qu'on aprofondit, on fait d'abord des banquettes au lieu de talud pour faciliter les allées & venuës des travailleurs : & après que la vuidange est faite, ces banquettes sont coupées pour former le talud dont je viens de parler. On donne aussi un semblable talud au pied des ouvrages de terrasse qui ont une berme.

Je ne parle point de la largeur ni de la hauteur que l'on donne au terre plain des remparts, parce que cela doit être reglé par les profils, je dirai cependant que le talud interieur de tous les remparts ont une fois & demi leur hauteur ; c'est-à-dire que si un rempart à 12 pieds de haut on lui en donnera 18 de talud.

Je ne dois point oublier de dire ici que quand on forme les faces des Bastions, demi-Lunes, contre-Gardes, &c. on observe de leur donner plus d'élevation aux angles saillans qu'aux extrêmités : Je veux dire que ces faces ont une petite pente en venant de l'angle saillant aux extrêmités, qui est reglée suivant la longueur que doivent avoir ces faces, cela contribuë à donner plus de grace à un ouvrage & à le couvrir contre les enfilades. Mais quand on a seule- *Voyez la 14e. Planche qui comprend l'élevation d'un front de Fortification.*

ment ce dernier motif en vûë, il y en a qui aiment mieux faire des furtouts aux angles faillans : J'ajoûterai auffi qu'on donne aux remparts & parapets des Ouvrages, un peu plus d'elevation que celle qui a été reglée par les profils, pour prévenir les réductions que caufent les affaiffemens.

Quand on fait des demi revêtemens aux ouvrages, on y laiffe quelque-fois une berme de 10 pieds de largeur pour une haye vive, qui fe fait d'Epines blanches provenans de jeunes plantes pépinieres. Elle fe plante fur deux lignes, dont la premiere eft à 5 pieds du parapet, & la feconde à 2 pieds de la premiere, on la laboure de tems en tems, & au bout de trois ans on la récépe tout près de terre, trois autres années après la haye s'étant élevée à une certaine hauteur on entre-laffe tous fes brins les uns dans les autres, de maniere qu'ils faffent un tiffu de 4 à 5 pieds, ce qui fe doit répéter tous les ans, jufqu'à ce qu'elle foit parvenuë à la hauteur de 6 pieds, on la taille proprement devant & derriere afin qu'elle s'épaiffiffe mieux, & on la laiffe anticiper jufqu'à la moitié de l'épaiffeur du revêtement au fommet afin qu'il ne refte d'autre efpace que celui qui fera neceffaire pour le paffage du Jardinier qui la cultivera.

On plante ordinairement des Arbres fur le rempart de la Place trois ou quatre ans après qu'on l'a élevé afin que les terres ayent eû le tems de s'affaiffer : on en met trois rangées ; la premiere fe fait au pied de la banquette, la feconde à trois ou quatre pieds du bord interieur du terre plain, & la troifiéme au pied du talud du rempart. On choifit des Ormes d'une belle tige bien garnis de leurs racines qui ne doivent être ni alterées ni offenfées, quant à leur groffeur, il fuffit qu'ils ayent 6 à 7 pouces de pourtour, parce qu'ils en reprennent mieux que s'ils étoient plus forts, on les plante à 15 pieds de diftance les uns des autres faifant des trous de 3 pieds en quarré fur autant de profondeur. Il eft à propos de faire ces trous trois ou quatre mois avant de planter les Arbres afin que le fonds puiffe s'engraiffer. On a encore beaucoup d'autres petites attentions qui font effentielles pour les faire profiter; mais qui font affés connuës des Jardiniers pour me difpenfer d'en faire le détail.

Je n'ai pas encore parlé du chemin couvert, parce que fa conftruction n'a rien qui ne foit renfermé dans ce qu'on a vû au fujet de la maniere de conftruire les Ouvrages de terraffe ; je dirai pourtant qu'on lui donne ordinairement 6 toifes de largeur formé par un parapet de 4 pieds & demi de haut élevé fur deux ou trois banquetes felon qu'on eft obligé de fe couvrir contre la campagne : quelquefois l'on foûtient ce parapet d'un petit revêtement de Maçonnerie

LIVRE III. DE LA CONSTRUCTION DES TRAVAUX. 89

çonnerie qu'on ne conftruit qu'après que les terres fe font bien affermies, on l'établit fur une fondation de trois ou quatre tas de brique de hauteur, fur 2 briques & demi d'épaiffeur, & on lui donne deux briques fur la bafe & une brique & demi au fommet fur trois pieds de hauteur, le refte du parapet qui eft d'un pied & demi, fe revêtit de gafon ou de placage.

Les angles faillans des Places d'Armes en rafe campagne doivent être élevés d'un pied plus que l'extrêmité de leur face pour fe couvrir contre les enfilades; dans le milieu de chaque face on pratique une fortie coupée à niveau du terre plain, on lui donne 9 à 10 pieds de largeur fur 15 de longueur pris du fommet du parapet & pour défiler le paffage, on le détourne en arrondiffant vers l'angle rentrant, aux deux côtés de chaque fortie on plante un poteau aiguifé & contre-fiché fur un feüil pour porter deux manteaux de barriere que l'on fait de barreaux à claire voye dont le fommet finit en pointe façonnée comme celle des palliffades, élevé à la même hauteur & fur le même allignement.

Les Places d'Armes rentrantes & faillantes fe ferment ordinairement par des traverfes de terre aufquelles on donne 18 pieds d'épaiffeur au fommet, leur parapet eft élevé à la même hauteur que celui du chemin couvert, avec le même nombre de Banquettes. Quand la contrefcarpe eft revêtuë de Maçonnerie, les profils des traverfes le font auffi, ce qui les rend capables d'un plus grand feu à caufe que l'on n'eft pas obligé de leur donner auffi grand talud de ce côté-là.

A un demi pied du parapet tant du chemin couvert que des traverfes, on plante fur la Banquette un rang de palliffades de bois de chêne, de brin ou de quartier de 8 pieds & demi de longueur fur 18 à 20 pouces de tour mefuré au milieu, elles font apointées de 12 à 13 pouces de longueur, la pointe droite fur le milieu un peu tronquée pour éviter la pourriture, on les efpace également à 2 pouces de diftance l'une de l'autre mefurée fur le linteau auquel elles font attachées avec des chevilles de bois de chêne bien fec, chaffées de force par le gros bout & fendu par le petit, pour être contre-chevillées, le linteau fe fait auffi de bois de chêne d'une piéce de 4 pouces fur 5 d'écarriffage, laquelle eft refenduë diagonalement à un pouce près des angles opofés, ce qui donne deux cours de linteaux. Mr le Marêchal de Vauban faifoit furmonter la pointe des palliffades de 9 pouces au-deffus de la crête du parapet; mais l'ufage a fait connoître que 6 pouces fuffifoient & mettoient les palliffades moins en prife au Canon : on doit les incliner de 6

M

pouces du côté du parapet pour mieux résister à la poussée des terres, & que le Soldat soit plus commodement placé pour faire feu.

Il entre ordinairement 8 ou 9 pallissades dans la toise courante dont chacune pése environ 70 liv. un Chariot en voiture 100. & un Ouvrier avec son manœuvre peut en planter & cheviller trois toises courantes par jour.

Quand un rempart n'est revêtu que de gasons, on le fraise à la hauteur du terre plain ; c'est-à-dire, qu'on l'herrisse de pallissades posées horisontalement ayant trois pieds de saillie sur trois pouces de pente, elles sont couchées & chevillées sur un chevet ou linteau. Il y a des personnes qui ajoûtent un second linteau sur l'extrêmité qui est enterrée, afin qu'on trouve plus de difficulté à les arracher ; mais cela paroît assés inutile. Ces pallissades sont espacées les unes des autres de 4 à 5 pouces, il en faut environ 6 à 7 par toise courante.

Comme les Ouvrages revêtus de gasons ont ordinairement une berme, on y plante aussi au bord du Fossé un autre rang de pallissade qui presente la pointe du côté de la Campagne, on leur fait faire un angle de 45 degrés avec l'horison, & leur saillie est à peu près de 4 pieds 10 pouces.

Je crois ne pouvoir mieux finir ce troisiéme Livre qu'en raportant quelques Réglemens de Mr le Maréchal de Vauban au sujet des travaux, qui conviendront parfaitement ici pour donner aux jeunes Ingenieurs une idée generale de la façon dont se doivent faire les toisés des Ouvrages, & ce qu'il faut suivre pour avoir de l'ordre & de l'arrangement quand on est chargé du détail.

Réglemens de Mr le Maréchal de Vauban, pour la conduite des Travaux.

„ L'Ingenieur qui sera chargé en Chef des Travaux d'une Place
„ fera tous les ans un Registre où chaque Article de l'état des Ou-
„ vrages ordonnés pour la même année, aura sa feüille en particu-
„ lier, dans laquelle tous les payemens de la dépense seront rapor-
„ tés en gros & en détail depuis le commencement de son execu-
„ tion jusqu'à sa fin, conformément aux marchés qui en auront été
„ faits & aux comptes & toisés qui seront arrêtés de tems en tems
„ avec les Entrepreneurs, moyennant quoi il lui sera aisé en quel-
„ que tems que ce soit, de faire voir l'état des Ouvrages dont on
„ pourra tirer des connoissances necessaires pour le tems de leur

LIVRE III. DE LA CONSTRUCTION DES TRAVAUX. 91
„ durée, & les moyens de les pouvoir achever.

„ Les Entrepreneurs n'en commenceront aucun en gros ni en
„ détail, qu'on ne leur ait donné la figure & l'étenduë au juste,
„ marqué toutes les hauteurs & profondeurs, & fait un toisé géné-
„ ral, du contenu duquel on leur donnera copie, qu'ils signeront.
„ Après qu'ils les auront achevés, ils seront mesurés pour la seconde
„ fois, & si la quantité qu'on aura trouvé à la fin, differe du com-
„ mencement, on prendra toûjours le moindre nombre pour le
„ compte du Roy, ce qui se doit entendre pour le remuëment des
„ terres seulement, car pour la maçonnerie il pourroit y avoir des
„ changemens dans la fondation, qui seroient si éloignés du toisé
„ estimatif, qu'on ne pourroit pas s'y tenir sans tomber volontai-
„ rement dans une erreur considerable.

„ Tous les ouvrages de terre, seront mesurés par l'escavation
„ des fossés d'où on les aura tirés, à moins qu'il ne fût expresse-
„ ment specifié par le marché de le faire autrement.

„ Tous les témoins de terre, seront faits en profils & non en pi-
„ ramide, à cause des abus & tromperies qui s'y commettent : &
„ ici se feront toûjours de concert avec l'Ingenieur, & l'entrepre-
„ neur.

„ L'Ingenieur ne fera payer personne à bon compte, sur les ou-
„ vrages, qu'il ne soit certain par un bon mesurage, de la possibi-
„ lité de le faire ou non, sans rien hazarder pour le Roy.

„ A l'égard des ouvrages de maçonnerie, on tiendra des atta-
„ chemens ou des memoires exacts, signés reciproquement de l'In-
„ genieur & de l'Entrepreneur, & même des principaux conduc-
„ teurs des ouvrages, où toutes les épaisseurs, longueurs & hau-
„ teurs de chaque partie, seront nettement expliquées, specifiant
„ bien l'endroit de chacune, afin d'éviter toute sorte d'embroüille-
„ ment, & de supercherie dans les toisés generaux.

„ Pour la charpenterie, on tiendra des attachemens de même,
„ de tous les bois qui seront attachés, & de ceux qui ne le seront
„ pas, specifiant bien le nom de chaque espece, & même figurant
„ à la marge le mieux qu'il sera possible, la partie dont il est ques-
„ tion, afin d'éviter toute obscurité.

„ La même chose sera aussi observée pour la maçonnerie, tout
„ autant de fois qu'on croira en avoir besoin, pour plus grand éclair-
„ cissement.

„ Tous les ouvrages de fer seront pesés à la livre de seize onces
„ en presence de l'Ingenieur, après qu'ils auront été forgés, avant
„ que d'être employés.

M ij

,, Ceux de maçonnerie à la toise cube, si c'est de gros murs
,, ou à la toise quarrée, si c'est de simple mur comme des Cazer-
,, nes, magasins, corps de gardes & autres.

,, Le mesurage de terre se fera à la toise cube de France, celui
,, des gasons à queuë, gasons plats & placages, à la toise quarrée,
,, celui de la charpenterie au cent de solives.

,, Sur la fin de chaque année, au tems que les ouvrages finis-
,, sent, l'Ingenieur arrêtera toutes les dépenses qui auront été fai-
,, tes, sur son registre, & raportera sur son projet de l'année cou-
,, rante, l'état où seront les ouvrages de la place, & ce que cha-
,, cun aura couté, en marge, vis-à-vis de son article ; contant
,, après les revenans bon, ou les dettes qui s'y trouveront, pour fai-
,, re état des premiers, comme fonds déja reçus, & des seconds,
,, comme premier fonds à demander sur le projet de l'an prochain,
,, ensuite dequoi il y travaillera, y raportant tous les ouvrages qui
,, auront été reglés, avec l'estimation de chacun en particulier, le
,, plus juste qu'il sera possible, afin que l'on puisse choisir ceux que
,, l'on jugera les plus necessaires : il faudra aussi raporter après cela,
,, le prix des materiaux en provision, qui tiendront lieu de fonds,
,, & à la fin, le nom de tous les gens employés à la fortification,
,, & les apointemens d'un chacun ; & pourvû que cet ordre soit
,, exactement observé, l'on ne tombera dans aucune erreur, & l'on
,, verra toûjours clair dans toutes les dépenses faites & à faire.

,, Quand on fera des toisés, soit generaux soit particuliers ; il
,, faudra bien specifier le lieu & l'endroit, la qualité des ou-
,, vrages, le nom de la piece & de l'Entrepreneur, & même les
,, marquer sur le plan, par un renvoi chifré, afin que l'on n'aye
,, point de peine à le trouver, quand il s'agira de quelque verifi-
,, cation.

,, Secondement d'en donner les longueurs, largeurs & profon-
,, deurs, par toises, pieds & pouces, dans l'ordre marqué ci-après
,, avec le produit.

,, Troisiémement d'en distinguer les portions, quand il s'en trou-
,, vera plusieurs dans la même piece, par premier second & troi-
,, siéme. &c.

,, Quatriémement, d'en faire toûjours la suputation par toises,
,, pieds & pouces, parce que cette façon s'explique plus claire-
,, rement, & est plus en usage, & moins sujette aux embroüille-
,, mens des fractions, que les autres.

,, S'il étoit question, par exemple, de mesurer la vuidange du
,, fossé, vis-à-vis la face d'un Bastion, & que ce mesurage fut di-

LIVRE III. DE LA CONSTRUCTION DES TRAVAUX. 93.
„ visé en plusieurs parties : voici comme l'on en dressera le toisé.

Toisé du transport des Terres qui a été fait devant la face droite du Bastion N. pour l'aprofondissement de son Fossé & l'élevation de son Rempart, entrepris par . . . . & ses Associées, à raison de 50 s. pour la toise cube, marché fait le . . . du mois de . . . de l'année . . . achevé le . . . du mois de . . . de la même année.

PREMIERE PARTIE.

A commencer de la pointe du Bastion en tirant vers l'épaule.

	toises.	pieds.	pouces.		toises.	pieds.	pouces.
Longueur.	32	3	6	}	1249	0	0
Largeur réduite.	12	4	8				
Profondeur.	3	0	0				

SECONDE PARTIE.

	toises.	pieds.	pouces.		toises.	pieds.	pouces.
Longueur.	8	3	0	}	325	5	0
Largeur.	12	4	8				
Profondeur.	3	0	0				

TROISIE'ME PARTIE.

Joignant l'épaule du même côté attenant à la précédente.

	toises.	pieds.	pouces.		toises.	pieds.	pouces.
Longueur.	12	0	0	}	460	0	0
Largeur.	12	4	8				
Profondeur.	3	0	0				

		toises.	pieds.	pouces.
TOTAL.		2034	5	0

Qui à raison de 50 s. la Toise cube, font la somme de 5087 liv. 1 s. 8 d.

„ Quand il s'agit de mesurer de la Maçonnerie, si c'est à la toise
„ cube, on tiendra le même ordre, expliquant toûjours les trois
„ dimensions & si c'étoit à la toise quarrée on n'en expliquera que
„ deux longueur & largeur, ce qui se fait particulierement pour le
„ gasonage, placage, &c.

„ Du surplus il faudra que les toisés soient purs & nets; c'est-à-
„ dire, qu'on ne les doit augmenter pour y comprendre la dépense
„ d'autres ouvrages qui n'auroient pas été résolus quelque petits
„ qu'ils soient, il ne faut non plus faire aucune diversion des fonds
„ qui auront été ordonnés pour la dépense des Ouvrages pour les
„ employer à un autre, tels que pourroient être les défections, ré-
„ parations des Bâtimens comme Corps de Gardes, Arsenaux, Ma-
„ gasins, &c.
„ Quand ils ont besoin de réparations, il les faut comprendre dans
„ le projet & en répresenter la necessité au Ministre, attendu que
„ tout toisé augmenté est fort suspect & de mauvais exemple, bien
„ que la fin pour laquelle on l'auroit fait fut la plus juste du mon-
„ de; car il est à suposer que les Ouvrages dont la dépense a été
„ ordonnée par le Ministre, sont toûjours les plus pressés, & sur
„ cela on ne la doit point employer à d'autres. Tenir pour maxime
„ indubitable que toutes celles des Fortifications qui contribuënt
„ le plus à mettre une Place en sûreté, sont toûjours préferables aux
„ autres de quelque nature qu'ils puissent être.
„ Que si pendant le cours d'une année il vient à tomber quelque
„ chose dans un ouvrage qu'on n'ait pas prévû comme cela arrive
„ fort souvent, il faut en faire une estimation particuliere & en
„ donner promptement avis au Ministre à qui on en fera connoître
„ la consequence afin qu'il ordonne de nouveaux fonds pour cela.
„ A l'égard des estimations, suposé qu'il s'agisse de faire celle
„ d'une demi-Lune que l'on veut gasonner, fraiser & pallissader sur
„ la Berme ou dans le Fossé: voici comme on procedera après avoir
„ expliqué le lieu & la situation.

Estimation d'une demi-Lune située entre les Bastions N & O, &c.

	toises.	pieds.	pouces.		toises.	pieds.	pouces.
Circuit du Fossé.	10	4	0	}	2300	0	0
Largeur réduite du Fossé.	120	0	0				
Profondeur.	2	3	0				

Estimé à raison de 45 s. la toise cube, font la somme de 7200 l.

Gasonnage à queuë pour l'exterieure de la demi-Lune.

	toises.	pieds.	pouces.		toises.
Longueur.	118	0	0	}	354
Hauteur.	3	0	0		

LIVRE III. DE LA CONSTRUCTION DES TRAVAUX. 95

Gafonnage interieur du Parapet & Banquette.

	toifes.	pieds.		toifes.	pieds.
Longueur.	100	0	}	116	4
Hauteur réduite.	1	1			

TOTAL du Gafonnage à queuë . . . . . 469 toifes 4 pieds, ou fi l'on veut 470 toifes, quarrées qui eſtimées à raifon de 40 f. chaque toife font. . . . . . . 940 l.

Gafons plats ſur le Parapet & ſur les Banquettes.

	toifes.	pieds.		toifes.	pieds.	pouces.
Longueur.	100	0	}	433	2	0
Largeur réduite.	4	2				

Qui eſtimées à raifon de 8 f. la toife quarrée font la ſomme de 173 l. 6 f. 8 d.
Pour 958 toifes quarrées de faſcinage de 10 pieds de long, à raifon de 10 f. pour chaque toife quarrée. . . . . . . 479 l.
Circuit réduit de la fraife & de la palliſſade, à raifon de 6 l. par toife courante à tout fournir. . . . . 1230 l.
TOTAL du contenu de cette eſtimation. . . 10112 l. 6 f. 8 d.

„ Quand il y aura quelqu'autres parties, il faudra auſſi les ſpe-
„ cifier comme les Ponts de communiquation, épuiſement d'eau,
„ le revêtement des Profils, Corps de Gardes & réduits, cette
„ maniere doit être pratiquée dans les eſtimations generales, deſ-
„ quelles il faudra tirer des abregés, dont un article comprendra la
„ dépenſe d'une piéce entiere en cette maniere.

Pour la façon de la demi-Lune ordonnée entre les Baſtions N & O, toute dépenſe payée, la ſomme de . . . . 10112 l. 6 f. 8 d.
„ Il ne ſera pas neceſſaire d'en faire d'autre détail, puiſqu'il aura
„ été fait dans l'eſtimation general à laquelle il faudra avoir recours
„ pour plus grand éclairciſſement, & c'eſt de cet extrait ou abregé
„ qu'il faudra tous les ans tirer les projets de dépenſes. Voilà à peu
„ près quel en ſera le formulaire.

Abregé de dépenſe reſtante à faire pour mettre les Fortifications de la Ville en leur entiere perfection.

Pour la façon d'une demi-Lune de terre ordonnée entre les Baſtions de France & de Bourgogne toute dépenſe payée, la ſomme de . . 12000 l.

96 LA SCIENCE DES INGENIEURS

Pour celle du reduit du Corps de Garde de ladite demi-Lune la somme de . . . . 2500 l.
Pour achever le nettoyement des Fossez de la Place. 6000
Pour la façon d'une Ecluse au bas du chemin couvert la somme de 8400
Pour six miliers de pallissades. 3000
Applanissemens des Monticules, Cavins & comblemens de Fossez. 4500
Réparations des chemins couverts. . . . 4200
La façon & fourniture de six Plate-formes sur les batteries à barbettes du Bastion G. 1200
Il est dû à l'Entrepreneur sur les Ouvrages de l'année passée la somme de 1500
Frais imprévus, journées & accidens survenus dans le cours du travail. 2400

TOTAL du contenu de cet abregé. . . 42700 l.

,, C'est ainsi qu'il faudra faire les abregés, lesquels ne differeront
,, des Etats arrêtés des dépenses annuelles que du titre seulement;
,, c'est dans cet abregé que le Ministre choisira les articles pour
,, lesquels on veut faire fonds, ensuit dequoi on les sépare de l'esti-
,, mation pour en faire un autre à part qui sera l'état de la dépense.

Depuis que Mr le Maréchal de Vauban a donné les Reglemens que l'on vient de voir, les Ingenieurs s'y sont conformés à peu de choses près. Il y a pourtant des Directions où on ne suit pas tout à fait le même arrangement, & c'est pour ne point adopter ce qui se fait dans l'une plûtôt que dans l'autre que j'ai raporté à la lettre les instructions de Mr de Vauban preferablement à celles que j'aurois pû prendre ailleurs, au reste il n'y a personne qui ne se mette en très-peu de tems au fait de toutes ces minuties, puisqu'il suffira de lire ou de copier les Etats & Memoires qui se font dans les places pendant le cours d'une année, je les aurois même suprimés si les moindres choses ne meritoient toûjours attention quand on ne les sait pas, il est vray que des petits détails trop répetés ennuyent les habiles gens, qui n'y trouvent rien que d'insipide; mais je les prie de considerer qu'un Livre comme celui-ci, n'est pas fait pour eux.

Fin du troisième Livre.

www.ingramcontent.com/pod-product-compliance
Lightning Source LLC
Chambersburg PA
CBHW050338170426
43200CB00009BA/1642